지하실에서 온 편지

세움북스 는 기독교 가치관으로 교회와 성도를 건강하게 세우는 바른 책을 만들어 갑니다.

크리스천 여성작가 시리즈 01
지하실에서 온 편지

초판 1쇄 인쇄 2021년 1월 25일
초판 1쇄 발행 2021년 1월 30일

지은이 | 제행신
펴낸이 | 강인구

펴낸곳 | 세움북스
등 록 | 제2014-000144호
주 소 | 서울시 종로구 삼일대로 428(낙원동) 낙원상가 5층 500-8호
전 화 | 02-3144-3500
팩 스 | 02-6008-5712
이메일 | cdgn@daum.net

교 정 | 이윤경
디자인 | 참디자인

ISBN 979-11-87025-85-6 (03230)

크리스천
여성작가
시리즈 01

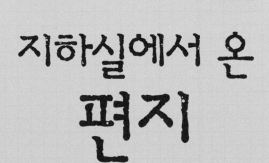

지하실에서 온
편지

제행신 지음

세움북스

… 우린 이 세상에서 잠시 살면서
사랑의 빛을 견디는 법을 배운단다 …
우리 영혼이 그 열기를 견딜 수 있을 때
구름은 사라지고 그분의 목소리를 듣게 될 거야.
그분은 이렇게 말씀하신단다.
"숲에서 나오렴, 나의 사랑스런 아이야.
내 금빛 텐트 둘레에서 즐거운 양떼처럼 뛰놀렴!"

– 윌리엄 블레이크의 시, 〈꼬마 흑인 소년〉 –

… And we are put on earth a little space,
That we may learn to bear the beams of love …
For, when our souls have learned the heat to bear,
the cloud will vanish, we shall hear His voice,
Saying, "Come out from the grove, my love and care,
And round my golden tent like lambs rejoice."

– William Blake, The little black boy –

01 어느 여름날, 제행신 사모님과 목사님, 그리고 아이들이 우리 교회를 찾아오신 적이 있다. 그때 알았다. 이분은 글과 사람이 일치하시는구나. 나도 설교자다보니 말과 글에 예민하다. 유려하고 기름진 말과 글은 내가 혐오하는 것들이다. 그런 글 안에는 생명이 없다. 그런데 사모님의 글은 살아있다. 마치 어떤 인격체가 내 앞에 있는 듯 한 느낌이 들 때가 많다. 그래서 어떤 글을 쓰다듬어 주고 싶고, 어떤 글은 안아주고 싶고, 어떤 글은 데리고 다니며 산책하고 싶다. 난 사모님이 설교하면 정말 잘 하실 것 같다는 말을 여러 번 했다. 사모님의 글과 같은 맑은 설교를, 읽거나 듣기만 해도 영혼이 정화되는 그런 설교를 내가 얼마나 원하는지 모른다. 많은 사람이 이 글을 읽기를 바란다.

이성하(원주가현침례교회 목사)

02 요즘에는 이론서보다 수필이 더 잘 읽힙니다. 살아야 한다는 이야기보다 살아본 이야기가 더 와 닿습니다. 대단하신 분들의 묵직한 아포리즘보다 나와 같은 사람들의 자잘한 수다가 좋습니다. 거대한 담론보다 소소한 일상이 좋고, 산문보다 시가 좋고, 지성보다 감성이 좋습니다. 그래서 이 책이 좋습니다. 끄덕이며 읽었고, 미소 지으며 읽었고, 눈시울 붉히며 읽었습니다. '나도 그랬는데' 하며 읽고, '나 같아도 그랬겠다' 하며 읽었습니다. 저자에게 이 책이 길이 되면 좋겠고, 독자인 우리에게도 위안이 되면 좋겠습니다. 저에게 그랬듯이요.

박대영(광주소명교회 책임목사)

03 그녀는 매일 글을 쓰고, 나는 매일 그녀의 글을 기다리면 읽는다. 평범한 일상이란 마냥 흘러가는 물과 같다. 특별할 것도, 새로울 것도 없다. 멈추어서 사유로 건져내지 않으면 흔적 없이 사라져버릴 일상들.

그녀가 글로 그런 일상을 건져준다. 번쩍거리며 그럴듯한 성취가 없는 일상이라도 그녀가 글 두레박으로 의미를 건져주면 어느덧 두레박은 달빛이 된다.

> 여름에는 저녁을
> 마당에서 먹는다.
> 밥그릇 안에까지 가득 차는 달빛.
> 오규원, 〈여름에는 달빛을〉 중에서

그녀의 글에서 느껴지는 이미지를 이 시와 연결하고 싶다. 수랏상도 아니고 잔칫상도 아닌 시골 밥상 같은 나의 일상에 달빛으로 비추이는 그녀의 글. 그래서 그녀의 글은 나에게 위로이고 격려이다. 그리고 도전이다. 매일 특별할 것 없는 밥상에 달빛을 비추면 그것 자체로 현실은 낭만이 되듯이 그녀의 글의 빛이 내가 있는 처소를 소명의 자리로 바꾸는 기쁨을 선물한다. 감사하다.

김선영(중국 소주에 사는 주부)

04 언제부터인지 기억이 나지 않지만 매일 아침 그녀의 글이 타임라인에 뜨면 마치 구독서비스를 받듯 한껏 기대하는 마음으로 그녀의 글을 들이마셨다. 마치 깊은 산 속에서 온 몸을 열어 맑고 신선한 공기를 불어넣듯 그녀의 글을 가슴 가득 들이마시는 것이 나의 매일 오전 루틴이었다. 그녀의 글은 읽을 때마다 빛이 느껴졌다. 노랗고 쨍한 한낮의 햇빛이 아닌 깊은 숲 속 아침이 밝아올 때 마주할수 있는 빛이랄까. 상쾌한 새벽공기와 아스라한 안개에 가려져있던 숲의 형상을 드러내며 곳곳에서 스며나오는 잔잔하면서도 곧은 빛.

그녀의 글을 읽을 때마다 그 빛 가까이 서있는 것 같다. 그녀의 글을 무어라 표현하면 좋을까. 일상에서 건져 올린 보석 같은 순간을 기록한 글이면서 매일 아침 하나님과 홀로 독대하며 삶과 존재의 의미를 다시 새기는 묵상 글이라 하면 될까. 남편과 아이들이 건네는 생의 에너지를 잘 펼쳐 기록한 아내이자 엄마의 에세이면서 생의 여러 굴곡을 지나며 하나님의 섭리를 경험한 그리스도인의 자기 고백집이라 하면 적절할까.

그녀의 글을 읽을 때마다 주변에 글을 권유하고 싶은 이들이 많이 떠올랐다. 자신의 일상에서 의미를 찾지 못해 무기력하거나 삶에 스며있는 섭리를 홀로 이해하기엔 어려운 이들, 그들에게 조금은 쉽고 친절하게 일상 속 영성을 설명해줄 누군가가 필요하다고 느낄 때 그녀의 글을 건넬 수 있다면 좋겠다 생각했었다. 그간 내게 공급된 맑은 산소같은 글들이 세움북스를 통해 한 권의 책으로 곱게 담긴다니 어느새 내 가슴도 두근거린다.

그녀의 글이 인생의 의미를 찾고 더 큰 섭리를 이해하기 원하는 이들에게 잔잔한 새벽공기처럼 다가가길 기대해본다. 그 새벽공기 사이를 가르는 한줄기 빛으로 많은 이들의 일상을 새롭게 조명하길 응원한다.

이설아(건강한입양가정지원센터 대표, 〈가족의 온도〉 저자)

05 제행신 사모님의 글을 페이스북에서 접하면서 이 글들이 언젠가는 책으로 묶여지게 될 것을 기대했습니다. 사모님 글에는 인생을 보는 따뜻한 시각이 있습니다. 잔인하거나 심드렁한 현실이 삭제된 편집된 인생이 아니라 편집되지 않은 우리의 삶 전체를 당신의 특별한 시선으로 바라보시는 예수님의 마음이 느껴집니다. 시선마저 돈으로 환산하는 시대에 예수님을 닮은 사모님의 시선과 시각은 저에게 그랬듯, 많은 이들에게 그 자체로 위로가 될 것입니다.

조재형(좋은이웃교회 목사)

06 SNS에 올리는 글을 통해 그녀를 먼저 알게 되었다. 쉽게 지나쳐지지 않는 글이었고, 글쓰는 이에 대한 궁금함이 더해갔다. 결국 우리는 만났고, 그녀의 삶에 대한 유쾌한 태도와 네 아이를 키우며 새벽 일찍 지하실로 내려가 말씀과 기도로 깊은 우물물을 길어내는 내공에 다시 한 번 놀랐다. 이 책은 결코 녹녹치 않은 현실에서 건져올린 퍼덕거리며 살아 있는 글들의 모음이다. 글을 읽으며 그녀의 삶을 따라가다 언젠가 이 책의 배경인 목포에서 다시 한번 진한 만남을 가지고 싶다.

정은진(진로와소명연구소 소장, 〈우리 아이 기초공사〉 저자)

07 아내는 이른 아침 새벽이면 어김없이 일어난다. 어둔 지하실에서 깊고 맑은 샘물을 퍼올려 우리에게 나눈다. 그것을 받아 마실 때마다 내 눈이 얼마나 밝아지는지… 예수님께 나아가고 싶은 마음을 간절하게 만든다. 나는 그의 글이 진짜라는 것을, 오히려 실제 그의 하루보다 글이 작다는 것을 말하고 싶다.

전신근(남편)

프롤로그

지하실에서 온 편지

이 책의 대부분은 우리 집 지하실에서 쓴 글들입니다. 이곳으로 이사 오던 당시 우리는 인생의 하강곡선을 그리고 있었습니다. 어쩌면 더 이상 내려갈 곳이 없을지도 모르겠다는 심정이었고 그 예감은 빗나가지 않았습니다. 이곳에서 남편은 일용직 노동자의 삶을 살아냈으니까요.

"이렇게 사는 것이 무슨 의미가 있을까? 우리의 삶은 우리 스스로를 버티는데 다 쓰고 있는 것 같아!" 남편에게 종종 이런 투정을 부렸습니다. 뭔가 의미 있는 멋진 일을 하고 싶은데 우리 삶이 너무 초라해보였거든요. 그때 남편이 이렇게 말했습니다. "때로는 버텨내는 것, 그 자체만으로 충분할 때가 있어. 지금 우리가 그런 것 같아."라고 말이지요. 그리고 정말 남편은 노동을 하며 하루하루 그렇게 삶을 버티고 있었습니다.

"삶은 문제의 연속이다. 삶이 힘든 것은 문제를 직면하고 해결하는 과정이 고통스러워서다. 하지만 당면한 문제를 해결하는 이 모든 과정 속에 삶의 의미가 있다." _M. 스캇 펙 과정에 의미가 있다는 것, 이 과정에 하나님의 뜻이 숨어있다는 생각이 들었습니다. 그럼에도 불구하고 삶이란 원래 힘든 거라는 걸 인정하기까지는 시간이 걸렸습니다. 그러다 그런 고통스런 삶을 살아내는 것이 나의 몫이라는 걸 깨달았을 때 무언가 하고 싶다는 생각이 들었습니다.

처음 이곳에 낡고 오래된 지하실이 있다는 것을 알았지만 별 관심 없이 몇 달을 지냈습니다. 짐을 아무데나 내려놓고 마치 여행객처럼 이곳에 뿌리 내리지 못하고 부유하며 살았습니다. 그러다가 지하실이 보이기 시작했습니다. 무언가를 해야겠다는 생각이 들었고 지하실을 치우고 책상을 갖다 놓았습니다. 불과 몇 계단 아래 인데 지하실에 내려오면 세상과 분리된 것 같은 느낌이 들었습니다. 아무도 없는 깊은 곳으로 떨어져버린 기분이 들기도 하고 세상에서 가장 아늑한 곳에 와 있는 것 같기도 했습니다.

지하실은 나에게 하나님을 부르는 곳, 그 분의 말씀을 읽고 듣는 곳 그리고 나의 생각의 조각들을 정리하는 곳입니다. 내 마음에 흘러 다니는 생각을 모으고 하나님 앞에 나아가면 하나님은 그것들을 가지런히 정리해 주셨습니다. 그리고 그렇게 채워지는 것들을 글로 쓰게 되었습니다. 매일 나의 생각과 묵상들, 일기 같은 일상들을 기록하기 시작했습니다.

그러다가 내가 읽고 쓰는 일을 좋아하는 사람이라는 것을 알게 되었습니다. 더 놀라운 일은 SNS에 올린 글을 보고 "글을 기다린다, 글이 위로가 된다, 마음이 따뜻해진다."라고 말해주는 사람들의 반응이었습니다. 글이 사람과 사람 사이를 이어주고 생각과 마음을 전달한다는 것을 알게 되었습니다. 그리고 그런 매일의 기록들이 모여 이렇게 책이 엮어지게 되었습니다.

이 책은 누구에게나 있는 평범한 삶들을 담고 있습니다. 우리의 경험, 생각, 삶의 굴곡은 서로가 비슷한 것들을 공유합니다. 제가 가장 많이 들었던 말이 "내 생각과 비슷해. 내가 하고 싶었던 말이야."였습니다. 하나님이 우리를 대하는 방식도 비슷하리라 생각합니다. 삶을 살아가는 우리의 영혼도 아마 그럴 것입니다. 그 안에 있는 우리의 영혼은 내내 씨름 선수처럼 버티고 있습니다. 온 힘을 다해 상대 선수와 맞서 지탱하는 선수, 겉으로는 아무것도 안하는 것처럼 보이는데 필사적으로 붙들고 버티고 있는 그림말입니다.

이 책을 읽는 독자들도 이런 마음, 이런 상태인 분들이 많을 거라는 생각이 듭니다. 그래서 끝까지 버티시라고 말씀드리고 싶습니다. 하나님은 과정이 더 중요하다고 하십니다. 하나님을 붙들고 버티고 있는 동안 그분이 우리를 만지시고 다루십니다. 그리고 언젠가는 우리가 온 마음을 다해 두 팔 벌려 그 분을 안아드릴 수 있을 만큼 자라게 되리라 생각합니다. 저도 여전히 그렇게 버티고 그분을 붙잡고 있습니다.

마지막으로 감사하고 싶습니다. 저는 매일 한 장 한 장 기록을 했을 뿐인데 그렇게 글이 쌓이면 책이 된다는 걸 이제야 알았습니다. 책이 엮어지도록 도와준 세움북스 강인구 대표님, 출판을 권유해주신 김민철 목사님과 전종득 목사님께 감사드립니다. 또한 저의 기록들에 애정을 가지고 관심과 응원을 보내준 나의 SNS 친구들에게 감사하고 싶습니다. 애정 어린 추천사를 써주신 분들, 제게는 그 분들의 글이 가장 감동으로 다가옵니다. 최고의 격려와 사랑의 응원 잊지 않겠습니다.

그리고 아내의 글을 언제나 사랑하고 지지하는 남편 전신근과 하나님이 주신 선물 은혜, 요한, 요엘, 지혜에게 감사합니다. 이 책은 이들의 기도와 응원으로 만들어졌습니다. 언제나 우리의 지지자 되시는 시부모님과 내 안에 글쓰기의 씨앗을 심어준 우리 엄마 이일순 여사에게 특별한 감사를 또한 보냅니다.

무엇보다 내 마음의 가장 큰 보물 되시고 나의 가장 큰 자랑되신 하나님. 이 글의 모든 과정을 함께 해주신 주님께 감사드립니다.

2021년 1월 20일
목포 용당동 지하실에서
제 행 신

Contents

목차

01 일상에서 날마다 보물찾기

02 가족의 시간에서 다시 가족으로

03 묵상은 영혼이 자라는 시간

01

일상에서 날마다 보물찾기

일상에서의 삶이 우리의 진짜 모습이다. 우리가 누구인지는 특별한 순간에 무엇을 하느냐가 아니라 일상적인 보통의 시간을 어떻게 사느냐로 알 수 있다. 그것은 매일 하루의 시간을 어떻게 보내는지, 늘 보는 내 곁의 사람들을 어떻게 대하며 일상적인 일들을 어떻게 처리하는지에 관한 것이다. 남들이 주목하고 있는 무대 위의 삶이 아니라 무대 아래에서 보통의 평범한 시간을 대하는 우리의 태도다. 일상은 때로는 너무 지겹고 하기 싫은 일들이 반복되는 곳이다. 때로는 고정된 삶의 틈바구니에 끼어 옴짝달싹 못하는 생활이기도 하다. 하지만 하나님은 그곳에서 우리를 다루시고 가르치시며 훈련하신다. 일상의 삶을 통해 우리를 다듬어가신다. 세 종류의 사람이 있다. 과거 속에 사는 사람, 미래의 환영을 좇아 사는 사람, 현재를 사는 사람. 현재를 살지 못하는 사람들은 과거의 일에 매이거나 미래에 저당 잡혀 살아간다. 오늘 하루를 온전히 기뻐하고 누리면서 사는 사람들이 얼마나 될까? 하나님은 우리가 내게 주어진 하루, 나의 일상을 온전한 삶으로 살아가기를 원하신다. 이런 삶은 믿음에서 나온다. 하나님을 신뢰함으로 나의 하루를 만족하고 기뻐할 수 있기 때문이다. 우리의 가장 많은 시간을 소비하는 곳, 하나님은 우리를 일상으로 부르신다. 늘 반복되는 평범한 시간 속에서 그분은 말씀하신다. 마치 보물찾기를 하듯 숨어있는 은혜와 기쁨을 찾아가는 여행, 일상에서 그분을 만나기를 원하신다.

부엌에서 만나는 하나님

　　　　　　주부들도 싫증나는 주방 일을 50이 넘어 하기 시작해서 '하나님의 임재'를 깊이 체험하셨다는 분, 로렌스 형제의 〈하나님의 임재연습〉을 읽고 있다. 그분이 가진 '주방의 성자'라는 별명 자체가 많은 영향을 주는 것 같다. 이 책은 분명 예전에 읽었던 기억이 나는데, 그때와는 느낌이 또 다르다. 책도 사람을 만나는 것처럼 타이밍인가 보다. 나도 하루에 몇 시간씩을 주방에서 보낸다. 여섯 식구의 식탁을 차리고 치우는 일은 매일 적지 않은 시간을 소비하게 한다. 그러기에 300여 년 전 수도원 주방에서 맨날 똑같은 일을 30년 넘게 했다는, 나이 든 아저씨의 묵상과 글귀가 감동으로 다가온다.

　　로렌스 형제는 "하나님의 임재를 경험하는 것은 프로그램이 아니다. 그것은 연습이며, 삶의 방식이다"라고 말한다. 내가 요즘 느끼고 깨닫는 딱 그 말을 하고 있다. 그 지루한 주방 일을 기도하듯 하고 있는 이 수도원 성자를 상상하며 하나님을 만나는 지점은 우리의 가장 너덜너덜한 삶의 자리이자 평범한 일상임을 다시 한 번 깨닫는다.

　　나도 이곳, 나의 주방에서 하나님을 더 깊이 만나보자!

유머로 삶을 향유하다

> "고난에 빠진 인간에게 가장 필요한 것이 무엇이냐고 물으면 용기, 평정심, 인내 이런 것 말고도 나는 유머를 말하고 싶다. 고난 속에서 유머를 잃지 않는다면 그 사람은 어쩌면 아무것도 잃지 않을 수 있는 거라고 말한다."_공지영 에세이, 〈시인의 밥상〉 중에서

어떤 고난이 와도 버티고 이겨낼 수 있는 힘은 강한 것이 아니라 오히려 부드러운 것, 경직되지 않은 말랑말랑함과 여유 같은 것이 아닐까? 웃음 폭탄이 떨어지면 아무리 참으려 해도 멈출 수가 없다.

"하하, 하하하." 끊이지 않는 돌림노래처럼 가족들이 웃고 있다. 어제 내가 잠깐 지인들과 연락을 주고받는 사이 남편과 아이들이 먼저 가족 모임을 시작했다. 어느 지점에서 웃기 시작한 걸까? 웃는 모습을 보니 영문도 모르고 웃음이 난다. 나도 덩달아 웃는다. 나중에는 웃다가 눈물이 찔끔 난다. 그런데 그 모습이 웃겨서 더 웃게 된다.

"하나님! 저희 기도하는데 너무 웃어서 죄송해요"라고 하면서 웃고 참으려다 더 웃게 되니 이상한 목소리가 튀어나온다.

결국 어제는 기도를 웃음으로 채워버리고 말았다.

"…질병과 슬픔이 전염된다고 하지만, 이 세상에서 웃음과 즐거운 기분만큼 전염성이 압도적인 것도 없다는 사실은 만물의 조화를 추구하는 타당하고 공명정대하며 숭고한 이치이다. 스크루지의 조카가 이런 식으로, 그러니까 양 옆구리를 움켜잡고 고개를 마구 흔들고 얼굴을 과장되게 일그러뜨리며 웃음을 터뜨리자 스크루지의 조카며느리도 남편만큼이나 활기차게 웃었다. 함께 모여 있던 친구들도 조금이라도 그에 뒤질세라 힘차게 웃었다. 하하, 하하하! 하하, 하하하, 하하하하!"

찰스 디킨스(Charles Dickens)의 〈크리스마스 캐럴〉에 나오는 한 장면이 떠올랐다. 남편과 아이들 모습이 그랬다. 양팔로 배를 잡고, 고개를 흔들고 얼굴을 일그러뜨리며 웃었다. 나중엔 울기까지 하더라.

누가 보면 저 사람들 어찌 된 게 아닌가 싶을 테지만 장담하건대 보고 있으면 당신도 똑같아진다. 웃음과 즐거움은 전염된다.

그 웃음은 잠들기 전까지 까르르까르르 수다스럽게 이어지다가 기분 좋은 자장가처럼 맴돌았다. 확신하건대 웃음은 신이 주신 특권이자 소중한 선물 인생이란 무게를 견디는 강력한 무기이다.

여기, 당신이 있어야 할 이유

어렸을 때, 조금 생각할 만한 나이가 되면서부터 늘 궁금했다. '우리는 왜 살며, 삶의 끝은 어디일까?' 밤에 눈을 감으면 나의 20대, 30대는 어떻게 될까 생각하다 더 이상 상상할 수 없는 지점에 이르렀다. 그러면 눈앞이 캄캄해지면서 암흑 같은 블랙홀이 나를 빨아들이는 것만 같았다. 그럴 때면 갑자기 무서워져서 이불을 머리 끝까지 뒤집어쓰고 억지로 잠을 청하곤 했었다. 조금 커서 학교에 다니면서는 '공부는 왜 하는 걸까?' '왜 아무도 이런 것들에 대해서는 말하지 않는 걸까?' 궁금했다. 삶은 질문도 답도 없고 그냥 삶 자체로 다들 어딘가로 향해 가는 것처럼 보였다. 달려가고 있는데 왜 달리고 있는지, 무엇을 위한 것인지는 답이 없는 것 같았다. 나중에 하나님을 믿고 성경을 알게 되면서는 그 이유를 하나님 안에서 찾기 시작했다. 그러나 하나님은 너무 크시고 깊어서 다 이해가 안 되는 분이셨다. 구원받았는데 왜 이 땅에서의 삶이 필요한 걸까? 우리가 예수님을 믿으면 당장 천국으로 데려가셔야 하지 않을까?

산다는 건 가끔씩 일어나는 즐거운 일 빼고는 힘들게 버티는 시간이 대부분이다. 우리 어깨에 주어진 삶의 무게는 결코 가볍지 않다. 거기다 이 세상에는 곤고하고 비참한 삶을 살아가는 사람들이 또 얼마나 많은가? 수많은 질병과 고난, 범죄와 사고들이 끊이지 않는 세상에서 왜 우리는 계속 살아가야 하는 걸까? 예수 믿고 천국 가는 것이 우리의 목적이라면 이 땅에서의 삶은 어떤 의미이며, 나는 왜 이곳에 있어야 하는지 알 수가 없었다.

윌리엄 블레이크(William Blake)는 "우리는 사랑의 빛을 견디는 법을 배우기 위해 잠시 지상에 머문다"라고 했다. 모세가 시내 산에서 하나님과 대면하여 내려올 때 그 얼굴에 광채가 나나 스스로는 깨닫지 못했다고 한다(출 34:29). 그 빛이 모세에게는 자연스럽고 편안했기 때문이다. 모세는 그분의 빛과 충돌하지 않았다. 그러나 이스라엘 백성들은 모세의 얼굴에서 나는 광채만으로도 두려움을 느꼈다. 그들은 그 광채를 견디지 못해 모세의 얼굴을 수건으로 가려야 했다. 우리는 빛을 감당할 수 없는 존재들이다. 나의 본성이 그 빛을 거부하기 때문이다. 우리는 그 빛을 향해 반발하고 두려움을 느낀다. 우리가 빛을 감당할 수 없을 때 그 빛은 우리에게 저주가 된다. 이 땅에서의 시간은 빛을 견딜 수 있는 법을 배우는 시간이다, 저주가 축복으로 바뀌는 기회의 시간이다. 예수님을 내 마음에 받아들이고 내가 그분과 하나 될 때 우리는 그 빛 안에서 자유롭고 평안을 누린다. 하나님의 빛이 나와 부딪히지 않고 내 안에서 광채를 내고 빛나기 시작한다. 이것이 하나님이 우리를 이 땅에 두신 이유가 아닐까? 하나님은 이 시간을 통해 우리를 빚으신다. 천국의 찬란한 빛을 우리가 견딜 수 있도록 우리를 잠시 구름 아래에 두신다. 언젠가 구름이 사라져 온몸으로 그 빛을 다 맞아도 그것을 수용할 수 있을 때까지 우리를 보호하신다. 구름은 그분을 가리는 장애물이자 우리를 보호하는 보호막이다. 불완전한 우리에게는 말이다. 그 구름 아래에서 하나님은 우리가 그리스도의 형상을 이루기까지(갈 4:19) 끊임없이 우리를 만지시고 빚어 가신다.

> "나 주님의 기쁨 되길 원하네.
> 내 마음을 새롭게 하소서.
> 새 부대가 되게 하여 주사,
> 주님의 빛 비추게 하소서.
> 내가 원하는 한 가지, 주님의 기쁨이 되는 것.
> 내가 원하는 한 가지, 주님의 기쁨이 되는 것." _Teresa Muller

이 땅에서 살면서 새 부대가 되어 주님의 빛을 비추며 살아가는 것, 그 빛이 모세의 광채처럼 나를 통해 반사되어 비추어도 나는 이미 그 빛과 하나 되어 있다면 그곳이 바로 천국일거라 믿는다. 그래서 이 땅에서의 삶은 하나님이 주신 선물, 기회의 시간이다. 지금 여기에서 나는 그 빛을 수용하는 법을 배우는 중이다.

삶은 우리를 아끼시는 그분의 사랑이며 기회이고 우리에게 허락하신 유예의 시간이다. 이것이 내가 여기에 있어야 할 이유이기도 하다.

세상에서 가장 안전한 곳

　　　　　　　　　　　새벽에 전기가 나갔다. 어젯밤까지 별
문제 없었는데 우리가 잠든 사이에 무슨 일이 있었던 걸까? 새벽 4시, 오
늘 서울로 출근해야 하는 남편과 함께 어둠 속에서 참 난감했다. 당장 아
침에 아이들 밥 먹여 학교도 보내야 하고 남편도 씻고 가야 하는데 아무것
도 안보였다. 잠시 우리는 서로 깜깜한 어둠만 응시하고 앉아 있었다. 그
러다 뭘 검색했는지 나도 모르겠는데 누르고 보니 '한국전기안전공사'였고
설마 했는데 놀랍게도 그 시간에 상담원이 전화를 받았다. 곧 긴급출동으
로 기사 아저씨를 보내 주셨다. 새벽 5시도 되기 전에 누굴 부를 수 있으리
라고는 상상도 못 한 일이다.

　어디선가 누수가 되고 있다고 한다. 40년도 넘은 집이고 처음부터 제
대로 지은 집이 아니라 전기선도 여기저기 엉켜 뜯어보기 전에는 찾을 수
없다고 한다. 그 새벽에 기사 아저씨가 손전등을 켜고 이곳저곳 살펴보는
데 나는 옆에서 그저 간절한 마음으로 지켜볼 수밖에 없었다.

　아저씨도 답답하신지 한참 동안 전기선만 쳐다보다가 갑자기 화장실로

가셨다. 나는 손전등을 들고 따라갔는데 화장실 전구를 보고 깜짝 놀랐다. 열어보니 전구 안 플라스틱 공간에 물이 가득했다. 보일러 대신 순간온수기(물을 전기나 가스로 데워 주는 장치)를 쓰니 수증기가 쌓여 그 틈 안으로 물이 고인 모양이다.

당장 응급처치를 했지만 전체적으로 누수가 되고 있는 상태라 조금만 문제가 생겨도 전기에 이상이 있을 거라고 했다. 지금은 괜찮아도 또 이런 일이 발생할지도 모르니 그때는 전문공사를 해야 한다고 했다. 너무나 고마운 기사분이셨다. 새벽에 부른 것도 미안한데 손전등을 의지해 살피며 끝까지 수고해주신 것이 감사하다. 고맙다고 인사하니 오히려 완전히 해결하고 고치지 못한 걸 아쉬워하시며 가셨다.

여전히 어둡고 고요한 새벽. 아이들은 새벽에 무슨 일이 일어났는지도 모르고 잠을 자고 있다. 새근새근 숨소리, 잠자는 아이들의 소리가 평화롭고 고른 소리를 내며 울려 퍼졌다. 그 소리를 들으면 언제든지 마음에 평온함이 스며든다. 마음이 안정되고 안심이 된다.

여전히 집안 구석구석에 도사리고 있는 문제들은 미로처럼 엉켜있는 전기선들처럼 언제 어느 때 튀어나와 우릴 곤경에 빠뜨릴지 모르겠다. '우리는 위험 속에 살고 있는 걸까?'

그런데 이 세상 어디가 가장 안전하고 좋은 곳인지는 알 수 없을 것 같다. 서울에 살 때 우리 빌라 옥탑에 살던 사람을 경찰이 끌고 가는 것을 본 적이 있다. 그 동네가 학군 좋고 안전하기로 소문난 곳인데 그때 살인사건이 일어나서 떠들썩했었다. 납치 살인 사건이었다. 알고 보니 범인이 우리

빌라에 살고 있었다. 수시로 마주쳤을 사람이 살인자라니, 주변에서는 무섭다고 당장 이사 가라고 했다.

그런데 그게 어디 쉬운 일인가. 사는 곳이 위험하다고, 문제가 생겼다고 이사 갈 수 있는 사람은 그리 많지 않다. 전쟁이 나도 도망가지 못 하고 폭격 속에 사는 이유, 전염병이 퍼져도 그 자리에 있을 수밖에 없는 이유, 오염된 지역을 떠날 수 없는 이유, 이런 비슷한 이유이다.

그러니 하나님께서 집을 지켜 주시길 구할 수밖에 없다. 세상모르고 잠자던 우리 아이들처럼 우리도 모르는 시간에 누군가가 우릴 지키시는 걸 의지할 수밖에.

실제로도 우리 삶에 아슬아슬 위험천만한 일들이 얼마나 많았던가. 지금 떠오르는 일만 해도 열 손가락을 다 꼽겠는데 우리가 자는 동안 일어난 일까지 합치면 다 셀 수도 없을 것이다.

새벽 시간을 그렇게 보내고 아이들을 학교에 보낸 후 지하실에 내려와 말씀을 읽는데 눈물이 흐른다.

> "두려워하지 말라 내가 너와 함께함이라 놀라지 말라 나는 네 하나님이
> 됨이라 내가 너를 굳세게 하리라 참으로 너를 도와주리라 참으로 나의
> 의로운 오른손으로 너를 붙들리라" _사 41:10

그분이 나의 하나님이시라는데 나를 붙들고 도와주시겠다는데 그것도 모자라 굳세게 하시겠다는데 어쩌겠나. 나의 평화로운 숨소리가 그분에게 기쁨이 될 줄 믿는다. 그러니 난 오늘 밤도 두 다리 편히 뻗고 잘 거다.

사랑을 꿈꾸다

                                   사랑이란 무엇일까? 남편과 연애를
시작할 때 우리는 6번 정도 헤어졌다. 둘이 사귀는 걸 반대했던 외부적 요
인 때문이었다. 그런데 그 덕분에 우리가 왜 만나야 하는지 그 이유를 찾
느라 고민을 많이 했던 것 같다.

    어느 날 남편이 "사랑을 배우기 위해서"라는 말을 했을 때 '이건 또 무
슨 소리야? 지금 사랑하고 있는데 뭘 배우라는 거지?' 하며 의아했던 기억
이 난다. 사실 남편도 뭔가 알고 한 말은 아니었다고 한다. 하나님께 묻는
데 그런 마음이 들었다는 것이다.

    연애의 감정으로 충만했던 그때는 '배운다'라는 단어가 참 낯설게 들렸
다. 우리에게 사랑이란 지금 우리 사이에 존재하는 '서로를 좋아하는 마음
의 크기' 정도로 생각했다. 마치 행운처럼 찾아온 선물 같아서 사라질까봐
마음 졸이는 그런 감정 같은 것 말이다. 그래서 이런 상태의 지속 여부가
사랑이냐, 아니냐를 가르는 기준이라고 생각했었다. 사랑이 일종의 완성
된 제품인 것처럼 여겼던 것이다. 그래서 그 제품이 낡거나 손상되는 것을

막고 잘 보관해야만 유지되는 줄 알았다.

　그런데 옛날 사람들은 그래봤자 100여 년 전인 불과 얼마 전까지만 해도 '결혼'을 기준으로 '사랑이 시작된다'는 개념을 가지고 있었다. 즉, 사랑은 결혼을 한 후에야 발전되는 것으로 생각했다고 한다. 현대를 살아가는 우리에게 참 낯선 사랑의 개념이다. 지금 우리 시대는 개인적인 사랑의 경험이 발전하여 결혼으로 이어지는, 그러니까 사랑의 결론이 결혼이 되어 버리는 '낭만적인 사랑'을 추구하고 있기 때문이다.

　누군가를 사랑하는 연애감정은 참 소중한 선물 같은 것이다. 보통은 그런 감정이 쉽게 일어나지 않기 때문이다. 감정 자체가 사랑의 크기를 결정하는 것은 아니지만 그 감정은 사랑을 키워나가는 좋은 동력이자 재료가 된다. 감정은 사랑이 싹 트고 자라고 열매를 맺는 것을 돕는 역할을 한다. 사랑이 쉬운 건 아니지만 좋아하는 사람을 사랑하기가 더 수월한 것이 사실이기 때문이다. 하지만 서로 좋아하는 감정이 저절로 자라 열매를 맺지는 않는다. 좋은 감정으로 시작해서 상처를 주고 미워하는 관계로 끝날 수도 있다.

　그런 좋은 감정을 계속 유지하는 데는 '사랑의 능력'이 필요하다. 고린도전서 13장에 나오는 오래 참음, 온유함, 서로를 시기하거나 으스대지 않는 것(자랑하지 않음), 무례하게 대하지 않고 이기적으로 자기 유익만을 구하지 않고, 쉽게 성내지 않고 상대방이 잘못한 것을 마음속에 쌓아두지 않는 것, 옳은 것, 진리와 함께 기뻐하며 모든 것을 참으며 모든 것을 믿으며 모든 것을 바라며 모든 것을 견디는 것, 이 모든 것이 바로 '사랑의 능력'이다. 그런데 이런 사랑의 능력은 어떻게 생기는 걸까?

이 질문은 예수님과 우리와의 관계와 깊이 연결되어 있다. 부부가 연합하여 서로 사랑을 이루어가는 것과 이 땅에서 우리가 예수님과의 관계를 이루어가는 것이 서로 닮았기 때문이다.

사람들이 결혼이 사랑의 결과물인 것처럼 오해하듯이 예수님을 영접하여 그분을 믿는 것을 결론인 것처럼 잘못 생각한다. 그래서 결혼한 후 특별한 노력을 기울이지 않고 관계를 유지하는 선에서 지내게 된다. 신앙생활도 마찬가지이다. 더 깊은 성장을 추구하기보다는 믿음을 유지하는 최소한의 예배참석과 약간의 모임 정도로 명맥을 유지하는 것에 만족한다. 그 이상을 생각하지 않는다. 하지만 이런 생활을 지속하다 보면 사랑도 줄어들고 믿음도 점점 떨어진다. 성장이 없는 사랑은 작아지고 퇴색한다. 믿음도 사랑도 지속적인 발전이 없다면 시간이 흐를수록 유지하는 것조차 힘들어진다. 이렇게 인간의 사랑은 소멸과 상실을 향해간다. 그 사라짐이 두려워 또 다른 사랑을 찾아다니지만 우리의 사랑은 시간이 지나면 하강곡선을 그리게 된다. 마치 인간의 육체와 같다. 신체의 성장곡선은 성장하다 정점을 지나면 쇠퇴한다. 그것은 우리의 힘으로 저항하고 되돌릴 수 없는 자연의 이치이다

하지만 하나님 안에 있는 생명은 그렇지 않다. 그 생명은 한 번 태어나 성장하되 끝점이 없다. 왜냐하면 그 완성이 이 땅이 아닌 영원의 시간, 천국에서 이루어지기 때문이다. 그것은 또한 하나님 안에 있는, 그분이 우리에게 주신 사랑의 속성과 비슷하다. 하나님 안에서의 사랑은 한계점이 없

다. 생명처럼 자라고 성장한다. 사랑은 생명 같은 것이다. 사랑의 능력이란 생명 같은 사랑이 자라고 성장하면서 능력이 되는 것이다. 생명의 씨앗은 작고 연약하지만 그 생명이 자라고 성장하면 열매를 맺는다. 사랑도 그렇게 자라 사랑의 능력을 가진 열매를 맺게 된다. 내 안에 계신 생명의 열매가 사랑의 열매이다. 그리고 그 열매가 능력이 된다.

이런 사랑은 하나님의 사랑을 경험할 때 생긴다. 누군가를 사랑할 수 있는 능력이 그분에게서 나온다. 영원을 향해 성장하는 생명이 그 사랑 안에 있기 때문이다.

사랑이 우리의 비전이다. 그 안에 예수님의 생명이 있다. 사랑이 소망이 된다. 내 나이 중년이 되어서야 사랑을 꿈꾸다니! 그러니 '사랑을 배우기 위해서'는 여전히 진행 중이다.

방해받는 삶 살기

　　　　　　　　　나름 자신의 삶에 만족하며 살다가도 어느 날 문득 내가 초라하고 보잘것없어 보일 때가 있다. 주부의 삶이 그런 느낌이 들기에 딱 안성맞춤이다. 아기를 낳고 키우는 일은 소중한 일이지만 엄마 개인의 삶만 본다면 그야말로 형편없는 몰락한 삶처럼 느껴질 때가 많다. 아기를 등에 업은 채 허겁지겁 밥을 먹으면서 '내가 왜 이러고 있어야 하지?'라는 물음과 함께 나의 삶이 너무 낭비되고 있다는 생각을 하게 된다.

　　누구나 뭔가 의미 있고 멋진 일, 하다못해 많은 사람을 유익하게 하는 일, 성과가 있는 일을 하고 싶지 매일 반복되는 집안일과 육아처럼 시시해 보이는 일에 나의 전 시간을 다 쏟아 붓고 싶어하지는 않는다.

　　결혼 전까지 내가 살아오면서 추구하던 것, 그것이 공부든 일이든 우리가 배우고 훈련해온 방법은 '자기 통제, 자기 관리'에 가깝다. 계획을 잘 짜서 그대로 실행하는 것, 방해물을 제거하고 효율성을 높일 것, 우선순위를 잘 정하고 실천하기 등등 이런 자기 통제가 강할수록 목표를 달성하기 쉽기에 우리는 부단히도 이렇게 노력하고 훈련해왔다.

사실 우리는 이렇게 자라왔고 길들여졌으며, 많은 부모들이 또한 아이들을 이런 식으로 키운다. 아이가 공부만 한다면야 엄마는 그 아이 앞에 걸리적거리는 장애물들을 싹싹 치워 정리해 준다. 학원 자리도 미리 가서 맡아주고, 방도 말끔히 정돈해주고, 밥도 딱 먹을 수 있게 시간 맞춰 차려주고 오고 가는 시간 아깝다고 차로 실어 날라준다. 오로지 공부 하나에 집중할 수 있도록 주변을 정리해준다.

공부뿐만이 아니라 사람들이 일하는 방식이 대체로 이렇다. 그러다 보니 공부, 일, 사역 같은 정당성이 부여되는 목표가 있으면 다른 부가적인 일들은 방해물 취급되기 쉽다(거기에는 가족, 친구도 포함된다).

그런데 육아, 즉 생명을 키우는 것은 이런 게 안 통한다. 내가 내 시간과 상황을 통제할 수가 없다. 내게 있어서 육아란 "방해받는 삶 살기"이다. '계획 짜서 실행하고 결과를 얻는다'가 안 되는 것이 육아이다. 설거지 하나도 방해 없이 끝내기 힘들고 뭘 해도 손을 몇 번씩 털고 중단해야 하는 사태가 생긴다. 지금이야 아이들이 좀 커서 나아지긴 했지만 먹고 자고 화장실 가는 것조차 시시각각 아이가 끼어들고 방해받는 삶인 것이다.

처음에는 이런 삶이 도저히 참을 수 없고 화가 났다. 그동안 살면서 한 번도 이런 삶을 경험해보지 못했기 때문이다. 그리고 이런 삶에 어떤 의미와 가치가 있는지 알 수가 없었다. 이전에 추구하고 훈련했던 시간관리와 노력들이 육아 앞에선 하나도 도움이 안 되는 것들이었다. 사실 도움이 안 되는 정도가 아니라 오히려 방해가 되었다. 소위 세상 방식이 안 먹히는 것이 육아, 그러니까 생명을 보살피고 키우는 일이다. 그리고 나의 삶을 돌아보니 내가 이루고자 했던 대단치도 않은 것들을 위해 얼마나 많은 것들을 사사롭게 여기고 방치하며 살았는지 보이기 시작했다. 그동안 참 얌체 같고 얄미운 삶을 살았다는 생각이 들었다.

인생은 결코 직선으로 갈 수가 없다. 만약 직선으로 갔다면 누군가가 내 대신 그 자리를 메꾸고 애썼기 때문이다. 그때마다 그걸 무시하고 앞으로만 갔다면 삶에서 배우고 경험해야 할 중요한 가치들, 그것들을 배울 기회를 놓치게 된다. 인생에서 가장 소중한 일은 생명을 키우고 자라게 하는 일이다. 그게 꼭 육아만을 말하는 건 아니다. 사람을 살리고 세우고 성장하게 하고 도움을 주는 모든 일을 말한다.

가장 안타까운 점은 우리가 배우고 훈련하는 대부분의 것들이 이것과는 거리가 멀다는 데 있다. 사실 정반대의 가치를 갖고 그것에 맞춰 세팅되어 있다는 생각이 든다. 갈수록 저출산에 육아를 기피하는 이유에는 사실 이런 깊은 뿌리가 있다. 아주 오랜 시간 우리가 살아온 방식, 추구해 온 가치와의 충돌은 무시하지 못할 만큼 치명적이라는 것이다. 단순히 인격이나 성품의 문제도 아니고 오랜 습관이나 삶의 방식, 가치와의 충돌이다.

결과적으로 해결방안이라면 먼저는 우리 아이를 좀 다르게 가르치고 키워야 한다고 생각한다. 우리가 키운 아이들이 생명을 보살피는 일에 얼마나 취약한지 깨달아야 한다. 그러기 위해선 부모의 가치관에도 변화가 생겨야 하고 궁극적으로는 우리의 삶의 태도와 방식에 변화가 있어야 한다. '방해받는 삶을 살기'란 하루아침에 이루어지지 않는다. 그걸 하나도 훈련하지 않고 살다가 결혼과 육아에서 직면하려니 그야말로 인생이 전쟁이 되는 것이다.

내가 육아를 긍정하고 받아들인 건 '셋째 임신' 이후였다. 셋째를 임신을 알고 얼마나 충격을 받았는지 난 솔직히 그때 내 인생이 너무 아까웠다. 그런데 돌아보니 그때야 비로소 하나님이 나를 가르치고 훈련시키신 시점이었다. 늘 그러셨지만 하나님은 내가 인정하고 받아들일 때 가르치신다. 그전까지는 육아의 의무와 나의 욕망 사이에서 조급함과 불안함, 그러나 사랑스러운 아이들이 주는 기쁨이 온통 뒤섞여 내 자아는 분열을 거듭하고 있었던 것 같다. 나는 나의 시간, 계획, 상황 통제력의 주도권을 끝까지 쥐고 싶었던 것이다. 그것을 놓지 않은 채 기회만 보고 있었는데 셋째 임신은 그 희망을 좌절시키고 말았던 것이다.

그러면 지금은? 난 완전히 자유롭다. 그리고 이 상태가 너무 기쁘다.

왜냐면 난 인생에서 너무 중요하고 가치 있는 것을, 그것도 다른 험하고 슬픈 일이 아닌 '육아'를 통해서 배웠기 때문이다. 내가 생각했던 '방해받는 삶 살기'란 다름 아닌 '하나님의 통치를 인정하는 삶'이었다. 나의 계획, 시간, 소유가 언제나 간섭받을 수 있다는 걸 인정하니 어떤 일이 일어나도 충격이 덜하다. 나쁜 일이 와도 그게 나의 깊은 곳을 파고들지 않는다. 왜냐면 내 삶의 모든 것이 내 손이 아닌 그분 손에 있음을 알기 때문이다.

인생을 받아들이고 산다는 것은 결코 수동적인 삶이 아니다. 그건 하나님을 받아들이는 삶이기 때문이다. 내가 관리하는 인생이 아니라 그분의 능력이 내 삶에 드러나도록 나를 드리는 삶, 그분 안에서 내 삶의 지평이 확장되는 삶이다.

치유의 시간

성경에서 요셉이 우는 장면을 읽을 때마다 눈물이 난다. 그가 겪은 억울함과 슬픔은 감당하기 힘든 상처를 만들었을 텐데 그에게서는 원망이나 분노가 느껴지지 않는다. 형들 앞에서 소리 높여 우는 그의 울음은 어떤 것이었을까? 하나님이 주신 약속, 그의 오랜 기다림이 이루어지는 순간이었을까? 자신의 형들을 보는 순간 그는 마침내 하나님의 그림을 이해하게 되었던 것 같다. 그의 인생에서 풀리지 않았던 의문이 하나님의 손에서 퍼즐 맞추듯 착착 완성되어 가는 것을 그는 보았던 것이다.

내게도 '치유'에 대한 특별한 경험이 있다. 재수를 할 때였다. 어떻게 시작했는지 모르겠지만 학원 친구랑 화장실에서 서로의 상처를 털어놓게 되었다. 말하고 또 말하고 우리는 그렇게 몇 시간을 거기서 부둥켜안고 울었다. 그때 친구에게 털어놓았던 상처는 분명 나를 압도할 만큼 크고 아픈 것들이었다. 그런데 막상 꺼내놓고 보니 그것들은 생각보다 작아 보였다. 나는 그때 내게 특별하던 그것이 사실은 누구에게나 보편적인 경험이라는 것을 알게 되었다. 친구의 아픔이 나랑 비슷하다는 데에 놀랐던 것이다. 그때 약간 충격을 받았다. 굳이 비유한다면 늘 단둘이서 은밀히 만나던 사람을 어느 날 갑자기 무리 속에서 본 느낌이랄까? 그건 지구에서 장미 꽃밭을 발견한 어린 왕자가 받은 충격 같은 것이었다. 장미는 어린 왕자의 별에서만 유일한 존재였다. 나는 세상에 그렇게 많은 장미가 있다는 것을 처음 알았던 것이다. 내 안에만 있던 상처가 막상 꺼내놓고 보니 평범해 보였다. 나의 상처에서 더 이상 나만이 소유했던 그런 특별함이 사라져 버렸다. 심지어 살짝 실망스러운 느낌마저 들었다. 나는 그 상처를 감싸안고 묵히면서 나만의 비밀스러운 슬픔을 생산해내고 있었던 것이다. 우울하고 쓰라린 감정을 끌어안고 아늑해진 그 속에서 나는 푹 잠겨 있었다. 그런데 그 상처의 보편성을 보았다. 참 웃기는 말이지만 나는 나의 상처에 실망했다. 그것을 인정하자니 자존심이 상할 정도였다. 그래서 가끔씩은 예전의 구슬프고 아픈 감정을 다시 떠올려 소환해보려고 시도하기도 했었다. 그런데도 그 우울함은 내게서 사라지고 말았다. 나는 그 상처가 주었던 특별함을 잃어버렸다. 그 일은 내 인생에 큰 영향을 미치게 되었다.

거짓된 것들은 정체가 드러나면 사라진다. 그것을 인식하는 순간 신기루처럼 날아가고 적나라한 진실만 남는다. 그때 나를 잠식했던 것은 그것이 만들어낸 커다란 그림자였을 뿐이다.

요셉의 이야기를 읽으면서 그의 마음이 과거로부터 자유로워지고 상처와 고통을 떠나보낸 지점이 어디였을까 생각해 보았다. 그의 형제들이 그를 죽이려 했던 것과 그를 노예로 팔아버린 것은 사실이었다. 그는 객관적으로도 충분히 상처받고 분노할 수 있는 상황이었다. 그러나 요셉은 자기를 해하려했던 형들을 용서하였다. 그의 용서에는 그 상황을 뛰어넘는 해석이 있었다. 그의 해석은 상황을 악화시키는 쪽이 아닌 오히려 승화시키는 방향으로 흘러갔다. 요셉은 그 사건을 자신의 시각이 아닌 하나님의 관점으로 보았던 것이다. 인간의 주관은 악함과 연약함으로 흐르지만 그것이 하나님께로 옮겨질 때는 다른 시선을 가지게 된다. 모든 것이 하나님의 섭리 가운데서 이루어짐을 깨닫게 된다. "당신들은 나를 해하려 하였으나 하나님은 그것을 선으로 바꾸사 오늘과 같이 많은 백성의 생명을 구원하게 하시려 하셨나니 당신들은 두려워하지 마소서"(창 50:20-21)라며 오히려 그들을 위로하게 되는 것이다.

이것이 어떻게 가능해질까? 먼저는 누군가에게 털어놓아 보자. 아니면 글로 적어보든가. 내 안에 고인 상처의 기억들이 다른 시각으로 전환되는 과정을 통해 더 객관적인 시야를 가질 필요가 있다. 상처는 그것을 어떻게 해석하느냐의 문제이다. 그러나 궁극적으로는 하나님께로 가야 한다. 그분은 객관을 뛰어넘어 초월한 시선을 가지신 분이다. 나는 틀리고 왜곡하고 상처받고 상처 주지만 그분은 항상 옳다. 내가 감당할 것이 아니라 그분께 맡길 때 그분이 모든 상황을 다각도로 만지시고 치료하신다.

기억의 재구성

　　　　　　　　우리의 기억은 굉장히 주관적이다. 기억은 감정의 영향을 받기 때문이다. 나는 아이들을 키우면서 이것을 자주 경험한다.

　언젠가 나 혼자 아이 셋을 데리고 수영장에 간 적이 있었다. 남편과 첫째 없이 동생들만 데리고 갔었다. 그때 막내 지혜가 지금보다 더 아가였기에 내 시선이 내내 막내에게 가 있었다. 방학기간이라 사람들이 북적거려 혹시라도 아이가 위험해질까 봐 나름 긴장을 하며 바라보고 있었다. 무릎까지 오는 유아 풀장에서 8살 요엘이와 지혜가 놀고 있었는데 낮은 곳이라 요엘이는 크게 걱정을 안 했었다. 그런데 갑자기 요엘이가 울면서 나를 찾아왔다. 자기가 튜브에서 미끄러졌는데 엄마가 구해주지 않았다는 것이다. 그래서 자기 혼자 일어났다며 울먹였다. 나는 아이를 달래며 물먹은 것을 진정시켰다. 엄마가 못 봐서 미안하다고 사과를 했다. 그러고는 다시 잘 놀다 왔던 걸로 기억한다.

　그런데 나중에 정말 깜짝 놀라는 일이 있었다. 그로부터 한 1년 정도 지났을 무렵이었다. 가족끼리 차를 타고 가다가 무슨 얘기 중에 내가 "너희 혹시 엄마나 아빠한테 상처받은 거 있으면 꼭 말해라"라고 했다. 아마 다른 아이 이야기를 하다가 불쑥 그런 말이 나왔던 모양이다. 그때 요엘이가 수영장 사건을 꺼냈다. 그런데 이야기가 좀 달라져 있었다. 요엘이는 튜브에서 미끄러지던 순간 엄마를 불렀는데 내가 쳐다보면서도 자기를 구하러 오지 않았다는 것이다. 그래서 아직까지도 그 기억이 자기를 슬프게 한다고 말했다. 나는 너무 놀라 어쩔 줄 몰라 했다. 그건 사실이 아니었기 때문이다. 생각해보니 수영장에서 요엘이의 표정이 뭔가 석연치 않아 보이긴 했었다. 하지만 억울한 마음이 들었다. 놀란 나는 그 상황을 다시 상기시키고 몇 번이고 설명하며 사과를 했다. 어쩌면 아이는 그때 엄마의 시선과 마주쳤을지도 모른다. 멀리서 봤을 때는 자기를 쳐다보는 것처럼 느꼈을 수도 있다.

아이를 키우다 보면 종종 이런 경험을 하게 된다. 내 입장에서는 억울한데 아이는 정말 그렇게 보고 느끼는 것 같다. 나는 아이들 편이라 모든 문제의 책임이 부모에게 있으며 어른들이 아이를 괴롭힌다고 생각하는 사람인데 처음으로 부모가 억울한 일도 있겠다는 생각이 들었다. 실제로 이렇게 오해가 생기는 상황들이 있다. 의도하지는 않았지만 아이가 상황을 잘못 해석하고 그것을 부모는 모른 채 지나간다. 이때 아이는 부모가 모르는 상처를 받는다. 오해란 존재하지 말아야 할 것들이 만들어지는 상황이다. 우린 참 오해 속에서 살고 상처를 받는다. 그렇다고 해서 아이가 느끼는 감정 자체가 거짓은 아니다. 그걸 보고 느끼는 아이의 눈이 주관적일

뿐 아이의 잘못은 아니다.

이와 비슷한 상황을 다룬 영화가 있다. 영화 《에이미》는 1999년에 상영된 호주영화이다. 에이미의 아빠는 세계적인 록 스타였다. 에이미는 어렸을 때 가수인 아빠가 무대에서 노래를 부르다가 공연 중 설치되어 있는 전선을 잘못 밟아 감전되어 죽는 장면을 목격한다. 그 후부터 에이미는 말을 못하는 아이가 되었다. 4살 때 에이미는 엄마 아빠와 세계를 여행하며 수다스럽게 떠들던 명랑한 아이였는데, 아빠의 죽음 이후 8살이 될 때까지 4년 동안 언어를 잃어버렸다. 에이미의 엄마는 아이의 문제를 풀어보려고 에이미를 데리고 이곳저곳을 돌아다니게 된다. 그러던 중 한곳에 정착했는데 그곳에는 항상 기타를 치고 노래를 부르는 옆집 아저씨가 살고 있었다. 그 아저씨는 에이미가 라디오를 돌려가며 듣는다는 것을 알게 되었다. 옆집 아저씨는 에이미가 말을 하지는 않지만 노래를 부른다는 것을 알게 되고 노래를 통해 에이미와 대화를 나누게 된다. 그러던 어느 날 에이미가 사라지는 일이 벌어졌다. 동네 사람들은 모두 노래를 부르며 에이미를 찾으러 다녔는데 에이미를 찾은 곳은 대규모 야외 콘서트장이었다. 그곳에서 아빠의 노래가 들려왔고 에이미는 "아빠!"를 부르며 무대를 향해 뛰어나갔다. 울면서 흐느끼는 에이미, 그리고 그때 에이미의 실어증의 비밀이 밝혀진다. 그것은 '잘못된 기억' 때문이었다. 사고 당시 아빠의 죽음을 목격했던 에이미는 아빠가 감전될 때 마이크와 연결된 선을 자기가 건드렸다고 생각했던 것이다. 아이들은 나쁜 일을 자기 탓이라고 여기는 경향이 있다. 보통 어린아이들은 엄마 아빠가 싸우면 자기 때문이라고 생각한다. 모든 일이 자기로 인해 일어난다는 일종의 자기중심성이다. 에이미의 기억에는 왜곡된 상상이 첨가되었다. 자기가 밟은 전기선에 감겨 아빠가 감전되는 장면이 그것이다. 에이미의 생각 속에서 아빠의 죽음은 자기가 만든 비극이었다. 그 충격은 아이가 감당하기에는 너무 무거운 것이었다. 에이미는 그동안 죄책감 속에 살아왔던 것이다. 에이미 엄마는 얼마나 충격을 받았을까? 남편을 잃은 슬픔에 빠져 아이의 마음을 돌보지 못했다는 자책감과 슬픔이 너무 고통스러워 엄마와 에이미, 영화를 보는 관객 모두를 눈물바다로 만들었다. 에이미 엄마는 아이를 붙들고 다시 그 상황 속으로 들어가 기억을 하나하나 수정하고 바로잡았다. 그 과정에서 에이미는 비로소 자신의 기억이 틀렸다는 것을 알게 된다. 그리고 아이의 말문이 다시 트였다.

나는 그 영화를 에이미 입장에서 보았다. 우리의 기억이 잘못될 수 있다는 사실이 내게는 놀라움으로 다가왔다. 에이미는 나의 모습이기도 했다. 우리의 기억은 재구성된다. 어른들도 마찬가지이다. 똑같은 상황인데 서로 다른 이야기를 하는 경우가 많다. 다들 자기 입장에서 보고 느끼기 때문이다. 물론 어른은 아이보다는 더 객관적이겠지만 우리도 정확한 사실보다는 자신의 감정 위주로 기억하기가 쉽다. 그러나 에이미의 고통은 진짜였다. 안타까운 것은 그 고통이 진실에 기반하고 있지 않았다는 점이다.

왜 우리의 기억은 왜곡되는 것일까? 다양한 이유가 있겠지만 그것은 우리의 본성, 우리의 자연스런 마음의 흐름이 왜곡을 지향하기 때문이라고 생각한다. 나의 자아는 끊임없이 나를 보호하고 나 중심으로 흘러간다. 너무 슬픈 사실은 그 왜곡된 것들로 인해 나의 감정이 만들어진다는 것이다.

내 아이의 기억이 상처로 남는다면 부모로서 얼마나 속상하고 억울한 일인가? 더구나 그 기억이 사실과 다르다면 말이다. 그래서 우리에게는 소통이 필요하다. 아이랑 얘기하다 이렇게 가슴을 쓸어내리고 나면 '인간이란 얼마나 주관적이고 자기중심적인가?'에 대해 다시 한 번 생각하게 된다. 그러면서 나의 기억들은 과연 진실에 기반한 것인지 진지하게 묻게 된다. 우리는 결국 자기중심적으로 느끼고 해석한다. 어쨌거나 아이들과 나 사이에 이런 억울한 상황은 만들고 싶지 않아서 그 후로는 아이들에게 자주자주 묻곤 한다. 그럼에도 내가 모든 것을 바로잡을 수는 없다는 것을 안다. 나는 신이 아니니까. 하지만 노력하는 것이다. 하나님의 도움을 구하면서 말이다. 아이와의 관계뿐 아니라 모든 인간관계는 이런 거짓과 왜곡, 비뚤어진 상상과 나의 연약함과 싸우는 일이다. 그래서 참 어렵다.

글을 쓰는 이유

얼마 전 남편과 이천물류창고 화재소식 뉴스를 같이 보았다. 남편은 지하2층에서 공사하다가 불이 났으면 희생자는 대부분 일용직 노동자일거라고 했다. 그때만 해도 신원파악이 안 된 상태였는데 오후에 나온 뉴스를 보니 정말 확인된 사망자 38명 모두가 일용직 노동자들이었다. 보통 현장에서 위험하고 힘든 일은 일용직들 담당이라고 한다. 아프고 슬픈 일이다.

불과 1여 년 전만 해도 우리 남편은 육체노동자였다. 살면서 인생의 곡선이 아무리 변한다지만 남편이 일용직 노동자까지 하게 될 줄은 몰랐다. 남편은 아직도 내가 자기를 부끄러워하지 않고 자랑스러워했다는 것에 고마워한다. 그것이 그 시간을 잘 버티게 했던 힘이자 위로였다고 했다. 나는 노동하는 남편을 한 번도 부끄러워하지 않았다. 열심히 사는 건 부끄러운 일이 아니기 때문이다. 그러나 힘들지 않았던 건 아니었다. 이해할 수 없는 시간이었기 때문이다. 언제 끝날지 모르는 터널에 들어간 것처럼 사방이 어둡고 막막했다. 하지만 그 시간을 겪으며 우린 정말 많이 배웠다.

사람을 바라보는 시선이 달라졌고 조금 더 낮은 마음으로 세상을 보게 되었다.

그리고 남편의 노동은 내게 선물을 남겼다. 그건 바로 '글쓰기'였다. 남편의 그 시간이 나를 글쓰기로 이끌었다 해도 과언이 아니다. 그러다가 우연히 응모했던 문학공모전에서 입선하게 되었고 그것이 나에게는 의미 있는 경험이 되었다. 그때 상을 받아 집에 오던 날, 집에 고장 난 부분을 수리하러 오셨던 분이 상패를 보더니 말씀하셨다.

"다음엔 '인테리어 목수 아저씨'로 글을 좀 써 주실래요?"

웃고 말았지만 그게 마음에 남았다.

'글은 다른 사람을 위해 쓰는 거구나. 내가 빛나는 게 아닌 누군가를 드러내는 일이구나!'

그때 생각했다. '하나님을 빛내는 글을 쓰고 싶다!' 나의 삶의 여정 속에 일어나는 모든 일들, 평범한 일상 속에 하나님과 동행하는 삶의 흔적을 글로 표현하고 싶었다. 그렇게 조금이나마 하나님이 내게 비추신 빛을 세상을 향해서도 비추는 삶을 소망하게 되었다.

내게 많은 의미를 주었던 그 글 〈노동자 남편〉을 다시 꺼내 본다. 생계를 위해, 가족을 위해 혹은 어떤 시련 속에서 연단의 과정을 지나가고 있는 모든 이들에게 이 글을 드리고 싶다.

노동자 남편

제14회 동서문학상 수필부문 입선작

제행신

어릴 적 기억, 초등학교 3학년쯤이었다. 엄마는 길을 가다가 청소부 아저씨를 보고 공부 열심히 안 하면 나중에 커서 저런 일을 할 거라고 하셨다. 나는 그날 엄마의 말을 그대로 일기장에 썼다. 일기장 검사를 하신 선생님께서는 빨간 글씨로 코멘트를 남기셨다.

정확한 문장은 기억이 안 나지만 열심히 일하시는 청소부 아저씨를 그렇게 표현하는 것이 불편하셨던 것 같다. 어려서인지 옳고 그름을 깊이 생각하지는 못했다. 하지만 그 당시 느꼈던 낯선 부끄러움과 묘한 감동은 마음 한구석에 남아 잊혀지지 않았다.

남편이 일용직 노동자로 일하기 시작한지 1년 반이 넘어가고 있다. 대학원을 졸업하고 유학까지 갔다 온 그가 노동현장을 찾아 나설 수밖에 없었던 사연은 여러 가지가 있지만 가장 일차적인 이유는 돈을 벌기 위해서였다. 아이 넷을 둔 여섯 식구의 가장으로서 가족을 먹여 살리려고 그는 일을 시작했다. 주중엔 노동자의 삶을 살고 일요일이면 작고 가난한 교회에 가서 말씀을 전하는 설교자가 되었다.

오랫동안 몸을 써보지 않은 자가 몸을 쓰는 노동자로의 전환은 생각보다 쉽지 않았다.

처음 몇 달은 몸의 지체들이 익숙지 않은 변화에 항의하듯 돌아가며 고통을 호소하였다. 어깨, 팔, 무릎, 허리로 몸의 주요 부분들이 아우성을 치며 저항했지만 모든 것이 그러하듯 그의 육체는 반복된 시간을 거치며 새로운 변화를 받아들였고 순응하였다.

새벽에 인력소를 향하는 남편은 가장 허름한 옷을 걸치고 모자를 쓰고 군화같이 튼튼하게 생긴 신발을 신고 나간다. 고된 하루를 마치고 돌아오는 저녁, 그의 옷은 땀으로 절고 흙투성이가 되고 얼굴은 바람과 햇볕에 그을려 검붉은 빛을 띤다. 그에게서 낯설고 원시적인 냄새가 난다. 바닷바람의 짠 냄새, 흙냄새, 마른 풀 냄새를 맡으며 나는 그의 하루를 짐작해 본다. 어떤 날은 집 안에 모래와 진흙을 뿌리고, 때론 기름기가 밴 양말이 지나간 자리에 그의 발자국이 찍힌다. 내가 할 수 있는 일은 현관에서 욕실을 따라 찍어놓은 흔적을 쓸어내고 닦는 일, 신발과 옷에 묻혀 온 자국들을 털어주는 일이다. 벗어 놓은 그의 옷들을 물에 담고 흙들을 헹군다. 아무리 치대어 빨아도 흙 자국은 쉽게 지워지지 않는다. 날이 갈수록 그의 옷은 누가 봐도 노동하는 사람의 것, 오래도록 노동의 흔적이 밴 옷이 되어 간다. 옷을 벗고 몸을 씻은 남편은 피곤한 몸을 일으켜 밥을 뜬다. 소진한 육체에 에너지를 보충하기라도 하듯 그는 밥을 맛있게 많이 먹는다. 옛날 종일 밭에서 농사일을 하는 농사꾼이 일을 마치고 집에 돌아와 고봉으로 올린 밥그릇, 찬 두어 개 조촐하게 차린 밥상을 마주하고 이렇게 먹었을까? 확연히 달라진 그의 식성에 놀란다. 밥 두 그릇을 뚝딱 해치우고 나면 그는 쓰러지듯 침대에 누워 곯아떨어진다.

하루 벌어 하루 사는 일용직 노동자의 삶에 어떤 희망이 있을까? 하루치 일당으로 술을 사고 담배를 사고 금세 탕진하고 마는 삶을 사는 사람들. 희망 없는 삶, 그저 하루살이의 삶을 사는 이들과 함께 남편은 새벽부터 저녁까지 일을 한다. 그러나 어떤 면에서 그들은 성실하다. 새벽이 되면 그들은 어김없이 인력소를 찾는다. 거짓이나 술수가 통하지 않는 노동의 현장에서 오로지 땀을 흘리며 몸을 움직여 일을 한다. 남편은 가끔씩 그날 만난 사람들의 삶을 집으로 실어 온다. 사랑하는 가족들을 위해 먼 나라에 와서 노동하여 돈을 보내는 외국인 노동자들의 이야기, 한때 든든한 회사와 잘나가던 사업이 망해서 노동현장을 찾아온 가장들의 아픈 인생 스토리들, 결혼은 꿈도 못 꾼다는 노총각들의 사연은 마음을 눅눅하게 만든다. 먼지를 뒤집어쓴 재투성이 아가씨 신데렐라와 도깨비 방망이로 뚝딱 부자가 된 혹부리 영감의 이야기처럼 우리에게도 인생역전이 일어났으면 좋겠다는 생각이 바람처럼 일어난다. 사람들이 왜 복권가게 앞에서 서성이며 1등 당첨가게라고 적혀진 현수막에 흔들리는지 알 것 같다.

올 여름 대지를 태워버릴 것 같은 열기가 온 땅을 덮었다. 머리에 안전모를 쓰고 내리쬐는 햇볕을 맞으며 일을 하고 있으면 모자와 머리 사이는 바깥보다 뜨거운 공기가 압축되어 머리를 누른다. 잠깐 집중력이 흐려지면 휘청거리고 균형을 잃는다. 이번 여름 유독 공사장엔 추락사와 안타까운 사고가 많았다. 나의 남편도 그들 중에 하나가 될 수도 있겠다는 생각에 걱정이 되었다. 그가 이렇게 일하기 시작한 이후로 나는 마치 세상에 어둡고 후미진 어딘가를 처음 발견한 것처럼 굴었다. 한참동안 뉴스나 신문에서 이런 기사들만 찾아내었고 억울해하며 분개했다. 지금까지 살아온 나의 삶은 넓은 우주 안에 떠 있는 아주 작은 행성에 불과하다는 걸 처음 알게 된 어린아이처럼 움츠러들었다. 어디로 가야 할지 몰라 길을 잃은 것 같았다.

기나긴 여름은 더디게 갔다. 초복 중복 말복이 지나도 열기는 식지 않았고 빗방울 하나 내려주지 않는 자연에 기가 질렸다.

더위가 절정에 오르던 어느 날이었다. 그날은 빨래하기도 지쳐 하루를 쉬었다. 그러다가 옥상 화분에 심어 놓은 꽃들에게 물주는 걸 깜빡하고 이틀을 지나쳐 버렸다. 생각나서 올라갔더니 잎은 바스락거릴 만큼 말랐고 꽃줄기는 힘을 잃고 휘어져 버렸다. 혹시라도 살기를 바라며 물을 몇 동이나 퍼부었다. 아이들이 좋아하는 꽃인데 물을 안 줘서 죽어버린다면 실망이 클 것 같았다.

밤이 지나고 아침에 얼른 화분을 보러 올라갔다. 휘어졌던 줄기가 일어서고 고개 숙인 꽃들이 머리를 들어 하늘을 향하고 있었다. 나는 터져 나오는 기쁨에 탄성을 질렀다. 간밤에 그 힘없는 여린 뿌리로 악착같이 물기를 빨아들이고 줄기에 양분을 보내느라 치열한 전투를 치른 것 같았다. 쓰러진 줄기가 일어나고 아래를 향하던 꽃대가 얼굴을 들었다. 잎 끝자락은 여전히 노란빛으로 말라 있었지만 생명의 기운이 돌아왔다. 꽃들은 죽음의 고비를 넘기고 다시 살아났다.

한낮의 태양은 여전히 뜨겁지만 어느덧 새벽에 스치는 공기가 변했다. 서늘한 바람이 창문을 타고 들어온다. 한차례 고비를 넘긴 옥상 밭엔 백일

홍이 줄지어 피어나고 초록의 생기가 올라왔다. 가을이 익어가고 쌀쌀한 바람이 부는 어느 날 꽃들은 내게 씨앗을 선물해 줄지도 모른다. 그러면 잘 받아두어 겨우 내 싸두었다가 내년 봄에 아이들과 꽃밭에 뿌릴 것이다. 여름의 고통은 어느새 잊어버렸는지 나는 벌써 이듬해 봄을 생각하고 있다. 다른 꽃씨들도 구해다 멋진 꽃밭을 일궈볼 요량을 한다.

남편 역시 또 한 번의 뜨거운 여름을 통과하였다. 그의 땀으로 우리 여섯 식구는 밥을 먹고 아이들은 자랐다. 이번 여름, 그의 노동은 우리에게 생명이었다. 뜨거운 태양을 버티게 해준 고마운 수분이자 든든한 토양이었다.

신에게 질문을 했다. 대답 대신 그는 내게 다시 질문을 던졌다. "내가 땅의 기초를 놓을 때에 네가 어디 있었느냐 네가 깨달아 알았거든 말할지어다"(욥기 38:4).

묻기를 멈추고 길을 걷는다. 그러나 때로는 가던 길을 멈추고 질문을 던진다.

오늘 새벽 문을 나서는 남편, 그의 뒷모습에서 구도자의 빛을 본다. 살아내야 알아지는 신비, 그 답을 오늘도 우리는 찾아나선다.

너무 늦은 때는 없다

　　세상은 지금 코로나 바이러스 때문에 뒤숭숭하고 아이들은 무기한 방학 중이다. 온라인으로 수업하는 아이들을 위해 세끼 밥에 설거지, 빨래, 집안일을 하고 종종 애들 공부도 좀 봐주다 보면 하루가 어떻게 지나는지 모를 만큼 빨리 가 버린다. 오후엔 잠깐 나가 아이들과 농구도 하고 왔다. 그래서 진득하게 책만 볼 수는 없는 현실이다. 하긴, 하고 싶은 일만 하고 살 수는 없는 게 인생이다. 그런데 어쩌면 해야 할 일들이 있기에 하고 싶은 간절함이 생기는 게 아닐까? 나를 지탱하고 있는 건 내가 원하는 일이 아닌 해야만 하는 일들 때문이라는 것을 나는 안다. 잠깐씩 누리는 이 달콤함 역시 내게 할당된 하루의 일과가 있기에 더 빛난다는 것도.

　　〈인생에서 너무 늦은 때란 없습니다〉라고 말하는 모지스(Moses) 할머니 (1860~1961년)는 평생 미국 시골 농장의 평범한 아낙네의 삶을 살았다. 어릴 적부터 부지런히 농장 일과 집안일을 하고 우유로 버터를 만들었다. 때때로 대량의 감자칩을 튀겨 팔았고 틈틈이 뜨개질과 수를 놓으며 부지런히 하루하루를 살았던 할머니였다. 그러다 76세에 이 할머니가 붓을 들었다.

"내가 만약 그림을 안 그렸다면 아마 닭을 키웠을 거예요."

할머니가 그림을 그렸던 이유는 어느 날 갑자기 찾아온 삶의 반전이 아니었다. 평생 고된 노동으로 팔이 아파 더 이상 힘든 일을 못하게 되었을 때 그림은 할머니 특유의 부지런함과 성실함의 연장선 같은 것, 삶의 아주 작은 조각이라도 흘려보내지 않기를 원했던 할머니의 삶의 방식이었다.

> "나는 우리가 정말 발전하고 있는지 때로는 의문이 듭니다. 내가 어렸을 때는 여러모로 지금보다 느린 삶이었지만 그래도 좋은 시절이었어요. 사람들은 저마다 삶을 더 즐겼고, 더 행복해했어요. 요즘엔 다들 행복할 시간이 없는 것 같습니다." _모지스 할머니

커다란 꽃 나무 가지를 꺾어와 벽에 기대어 놓고 가족들에게 즐거움을 주셨던 아버지, 눈썰매를 타며 동네를 달리던 기억, 코피가 터지도록 타던 스케이트, 숲 속을 뛰놀며 단풍나무 수액을 받던 어린 시절의 추억들과 결혼하고 남편과 농장 일을 하며 열심히 살면서 집을 꾸미고 아이를 키웠던 평범한 일들. 할머니의 마음속 저장고에는 이런 추억들이 가득 쌓여 있었다. 세월 따라 차곡차곡 저장된 추억은 할머니 안에서 이미 그림으로 그려지고 있었다.

76세의 나이에 붓을 들고는 마치 그림 보따리를 하나씩 끌러내듯 할머니는 행복한 그림들을 그려나갔다. 그림 한 번 배워 본 적이 없는 할머니의 그림들은 그렇게 하나하나 완성되어 사람들의 시선을 받게 되었고, 할머니는 뒤늦게 부와 명성을 얻어 세상을 떠들썩하게 만들었다고 한다. 하

지만 할머니는 이에 아랑곳하지 않았다. 그저 남은 인생을 즐겁게 그림 그리는 일에만 신경을 쓰고 사람들에게 행복을 선사했다. 돈과 명예를 좇기에는 너무 늙었다며 그다음은 무얼 그릴까 생각하는 게 할머니의 관심사였다고 한다. 그런 행복한 고민을 하며 빙그레 웃으시는 할머니의 모습을 상상하게 된다. 나도 남은 인생은 이 할머니처럼 살았으면 좋겠다.

쉽게 뜨고 고갈되는 게 현대인의 삶이다. 인생을 어떻게 살면 퍼내고 퍼내어도 마르지 않는 샘물을 가질 수 있을까.

할머니는 삶이 곧 그림이었기에 살아온 날수만큼 그림이 쌓였던 걸까?

100세 시대가 되어 가고 급속한 고령화 사회가 진행되고 있는데 한편으로는 바이러스처럼 알 수 없는 불안한 공포가 스며드는 요즘이다. 삶의 길이는 늘어난 반면 우리의 인생 시간표는 너무 직선적이며 단기간에 맞춰져 있는 게 아닌가 생각하게 된다. 목표를 향해 달려가다 보면 인생은 너무 조기에 결정되는 게 아닐까? 막상 우리가 살아내고 경험해야 할 시간, 정해지지 않은 영역과 공간에는 아직도 많은 여백이 남아 있다. 그것들을 찬찬히 음미하며 서두르지 않고 충실한 삶으로 채워갔으면 한다.

76세에도 무엇이든 할 수 있다. 언제든 늦지 않았다는 모지스 할머니의 희망적 메시지 이면에는 노동의 수고와 성실하고 진실한 삶이 있었기에 그런 열매가 가능한 것이다. 책 속에 있는 할머니는 허세라곤 찾아볼 수 없고 자투리 천 한 조각 낭비하지 않는 살림살이 같은 삶을 사셨다. 할머니의 그림은 갑자기 시작해서 만들어진 작품이 아니다. 삶의 숙명에 순응하며 순리를 따라 사는 겸손함, 그러면서도 열정적으로 살았던 할머니의 삶이 축적된 결과이다.

할머니의 그림 한 장이 수십억을 한다고 한다. 미술을 전공한 화가도 아니었던 이 아마추어 할머니의 그림을 사람들이 그토록 애정하는 이유가 뭘까? 사람들은 그림을 통해 할머니의 삶을 느낀다. 그림 한 장에 담긴 진실함과 성실함, 순수함을 보며 아름다운 추억을 떠올리는 것이다. 우리의 삶에도 어딘가에 흔적을 남길 것이다. 그 흔적이 모지스 할머니처럼 따뜻한 온기가 된다면 얼마나 행복한 일인가?

우리에게는 애도의 시간이 필요하다

아이들이 졸업을 했다. 은혜는 중학교를 요한이는 초등학교를 졸업하며 각각 또 하나의 과정을 마무리했다. 헤어지는 게 아쉬웠는지 아이들은 학원까지 빠져가며 친구들과 같이 시간을 보내고 왔다. 우리 아이들은 학원을 안 다녀서 괜찮은데 대부분의 아이들은 하루를 뺀다는 게 부담이다. 평소 같으면 어림도 없는데 그래도 졸업식 날이라 허락을 받아 친구들과 마지막 시간을 보낼 수 있었다고 한다. 학기 내내 축구로 끈끈한 우정을 다져왔던 아들은 실컷 놀고 학교 운동장에서 공 차는 것으로 마지막 마무리를 하고 왔다.

은혜는 저녁 내내 가슴을 부여잡고 이별의 슬픔에 빠져 있다. 막상 끝이라 생각하니 감정이 더 밀려오는지 졸업 앨범을 뚫어져라 쳐다보고, 친구들과 카톡을 하고 나중엔 엄마를 부둥켜안았다. 친구 중 하나는 갑자기 자기 방에서 엉엉 울었다고 한다. 아이들은 이렇게 헤어지는 슬픔을 나누면서 감정이 더 요동치는 것 같았다. 졸업식을 치른 그날 밤, 이별이라는 감정이 최고조를 달했다.

사실 난 은혜와 친구들을 보면서도 믿겨지지 않는다. 지금 내가 보는 풍경은 타임머신을 타고 수십 년은 돌아가야 볼 수 있는 광경이 아닌가 싶다. 20년 전 서울에서 내가 가르쳤던 아이들도 이러지는 않았다. 내가 알기론 요즘 애들은 참 쿨해서 정도 깊이 안 주고 헤어지는 아픔도 잘 처리하는 것 같은데 얘네들은 참 별나구나 생각했다.

친구가 은혜에게 "내 평생 너 같은 친구는 못 만날 거야. ㅠㅠ"라고 쓴 편지를 보고는 나도 마음이 울컥했다. 요즘 애들은 편지 같은 거 안 쓰고 SNS로만 주고받는 줄 알았는데 깨알 같은 글씨의 편지들을 보니 정말 신기했다.

은혜는 그렇다 치고 요한이까지 그야말로 졸업식 날 진풍경이 펼쳐졌다. 남자애들끼리 졸업식 후에 모여서는 무슨 우정 기념 모자에 액세서리를 맞춰 사들고 왔다. 이 알 수 없는 끈적끈적한 정서의 정체는 뭘까? 요한이는 그날 밤에 혼자 음악을 틀어놓고 친구들이 준 손 편지(이것도 놀라움!)를 읽으며 졸업 앨범을 뒤적거렸다.

우리 애들이 특별한 걸까? 그건 아니다. 친구들까지 다 그러는 걸 보면 집단으로 공유하는 감정이다. 그렇다고 이 모습이 요즘 십 대들의 모습일까? 그것도 아닌 것 같다. 그냥 우연히 비슷한 구성원들이 모이게 된 경우라고 봐야 할 것 같다. 그런데 이 모습이 보기가 좋았다. 내가 잊고 있었던 어떤 향수를 불러일으킨다. 오래전 내가 느꼈던 그런 감정 말이다.

문득 20년 전에 내가 가르쳤던 아이가 떠올랐다. 부모님의 든든한 후원과 본인의 의욕과 성실함이 뒷받침되는 음악을 공부하는 학생이었다.

수학도 상위권이라 그냥 쭉 하던대로 하면 되는 애였고 결국 SKY 중 한 대학에 진학을 했다. 아이와 수업을 하는데 하루는 사귀는 남자 친구가 있다길래 조심스럽게 물어봤다. "그런데 말이야, 이성 친구 사귀면 공부하는 데 방해되고 신경 쓰이지 않아?" 그랬더니 깔깔 웃으며 "에이~ 선생님! 촌스럽게 왜 그러세요? 요즘 애들은 안 그래요. 그렇게 감정 흔들리고 그러지 않아요"라고 했다.

내가 보기에도 그 아이는 그래 보였다. 어린애가 그것도 예술 쪽이건만 감정조절을 그렇게 잘하다니 내가 촌스럽긴 하구나 싶었다. 그런데 어느 날 애가 좀 어두워 보이길래 왜 그러냐고 물었더니 친구가 학원 옥상에서 떨어져 자살을 했다고 했다. 그런데 그날도 그 와중에 꾸역꾸역 과외를 받고 공부를 했다. 그 모습이 안쓰럽기도 하고 대견하기도 하고 그랬다.

그 아이의 대학 합격 발표가 나기 전에 우리가 외국으로 가게 되었다. 2년간 가르친 아이라 궁금해서 한국으로 아이에게 전화를 해 보았다. 원하는 대학에 갔다는 소식에 기뻤는데 그 아이의 목소리는 별로 안 좋아 보였다.

아이는 너무 힘들다며 요즘 잘 못살고 있다고 했다. 전화기 너머로 그동안 절제하고 통제했던 감정들이 목표를 이룬 후 방향을 잃고 있는 것이 느껴졌다. 내적으로 엄청난 진통을 겪고 있음이 느껴졌다.

그 아이의 집은 남 부러울 게 없어 보이는, 그 당시 내 눈에는 정말 이상적인 가정이었다. 인격적이고 좋은 부모님에 아이는 성실했다. 단지 여유가 있는 차원이 아니었다. 좋은 직장에 다니시는 부모님은 겉으로 보이는 외적 조건만이 아니라 신앙심 있고 잉꼬부부에다 인격까지 훌륭하셨다. 그렇다면 뭐가 문제일까?

우리 사회는 감정처리를 잘하고 요동 없이 일을 해내길 바란다. 만약 책임 있는 위치에 있는 어른이라면 이런 모습이 바람직할지도 모른다. 그런데 아이는? 아이들에게도 이런 모습을 바라야 할까?

살면서 우리는 많은 상실을 경험한다. 실패나 이별, 정든 것을 떠나보내고 아픔을 주는 사건들을 만난다. 나도 이제는 무덤덤해져서 웬만한 일에는 감정적 동요가 크게 일어나지 않는다. 그래서 다행일 때도 있지만 이런 나의 모습이 아쉽기도 하다. 어떤 때는 일부러 편지를 쓴다든지 뭔가를 만들어서 감정을 끌어올리기도 한다. 어쩌다 이렇게 무감각해졌나 슬퍼질 때도 있다. 혹시 내가 무리하게 감정 통제를 한 건 아닌지 돌아보기도 한다.

그런데 우리 아이들을 보며 새삼 깨닫는다. 우리에겐 애도의 시간이 필요하다. 정든 뭔가를 떠나보내면서 힘들고 슬픈 건 당연한 거다. 잠시 멈추어 그 감정을 부둥켜안고 애도할 필요가 있다. 그건 슬픔에 빠져 헤어나지 못하는 것과는 다르다. 건강한 애도는 어떤 의식과도 같다. 슬프지만 영원히 그것을 붙잡는 게 아니다. 좋은 이별을 하고 새로움을 준비하는 시간이다. 마치 친구랑 그렇게 헤어지기 싫다면서 자기들 상급 학교 원서는 제각각으로 써낸 것과 비슷하다. 슬프지만 떠나보낼 의지가 있는 애도이다.

내가 만났던 그 아이에게는 '애도할 시간'이 없었다. 아파할 시간에 그 감정까지 반납하고 목표에 매진했다. 그건 흡사 기계이길 자처했던 우리의 모습과 비슷하다. 기계가 되어야 칭찬을 받았고, 그래야 원하는 목표를 성취할 수 있었으니까. 문제는 그다음, 목표를 이루고 난 다음이다.

이별을 대하는 우리 아이들의 슬픔에 감동을 받는다. 우리도 그래야 했다. 건강함이란 이런 거였다. 목표를 우선하고 감정을 누르는 것을 좋은 거라 믿었던 나의 무지가 후회스럽다.

아이들을 키울수록 어떻게 살아야 할지가 더 분명해진다. 무엇이 중요한 것인지 무엇을 봐야 할지를 아이들에게서 배운다. 우리에게는 애도의 시간이 필요하다.

삶에 대한 물음들

지하실 안에서 조그만 창문 밖으로 비 내리는 소리를 들으며 책을 읽는다. 비 내리는 날은 남편도 노동을 쉬고 아침에 둘이서 커피를 내려 마시고 수다를 좀 더 떨다가 각자 자기가 원하는 자리를 찾아 혼자만의 시간으로 들어간다. 남편은 거실에서 그의 시간을 갖고 난 빗소리를 들으며 이곳에 내려왔다. 나는 책을 참 천천히 읽는 편인데 특히 맘에 드는 책이 나타나면 더 속도가 줄어든다. 지금 읽고 있는 책은 톨스토이(Tolstoy)의 〈고백록〉이다.

톨스토이는 그의 고백록에서 인생을 비유하는 한 우화를 소개한다. 맹수에게 습격을 당한 한 나그네의 이야기이다.

나그네는 맹수를 피해 물이 없는 우물로 들어갔다가 그 우물 바닥에서 입을 벌리고 있는 용을 발견한다. 위로는 맹수, 아래로는 용이 위협하는 사면초가의 상황에서 나그네는 우물 중간 틈새에서 자라난 나뭇가지를 붙잡고 매달려 있다. 손에 힘이 빠지는 걸 느끼며 가까스로 버티고 있는데 갑자기 검은 쥐 흰쥐가 나타나 나뭇가지를 갉아먹기 시작한다. 나그네는 이제 곧 죽겠구나 깨닫지만 그 와중에 주위를 둘러보다가 그 가지 잎사귀에 꿀이 몇 방울 달린 것을 보고는 꿀을 핥아먹는다. 여기서 용은 죽음을 말하고, 흰쥐와 검은 쥐는 시간을 말한다. 누구나 죽음을 맞이한다는 사실을 모든 사람은 알고 있다. 하지만 우리는 속고 살아간다. "삶의 의미는 원래 이해할 수 없는 것이기 때문에 거기에 대해 생각하지 말고 그저 살아라"는 세상의 메시지 때문이다. 그 속임수에 기대어 꿀을 빠는 즐거움에 정신이 팔린다. 엄연한 삶의 고통을 외면한 채 말이다.

톨스토이는 일반적인 사람들이 이런 삶의 문제를 어떻게 인식하고 해결하는지를 4가지 방법으로 정리하였다.

첫째는 "무지"이다. 삶이 악하고 부조리하다는 것을 인식하지 못하거나 깨닫지 못한다. 단지 바로 눈앞에 있는 꿀방울을 핥아먹는 데만 정신이 팔려 있다.

둘째는 "쾌락주의"이다. 삶에 소망이 없음을 알지만 현재의 즐거움을 최대한 누리고 향유하자는 주의이다. 우연에 기인한 부나 지위를 누리며 도덕적 무감각에 빠져 오늘 그들을 솔로몬으로 만들어준 그 우연이 내일은 그들을 솔로몬의 노예로 만들 수도 있다는 사실을 잊는다. 쾌락은 현재의 즐거움을 파괴할 병과 노쇠함과 죽음의 존재를 잊도록 도와주는 버팀목이다.

셋째는 "힘"으로 해결하려는 주의라고 한다. 삶이 악하고 무의미하다는 것을 깨닫고 인위적으로 삶을 없애버린다. 인간의 삶, 그 실체를 깨닫고 '자살'을 실행하는 사람들이다.

얼마 전 한 똑똑한 대학생의 자살이 떠오른다. 그 똑똑한 지성으로 삶의 구조를 이해할수록 '자살'로 삶을 끝내는 것이 가장 타당하다는 결론을 내리고 실행에 옮겼다. 사람들은 그를 나약하고 배부른 소리를 한다고 비난했지만 그는 자신의 생각을 실천에 옮겼을 뿐이다. 자살은 그의 생각을 가장 정직하게 실행한 방법이었다. 일부 유명한 철학자와 사상가들이 왜 마지막으로 자살을 선택했는지 알 수도 있을 것 같다.

마지막 넷째는 "약함"이다. 삶이 악하고 허무함을 알지만 그런 삶에 매달리는 것이다. 이성을 그대로 실행에 옮겨 자살할 결단력과 강단이 부족한 상태이다. 이들은 삶에 대한 일말의 기대감을 버리지 않고 시간을 끌며 뭔가를 기다리고 있다. 네 번째 약함은 일종의 '비겁함'일 수도 있지만 내가 깨닫지 못하고 알지 못하는 존재에 대한 기대와 갈망으로 이어질 수도 있다. 모든 추론을 통해 삶은 부조리하고 무의미하다는 결론을 내릴 수밖에 없지만 이런 추론 속에 잘못된 뭔가가 있다는 것이다. 이들은 인간의 이성과 지혜로는 발견할 수 없는 무언가를 찾게 된다.

우리는 어디에 속해 있을까? 톨스토이는 스스로 자신이 이 네 번째 경우라고 고백한다. 현대 사회는 우리 시선을 자꾸 눈앞에 있는 꿀 빠는 일에 몰두하도록 몰아간다. 끊임없이 우리의 관심을 끄는 것들을 제공하고 틈을 주지 않는다. 모든 것이 발달하고 편리해져가지만 우리의 의식은 점점 퇴보하고 무뎌지고 있다.

톨스토이가 지금 살아있다면 얼마나 놀라고 실망스러워 할까? 자신이 살던 때보다 훨씬 뒤쳐진 후손들을 보려니 말이다.

마음은 늙지도 않는다

유달산 둘레길에서 한 할아버지를 보았다. 몸도 불편하신 분이 언덕 비탈 중턱에 위태롭게 걷고 계신 걸 보고 길을 잘못 들었나 싶어 남편이 다가가 돕고자 물었다. 어르신과 얘기를 주고받던 남편이 그냥 돌아왔다.

"꽃이 보고 싶어서…." 갑자기 우리는 할 말을 잃었다. 지팡이에 의지하여 붉은빛 동백, 그 아름다움을 향한 발걸음. 그 마음은 무엇이었을까?

"노년을 아프게 하는 것은
새벽 뜬눈으로 지새우게 하는
관절염이 아니라
어쩌면
미처 늙지 못한 마음이리라"_댓글시인 제페토

아름다움을 사랑한다고 아픈 게 아니다. 그것을 소유하고픈 마음이 아픈 것이다. 그러니 아프신 게 아니라 아름다우신 거라고 우리도 그렇게 늙어가자 다짐하며 동백길 한 바퀴를 다시 걸었다.

자의식의 감옥

아이가 가끔 우리가 사는 이유나 공부해야 하는 이유 같은 것을 물어오면 명확한 답을 못 해준다. 나도 언제나 그것이 궁금했었는데 어디서도 그 대답을 듣지 못하고 자랐다. 나의 십 대에 만났던 어떤 어른도 그것에 대해 말하지 않았다. 그때는 왜 아무도 묻지 않고 대답하지 않을까 이상했는데 이제야 그 이유를 알 것 같다. 왜냐면 그들도 모르기 때문이다. 왜 사는가에 대한 답은 누구도 쉽게 말하기 힘든 문제이다.

그것에 대한 답을 하려면 전제가 필요하다. 우리가 어디서 왔으며 어떤 존재인지, 이 세상을 바라보는 틀이 무엇인가에 대한 답 말이다. 나중에야 그것을 '세계관' 즉, 사전적 정의로는 '자연적 세계를 이루는 인생의 의의나 가치에 관한 통일적인 견해'라고 부른다는 것을 알았다. 삶에 관한 질문은 어떤 세계관을 갖고 있느냐에 따라 다른 답을 준다. 만약 대답할 답이 없다면 그 사람은 자신의 세계관이 없거나 그것을 가질 필요성을 못 느끼는 사람일 것이다. 사실 현대를 살아가는 우리는 딱히 일관된 가치를 갖고 있지도 않고 그런 세계관 자체에 그리 관심이 없다. 우리는 지금 어떤 전제나 틀이 없는 시대를 살고 있다. 그것은 무엇이든 해도 된다는 자유를 주지만, 한편 어느 것도 정답이 아니라는 뜻이기도 하다. 그래서 본질적인 질문으로 갈수록 공유할 수 있는 답이 없는 것이다. 그러다 보니 인간은 각각 자기 자신에게 그 문제를 던지고 자신만의 답을 찾아야 하는 상황이 되었다. 〈살아야 하는 이유〉에서 강상중은 이것을 '자의식의 비극'이라 말한다.

나쓰메 소세키의 〈나는 고양이로소이다〉에서 발췌한 부분은 지금 현대인의 모습을 너무나 잘 묘사하고 있다(이것을 100년 전에 썼다니 놀랍다!).

> "요즘 사람들은 자기와 타인의 이해관계에 깊은 골이 존재한다는 사실을 너무 잘 알고 있다는 것이네. 이러한 자각은 문명이 발달함에 따라 하루하루 예민해지기 때문에 결국에는 일거수일투족도 자연스럽게 할 수 없게 되는 거네. 윌리엄 어니스트 헨리라는 사람이 스티븐슨을 평하기를, 그는 거울이 걸린 방에 들어가 그 앞을 지날 때마다 자기 모습을 비춰보지 않으면 성이 차지 않을 만큼 한시라도 자기를 잊은 일이 없는 사람이라고 했네. 오늘날의 추세를 잘 표현하고 있지 않은가. 잠을 자도 나, 잠을 깨도 나, 가는 곳마다 이 내가 따라다니니 인간의 언동이 인공적으로 곰상스러워질 뿐이네. 자신도 갑갑해지고 세상도 고통스러워질 뿐이지. 그러니 마치 맞선을 보는 젊은 남녀 같은 심정으로 아침부터 밤까지 살아야 하는 거네."

근대 이후의 사람들은 '나는 어떤 사람인가, 나는 무엇을 위해 살고 있는가?'라는 질문을 개인에게 넘겨주었다. 하나의 통일된 틀을 제시하는 대신 그것에 대한 결정과 선택권을 자아에게 위임한 것이다. 그래서 모든 것이 개인의 자아에 집중되었다. 이런 상황에서 인간의 자의식은 한없이 비

대해져 버렸다. 그렇다고 그 자의식이 완전히 독립된 독자성을 갖게 된 것인가? 그건 또 아니다. 마치 거울의 방으로 들어간 것처럼 살게 되었다. 모든 거울에 내가 반사되는 것이다. 우리는 신이라는 절대 거울 대신 타인이라는 수많은 거울을 갖게 된 것이다. 우리는 그 거울들을 통해 나를 보게 되었다. 결국 나의 자의식이란 타인으로부터 반사된 것들이다.

정말 놀랍지 않은가. 그게 다른 사람들의 시선일 수도 있고 수시로 확인하는 SNS의 반응이기도 하며, 아파트 평수이고 아이의 성적이며, 연봉이고 교인의 숫자일지도 모른다. 매 순간 거울을 쳐다보며 한시라도 자신을 잊을 수 없는 사람, 하루 종일 맞선 보러 나간 남녀의 심정으로 자신을 의식하는 자의식의 감옥에 갇혀버린 사람, 거대한 자유를 보장받은 결과 '자신'에게 갇히게 된 존재, 이것이 현대인의 모습이다.

우리는 신과의 연결성, 하나님을 전제로 한 질서에 속하기를 거부하고 자유롭게 방면되었지만 그 개인은 대신 '나'라는 감옥에 갇혀 버렸다.

나쓰메 소세끼는 신을 믿지 않았다. 하지만 그는 신으로부터 해방된 인간은 '자아'라는 감옥에 갇힐 수밖에 없다는 것을 발견했다. 그는 "죽든가 미쳐버리든가 아니면 종교에 입문하든가, 내 앞길에는 이 세 가지밖에 없어"라고 고백했다. 그러고는 결국은 죽음을 택했다.

그는 진지했고 정직했다. 믿음이란 온전히 자신을 던지는 일이라는 것을 알았고 자신이 그러지 못함을 또한 인식했다. 우리처럼 믿노라 자신을 기만하면서 애꿎은 주님만 원망하지 않았다. 수많은 거울에 비친 자의식이란 껍질을 벗지 않으면 우린 여전히 감옥 안에 갇혀 있는 것이다. 그러니 그 자의식을 던져버릴 수 있는 무엇을 찾은 사람, 그리고 그것에 자신을 던진 사람은 얼마나 자유로운가. 오직 한 개의 거울을 가진 사람 말이다.

사모이신가요?

　　　　　　　　사모는 무엇인가? 어디 가서 사모라고 하면 반응이 두 가지이다. 첫째, 사모 아닌 것 같다고 하거나 둘째, 딱 사모처럼 보인다고 한다. 동일한 사람을 두고 반응이 이렇게 다른 이유는 그들이 가진 사모라는 서로 다른 이미지 때문이다.

　　사모가 아닌 것 같다고 했던 분은 내가 사모라는 사실에 놀라워했다. 이유는 내 얼굴에 고생과 근심이 안 보인다는 것이다. 친구 중에 사모가 많아서 아는데 사모라면 그늘진 얼굴, 지치고 피곤함, 고생의 흔적, 조용하고 우수에 찬 느낌 뭐 그런 분위기가 있다고 한다.

　　사모에 대한 이런 이미지를 가진 사람들은 사모에 대해 안쓰러워 하는 마음이 있다. 힘들 거라고 생각해서 그런지 챙겨주려고 한다. 그런데 가끔씩은 이런 분들 앞에서는 너무 행복하고 즐거운 모습을 보이면 안 되겠다 싶을 때가 있다. 그 이유는 왠지 그분들을 실망시키는 것 같은 느낌이라서 말이다. 하여튼 사모는 너무 즐거워도 안 된다.

　　사모처럼 보인다고 하는 분들은 인상 좋고 착하고 선한 이미지를 사모라고 생각하는 사람들이다. 타고난 인상이 무난하고 착해 보여 그런지 나는 살면서 인상 덕을 많이 봤다. 학교 다닐 때 친구들 틈에 껴서 잘못을 해도 선생님은 마치 '네가 왜 거기서 나와?' 하시는 것 같았다. 이렇게 외모가 사람을 속이는 면이 있다. 인상이 좋다고 다 착한 것도 아닌데 말이다.

사람들이 기대하는 사모라는 이미지가 겉모습도 많이 포함되어서 그런지 인상이 좀 조신하고 좋아 보이면 사람들은 '사모감'이라는 말을 한다. 어딜 가든 튀지도 않고 그렇다고 너무 쳐지지도 않는 참으로 애매모호한 상태, 사람들이 선호하는 사모가 대충 이렇다.

남편이 사역을 하며 여러 교회를 거치면서 다양한 사모님들을 보았다. 카리스마 넘치고 아무도 함부로 못 하는 파워를 지닌 사모님도 있었고, 있는지조차 모를 만큼 조용한 분들도 있었다. 미국 이민 교회 사모님들은 다들 사역과 섬김을 많이 감당하셨다. 우리끼리 우스갯소리로 1+1(한 명 뽑으면 하나 더!)라고 사모는 사역자 한 명 더 딸려오는 것처럼 여겼다. 그러나 한국의 일부 보수적인 교단 내에서 사모는 약간 투명 인간 같다는 생각이 든다. 사모는 양육의 대상도 아니고 사역을 하는 리더도 아니라 딱히 소속이 없다. 유일한 동병상련이 동료 사모님들인데 그것도 쉽지 않다. 아무리 친해도 한계가 있다. 특히 부교역자 사모끼리는 직장동료 같은 느낌이 든다. 결국 사모들은 스스로 자기 신앙과 관계를 챙겨야 하는 위치에 있다. 교회마다 문화와 사정이 달라서 요구하는 사모 모양도 제각각이라 내 스타일을 고집할 수도 없다. 이것을 차라리 기회로 삼아 교회 밖 활동에 참여하기도 하고 다른 쪽에서 관계를 만드는 분들도 있다. 대체로 건강해 보이는 분들은 자기만의 세계가 있는 분들이다. 꼭 대외적으로 무엇을 하지 않더라도 자기 정체성이 확실하고 무엇이든 자신만의 영역이 있는 분들이다.

난 솔직히 목회할 사람이 아내 될 사람을 어디 좋은 사모감 없나 하며 찾는 모습이 마음에 안 든다. 샬롯 브론테가 쓴 〈제인 에어〉와 제인 오스틴의 소설 〈오만과 편견〉에 보면 사모감을 찾아다니는 목회자 지망생이 나온다. 왜 그런지 나는 그 장면에서 숨이 막힐 것 같은 답답함을 느꼈다. 그 모습은 자신이 사랑할 누군가를 찾는 모습이 아니라 마치 사역에 맞는 적당한 도구를 찾는 것 같아 보였다.

감사하게도 우리 남편은 나에게 한 번도 당신이 사모니까 뭔가 해야 한다고 한 적이 없다. 사랑하는 사람으로 사는 거지 사모여서, 엄마니까, 며느리라서 무언가 하길 바란 적이 없었던 것 같다. 그런데 사실 그게 내가 내 역할을 무리 없이 할 수 있었던 원동력이었다. 늘 느끼는 거지만 "I'm nothing"은 스스로 고백해야 빛나는 법이다. 누군가의 강요로 "당신은 이러해야 합니다!"라고 말하는 것은 옳지 않고 효과도 없다. 적어도 남편인 목사님들은 아내가 그런 틀에 매이지 않고 사모로 사는 법을 찾도록 응원해줘야 하지 않을까.

사모는 무엇일까? 어쩌면 그 질문 자체가 이상하다. '사모는 이렇다'가 아니고 이런 사모도 있고 저런 사모도 있을 뿐이다. 사모는 목사도 아니고 성도도 아닌 경계선에서 어쩌면 하나님과 더 가까워질 수 있는 자리이다. 목사한테 보이지 않는 것들과 성도여서 못 보는 것들이 보이는 자리이기도 하다. 물론 그래서 힘들기도 하지만 말이다.

보물찾기

유리 슐레비츠(Uri Shulevitz)의 〈보물〉
이야기. 아이들 그림책인데 몇 장의 글과 그림 안에 우리의 삶이 다 담긴
것 같다. 이야기는 간단하다. 몹시도 가난한 이삭이 꿈에서 들은 보물을
찾아 왕궁이 있는 수도를 향해 길을 떠난다. 왕궁 다리 밑에 보물이 있다
는 꿈을 세 번이나 꾸었기 때문이다. 이삭은 신발이 다 닳도록 긴 시간을
걸어서 드디어 왕궁에 도착한다. 그런데 보초병들 때문에 왕궁 다리 주변
만 서성거리다가 결국 왕궁 보초대장에게 걸리게 된다. 자초지종을 들은
보초대장은 이렇게 말한다.

"이런 어리석은 사람을 봤나! 그깟 꿈을 믿고 여기까지 오다니!"

그리고 꿈대로라면 자기도 당장 당신이 왔다는 그 마을로 가야 할 거라
고 말한다. 가서는 이삭이라는 사람 집 아궁이 밑에 있는 보물을 찾아봐야
할 거라며 껄껄 웃었다. 그 얘기를 듣고 깜짝 놀란 이삭은 다시 고향으로
돌아왔다. 그리고 자기 집 아궁이 밑을 파 보았다. 거기에는 정말 보물이
있었다. 이삭은 감사를 드리며 그곳에 예배당을 세웠다. 그리고 벽 귀퉁이

에 이런 글을 새겼다.

"가까이 있는 것을 찾기 위해 멀리 떠나야 할 때도 있다."

이 책은 우리들의 이야기이다. 그렇게 찾아다녔던 파랑새가 우리 집 마당에서 지저귀고 있다는 걸 발견한 이야기. 그것을 알기 위해 우리도 멀리 떠나야 했다. 보물은 아주 가까이에 있다는 걸 깨닫기 위해 그 많은 시간을 떠돌았던 것이다. 그런데 때로는 멀리 떠나는 게 우리의 운명이 아닐까 싶다. 보물은 떠나본 자만이 발견하게 된다.

"이삭은 보초 대장에게 값비싼 보석을 보내 주었습니다. 그리고 죽는 날까지 다시는 가난하지 않게 잘 살았습니다."

이 책의 마지막 문장이다. 그럼 우리의 마지막 문장은 무엇일까?

"그리고 우리는 죽는 날까지 다시는 그 '보물'을 잃지 않았습니다."

내 안에 있는 보물을 발견했으니 말이다. 끝까지 이 문장대로 살 수 있을까? 보물을 잃지 않을 뿐 아니라 그것을 나누는 삶이면 더 좋겠다는 생각이 든다.

바다에서

어린이날, 아무것도 안 할 수는 없고 그렇다고 놀이공원이나 쇼핑몰에 가지 않고 이날을 무사히 넘길 수 있는 방법은 자연에 기대어 보는 것이다. 그렇게 자연이 주는 즐거움을 찾아 우리는 바다에 갔다. 모래사장 위에 텐트를 치고 도시락으로 싸온 김밥을 먹은 후 아이들은 바다로 뛰어나갔다. 파도 소리를 뒤로 하고 아이들은 신나게 모래성을 쌓았다. 남편도 팔을 걷어붙이고 아이들을 거들었다. 깊이 파고 높이 쌓고, 작품을 만들려나 보다. 아이들은 지치지도 않고 쉬지도 않는다. 파도가 한 번 쓸고 가면 사라져 버릴 모래성인데도 상관없다. 아이들만이 가진 순수한 즐거움, 거기에는 흥이 있다.

나는 바다를 바라보고 있다. 파도 소리와 바람 소리를 들으며 끊임없이 움직이는 바다를 보고 있으면 아무 생각도 떠오르지 않는다. 그냥 바다만 보게 된다. 조르주 쇠라(Georges Seurat)의 〈그랑드 자트 섬의 일요일 오후〉라는 그림을 보면 '아니, 어떻게 저런 옷들을 입고 다들 바다를 쳐다보고 있을까?' 궁금해진다. 사람들은 꼭 끼는 드레스와 정장을 입고 하염없이 바다를 응시하고 있다. 심지어 어떤 이들은 양산을 들고 미동도 않고 선 자세로 있다. 그 시대 사람들은 그런 차림새가 익숙했는지 모르겠지만 지금 보기에는 너무나 불편한 옷차림이다.

그런데 오늘은 어쩐지 그 그림을 이해할 수 있을 것 같다. 끊임없이 움직이는 바다 앞에 서니 생각이 멈춘다. 잠시도 쉬지 않고 떠오르는 상념들이 사라져 버린다. 나는 멈추고 바다가 대신 요동하며 춤을 춘다. 사람들이 이 맛에 바다를 찾는 걸까? 잠시 얻는 휴식, 일요일 오후 같은.

내게 하나님은 바다 같다. 그 바다는 뭘 던지든 변함없어 보인다. 그곳에 던져버리면 홀가분하고 가벼워진다. 그래서 하루라도 던지지 않고는 살 수 없을 것 같다. 아무리 꽉 끼는 정장처럼 내 삶이 조여와도 그 바다를 쳐다보면 괜찮을 것 같다. 그 바다가 주는 선물은 안식과 평화, 부산스러운 잔물결 너머에 있는 깊은 안정이다.

깊고 푸른 바다의 맛, 그 바다에 풍덩 잠겨야 알 것 같은 신비이다. 그렇게 쳐다보고만 있어도 좋을 것 같은 바다. 그분은 바다이다.

그릇이 깨져도 웃음이 난다면

설거지를 하고 있는데 부엌 싱크대 찬장이 무너져 내렸다. 유리문인데다 적재된 접시가 너무 무거웠는지 깨지면서 요란한 굉음을 내며 떨어졌다. 그 밑에 있던 나는 다행히도 이마에 살짝 스치고 손만 조금 다쳤는데 아이들이 쫓아와 엄마 손에 흐르는 피를 보고 난리가 났다.

요엘이랑 지혜가 "엄마, 죽지 마. 죽으면 안 돼!" 하는 바람에 그 와중에 웃음이 나서 막 웃었다. 손을 지압하고 아이들에게 끌려갔는데 무조건 누우라고 침대에 눕히더니 아빠한테 전화하고 병원 가야 된다고 부산을 떨었다. 요엘이가 누워있는 나에게 인공호흡을 하겠다고 아무리 만류해도 입을 대는데 뽀뽀만 계속해서 숨 막히는 줄 알았다. 손이 다쳤는데 왜 인공호흡을 해야 하는지 모르겠다. 뭔가 응급상황에는 호흡이 필요하다고 아는 걸까? 암튼 아이들 반응 때문에 아프지도 못하겠고 웃음만 났다.

남편이 어머님과 아버님께 도움 요청을 했는지 금방 두 분이 오셨고 깨진 접시랑 그릇들이 정리되고 싱크대 천장 수납이 다시 고정되었다. 떨어지기 직전에 지혜가 컵을 가지러 왔다 갔다 했는데 아이들이 안 다쳐서 다행이다. 무게가 나가는 찬장인데 떨어질 때 얼굴이나 머리 쪽에 맞지 않아서 감사하다. 이마는 스친 정도로 외관상 상처는 없고 살짝 지나간 자국만 있다. 손은 상처가 났지만 연고 정도로 해결될 듯하다.

　깨진 식기는 다 버렸고 건질 수 있는 접시들만 골라내고 정리하다가 휘어진 젓가락을 보았다. 어떻게 저런 식으로 꺾여 버렸을까? 떨어지는 무게 때문에 그랬나, 혹시 내가 저 젓가락처럼 될 뻔 한 건 아니겠지 싶어 아찔했다. 아이들은 그 젓가락이 충격을 흡수해준 것처럼 여겼는지 젓가락에게 고맙다고 했다. 사고란 게 순식간이고 그 찰나의 순간에 다치는 정도의 차이가 결정된다. 정말 많이 다치기도 하고 살짝 피해갈 수도 있고 생각보다 가볍게 지나기도 한다. 언제나 그렇지만 그 짧은 순간에도 도우심을 경험한다. 저녁에 가족들과 자기 전에 하루의 감사 제목을 나누는데 만장일치로 엄마가 크게 안 다치고 무사한 것이었다. 여기에 할머니가 위로차 피자랑 치킨을 사주셔서 먹은 것까지 이구동성 같은 내용이었다.

> "주께 피하는 모든 사람은 다 기뻐하며 주의 보호로 말미암아 영원히 기뻐 외치고 주의 이름을 사랑하는 자들은 주를 즐거워하리이다." _시 5:11

　오늘 새벽에 읽은 말씀이다. 하나님의 보호하심이 감사하고 어떤 상황이든 우리에게 즐거움이 있으니 감사하다. 우리 삶에서 가장 큰 선물은 우리 안에 있는 즐거움과 기쁨이 아닐까? 그릇은 깨져도 웃음은 깨뜨릴 수 없는 것. 주께 피하는 자가 누리는 특권이다.

비판에 관하여

성경은 비판하지 말라고 한다(마 7:1).
그런데 어떻게 비판하지 않고 살 수 있을까? 불의를 보고 잘못된 것을 보고 어떻게 침묵하란 말인가? 남편이 사역을 하다 보니 여러 교회를 거치게 되고 그때마다 마음속에서 '저건 잘못이야!'라고 판단하게 될 때가 많았다. 옳지 못한 모습을 보거나 문제점을 만날 때 어떻게 해야 할까? 이건 늘 고민되는 문제이다. 많은 교회가 이 문제로 깨지고 갈라지는 것을 본다. 영적 전쟁은 관계 전쟁이라는 말에 동감한다. 사탄은 관계를 통해 공동체를 파괴한다. 반면에 하나님도 관계라는 수단을 통해 우리를 세워 가신다. 가정을 봐도 관계가 전부가 아닐까 싶을 만큼 가족 구성원과의 관계는 우리의 모든 영역에 영향을 미친다. 부부가 서로를 소모하고 파괴하는 관계가 될 수도 있고, 좋은 관계를 맺으며 서로를 세우고 성장해 갈 수도 있는 것이다.

그런데 관계가 어려운 것은 상대방의 '잘못'을 어떻게 처리하는가, 서로의 '공정성, 정당성'이 부딪힐 때 문제가 생긴다. 대부분의 경우 우리는 다른 사람의 확실한 잘못에 주목을 한다. 그런데 그 확실한 잘못, 실수라는 기준이 무엇일까? 그것을 판단하는 사람들이 정말 공정한가는 의문이다. 가끔 신문지상에 오르내리는 유명인들과 정치가들에 관한 반응을 보면 흥미로운 점이 있다. 어떤 잘못이나 실수를 해도 반응은 제각각이다. 사람들은 무엇을 했느냐 보다는 누가 했느냐에 따라 다르게 반응한다. 자신의 정치색이나 성향에 따라 맹비난을 하느냐 아니면 감싸주느냐가 갈린다. 절대 정의는 존재하지 않고 아무도 공정하지 않다. 나의 아이라면 살인을 저질러도 가슴 아파하며 그 사정을 동정할 수 있지만 남의 아이는 좀도둑질만 해도 돌을 던질 수 있는 게 인간이다.

아이들이 친구 하나를 왕따 시킬 때 보면 그 친구에 대해 나쁜 소문을 퍼뜨리기 시작한다. 같이 미워할 동료들을 모으는 것이다. 한 친구가 다른 아이 하나와 문제가 생겼을 때 그것을 왕따라고 하지는 않는다. 그건 둘 사이의 관계가 좋지 않은 것이다. 보통 아이들이 왕따를 시킬 때는 무리를 만들고 그 아이의 문제점을 다른 아이들에게 부각시킨다. 소문을 내고 여론을 조성한다. 일단 상대방에게 감정이 안 좋으면 흠을 잡고 잘못을 찾아내는 일은 너무 쉽다. 인간은 누구나 부족하고 약점이 있기 때문이다. 그런데 이렇게 사람들이 누군가의 잘못을 찾아내고 문제점을 발견하려는 이유는 공교롭게도 우리 마음 깊은 곳에 있는 양심 때문이기도 하다. 이 양심은 내가 아무 이유 없이 누군가를 미워하고, 정당하지 않은 이유로 남을 헐뜯는 것이 불편하다. 왜냐하면 자기는 선하고 옳은 사람이어야 하기 때문이다. 자기는 무죄한 사람을 미워하고 욕하는 그런 나쁜 사람이어서는 안 된다. 이런 생각은 신앙인일수록 더 심한 것 같다. 그래서 이들은 비난하기 위한 분명한 명분을 찾아낸다. 상대가 정말 나쁜 사람이고 틀렸다고 만들어야 안심이 된다. 이런 불편한 감정으로부터 자유로워지기 위해 사람들은 더 거세게 상대방을 비판한다. 그가 비난받아 마땅한 나쁜 사람임을 증명하기 위해서이다. 그래서 실제 잘못과 실수보다 더 많은 흠을 찾아내고 부풀린다. 신상을 파헤쳐가며 누가 봐도 욕먹을 나쁜 사람으로 만들어버린다. 심지어는 관상 운운하며 그가 타고난 악인임을 관철시키려는 무례함과 인신공격도 서슴지 않는다. 그러고는 생각한다. '이 사람은 아무리 욕하고 비난해도 그럴만한 이유가 충분해. 그러니 내가 하는 행위는 정당한 거야! 봐봐, 사람들도 다 동의하고 있잖아!' 나는 이런 광기 어린 비난을 여러 번 목격했다. 그것도 교회 안에서 말이다. 시간이 흘러 어느 정도 감정이 누그러지고 이성을 찾게 되면 사람들은 이렇게 말한다. "우리가 좀 과하긴 했지. 그 사람이 잘못한 건 맞지만, 그렇게까지 할 필요는 없었잖아?" 그때 느끼게 되는 씁쓸함이란 정의고 공의고 다 쓸데없구나 싶어지는 것이다. 이런 일들은 그저 사람들 마음에 바람을 일으키는 악마의 장난질 같다는 생각이 든다.

"비판하지 말라"는 예수님의 말씀은 비판받는 상대방을 위한 말씀이 아니다. 예수님은 "너희가 비판하는 그 비판으로 너희가 비판을 받을 것이요, 너희가 헤아리는 그 헤아림으로 너희가 헤아림을 받을 것이니라"(마 7:2)라고 하신다. 예수님은 너희 눈에 들보가 있고 네 눈에 티가 있다는 것을 먼저 알고 고치라고 말씀하시는 것이다. 비판하고 정죄하는 마음에는 이것이 없기 때문이다. 우리가 만약 하나님 앞에서 한없이 연약한 존재이며 죄인이라는 것을 진정으로 안다면 형제의 티가 먼저 보이지 않는다. 나의 일은 내 눈의 티를 먼저 제거하는 것이다. 나의 약함을 깨닫는 자는 다른 이의 약함을 보면 마음이 아프다. 육체의 병도 고통당해 본 자가 다른 이의 고통을 이해하고 공감하는 것처럼 우리가 정말 연약한 존재, 죄인이라는 인식이 있다면 상대의 죄성을 보면 같이 아파하게 된다. 판단하는 자, 죄를 들추고 정죄하는 마음에는 나는 의인이며, 무죄하다는 생각이 있다. 하나님이 미워하시는 것은 바로 이것이다. 왜냐하면 의인의 자리, 심판의 자리는 하나님의 자리이기 때문이다. 그것은 교만이다. 교만은 하나님의 자리를 넘보는 죄이다.

그런데, 그러면 잘못을 그냥 보고만 있어야 할까? 많은 가정들이 깨지고 이혼하고 있다. 결혼하기 어려운 만큼 이혼하기도 쉽지 않다. 그들이 이혼까지 간 이유의 대부분은 상대방이 그럴만한 잘못을 했기 때문이며, 그런 잘못을 한 사람을 용납할 수 없었기 때문이다. 하지만 결혼은 그런 게 아니다. 누가 잘못했다고 깨는 것은 세상의 법칙이다. 이 땅은 공의와 정의를 부르짖지만 하나님은 너 자신 안에 먼저 공의와 정의를 세우라고 말씀하신다. 티끌이나 들보를 그냥 눈감아 주라는 게 아니라 먼저 네 안에 있는 것부터 해결하라는 것이다. 이럴 때 우리는 다른 이들을 향한 연민과 긍휼을 갖게 된다. 내게 있는 들보가 이렇게 큰데 너의 들보를 내가 탓할 자격이 있는가, 이런 마음을 갖게 된다. 공격하고 판단하는 마음보다는 기도하게 된다. 죄는 미워하되 사람은 미워하지 않는 것은 이런 마음일 때

가능하다. 자신이 먼저 변화되라는 말이 참 미련하고 더딘 방법 같지만 하나님은 언제나 한 사람의 회개와 변화로 공동체를 바꾸신다. 이것이 하나님이 일하시는 방식이다. 비판하는 대신 자신이 죄인임을 회개하고 아파하는 눈물이 없이는 공동체는 세워지지 않는다. 나의 의로움은 가정과 공동체를 분열시킨다. 부부 사이에도 회개와 기도로 가정이 변하고 연합되는 일은 가능하지만 서로를 비난하여 회복된 가정은 하나도 없다.

옛 골목, 목포 풍경

목포에 와서 남편은 부모님이 계신 교
회에서 말씀을 전하고 있다. 부모님이 개척하신 교회인데 성도는 할머니
몇 분이 전부이다. 그런데 남편에게는 가장 가고 싶지 않은 곳이었다고 한
다. 그는 고향으로 가는 것을 모든 걸 실패하고 낙향하는 것으로 받아들였
다. 외국 땅에서 방황하던 때랑은 또 다른 느낌이었다. 그때는 아무것도
안 보이고 막막하긴 했지만 뭔가 스릴 있고 멋진 모험을 하고 있는 것 같
아 낭만이 있었다. 하지만 고향은 아니었다. 우리 집 맞은편에는 남편을
어렸을 때부터 보았던 세탁소 아저씨가 계신다. 옆집 사시는 분도 40년 전
부터 줄곧 그 자리에서 사시는 분들이다. 처음 이곳에 왔을 때 남편은 동
네 한 바퀴를 돌면서 하나도 안 변했다며 구석구석 다 기억이 난다고 했
다. 개발이 더딘 동네라 그런지 40년 전이나 지금이나 거의 비슷하다. 내
가 봐도 동네가 80년대를 연상하게 하는 간판이나 골목이 있는 풍경이다.
목포에서 촬영했다는 영화 《1987》의 연희네 슈퍼 같은 구멍가게는 이 동
네에 참 흔하다. 갑자기 타임머신을 타고 몇 십 년 전 과거로 돌아간 것 같

은 기분이 드는 동네이다. 나의 고향인 서울은 갈 때마다 바뀌는 바람에 친정집 빼고는 다 낯설다. 뉴타운이 건설되고 아파트 숲을 이룬 곳에 우리 친정은 나 홀로 주택으로 남아있다. 우리 집이 있는 골목과 그 길에 자리 잡은 주택 몇 집 빼고는 모든 게 다 변했다. 갈 때마다 동네가 낯설고 이상한데 여전한 골목길 그 구간만은 고향이라는 느낌이 남아 있다.

　　목포는 하당 쪽으로 가야 그나마 좀 번화하지 구심이나 대부분의 지역은 아직도 그대로인 것 같다. 그런데 하나, 이 동네에 크게 달라진 것이 있다. 바로 기찻길이다. 옛날에는 이곳에 기차역이 있었다는데 그 기차역이 사라지고 지금은 공원이 되었다. 기차선로 대신 철로를 따라 긴 산책로가 생긴 것이다. 옛날에는 기차역 주변이 우범지역이었다던데 지금은 모든 사람들이 사랑하고 애용하는 길이 되었다. 걷는 걸 좋아하는 남편과 나는 이 공원 산책길을 발견하고 너무 기뻤다. 이 길은 우리 아이들이 매일 등교하는 길이기도 하다. 이 집으로 이사 오면서 마음이 좀 침울했었는데 동네에 있는 산책길을 보자 위로가 되었다. 지금도 이 길을 하루에도 몇 번씩 걸어 다닌다. 길 따라 가로 선 나무들, 멀리 보이는 양을산, 낮은 건물들 덕에 탁 트인 하늘 풍경이 내게는 늘 신선한 즐거움을 주고 있다. 철마다 달리 피는 꽃나무들을 보며 내 인생 어느 때에 이런 것들은 음미하고 살았던가 싶은 마음도 든다. 여기 와서 동백꽃을 알았고 은목서의 은은한 향기를 맡아 볼 수 있게 되었다. 아이들과 손잡고 거니는 여유를 맛보았다. 그러고 보면 인생이란 참 알다가도 모르겠다는 생각이 든다. 아무리 어두운 곳에 있어도 사방 어딘가에는 뜻밖의 위로와 기쁨들이 숨어 있다.

남도의 꽃, 동백

물기 잃은 낙엽이 거리마다 나뒹굴고
메마른 가지마다 앙상한 나무들
빛깔을 잃어가는 겨울이건만
어디서 저 정열을 뿜어냈을까.

코끝을 맴돌던 은목서도 가고
단풍마저 서서히 빛바랜 풍경들
빛을 잃은 나무숲이 적막해질 때
때 아닌 꽃축제, 동백이 핀다.

참 희한한 꽃이다.
다들 시들어 가는데 저 혼자 절정이다.
반들반들 초록받침 붉고 진한 꽃봉오리
샛노란 술을 달고 놀랍도록 요란하다.

어쩐지 동백은 회춘한 중년 같다.
수줍은 기색 하나 없고
화려하고 강렬하다.

느지막이 타오르는

마지막 불꽃 같다.

나이가 드나보다.

빨강, 노랑, 초록. 또렷하고 분명한

네가 마음에 든다.

여기 와서 반해버린 꽃

남도의 꽃,

동백.

동백꽃 핀 산책길에서

증도(曾島), 문준경 전도사 순교기념관

가족들과 증도에 다녀왔다. 우리가 머물렀던 숙소 바로 근처에는 문준경 전도사님이 사역하시던 교회와 기념관이 있었다. 지금도 뻘이 가득한 바다, 섬들이 많은 지역인데 길도 제대로 닦여있지 않던 그때에 전도사님은 고무신이 닳도록 전도하셨다고 한다. 1년에 고무신 7~8켤레는 닳아 없어졌다고 하니 신안 섬 곳곳에 그분의 발자취가 남아 있다.

문준경 전도사님은 넉넉한 양반 가문에서 태어나 사랑받고 자라며 유복한 어린 시절을 보냈다. 호기심이 많고 배우고자 하는 열망이 컸으나 그당시 여성에게 교육의 기회가 허락되지 않았다. 어느 날 용기 내어 아버지께 배우고자 공부하기를 구하였으나 벼락같은 호통과 꾸중만 들었다고 한다. 온유한 성품과 아름다운 외모, 총명하고 명랑했던 그녀에게 혼담이 줄을 섰고 그 당시 관례대로 부모님이 정한 곳에 시집을 갔다. 자식은 부모를 닮는다지만 꼭 그렇지는 않았던가. 시부모님은 인자하고 좋으신 분이었지만 아들 되는 신랑은 최악의 남편이었다. 결혼 전부터 다른 여자를 둔 남편은 그녀에게 눈길 한 번 주지 않고 구박만 하였다. 그 당시 여자들은 경제적으로는 막중한 책임과 의무의 굴레가 얹혀진 반면 교육과 복지로부터는 철저히 소외를 당했다. 조선 여자들, 그들에게 여자로 태어난 것은 그 자체로 무거운 짐이었다. 여자의 운명이 오롯이 남편에게 달려있던 시대였고 그녀의 삶은 비참하고 절망적이었으며 차라리 죽고 싶을 만큼 힘들고, 벗어날 길 없는 막막함이 운명인 것 같았다. 하지만 자애로운 시아버지는 세상천지 기댈 곳 없는 그녀에게 버팀목 역할을 해 주셨다. 그렇게도 배우고 싶었던 글을 시아버지로부터 배우게 되었다. 비록 남편에게는 버림받지만 시아버지의 따뜻한 보살핌과 글을 배워 읽는 기쁨이 있었던 것이다. 그러나 그렇게 의지하던 시아버지가 돌아가시자 그녀는 다시 고아 같은 신세가 되었다. 결국 딴살림을 차린 남편과 시댁을 떠나 그녀는 목포로 나왔다. 목포에서 재봉틀 하나를 구해 삯바느질로 연명하던 어느 날, 북교동교회에서 온 전도사 한 분이 그녀를 찾아와 이렇게 말했다.

"예수님이 우리의 모든 죄를 십자가에 지셨으니 부인께서는 그 예수님을 믿고 구원받아 천국에 가십시오." 그렇게 복음을 듣고 예수님의 생명을 얻은 그녀는 그 생명을 사람들에게 전하기 시작하였다. 그 당시 목포 북교동교회에는 한국 교회가 낳은 전설적인 부흥사, 이성봉 목사님께서 사역하고 계셨다. 그분은 전도사님의 훌륭한 멘토로 문준경 전도사님의 신앙과 사역에 든든한 후원자가 되셨다. 유부녀는 신학을 못 한다는 규정이 있었지만 전도사님이 신학교에서 배우고 사역의 기틀을 마련할 수 있도록 몇몇 목사님들이 도와주셨다고 한다.

신안에 있는 섬들을 돌아다니며 고무신이 닳도록 복음을 전했다는 문준경 전도사님. 우리나라 CCC대표이신 김준곤 목사님께서 이렇게 쓰셨다.

"내 삶과 신앙에 가장 큰 영향을 준 분이 바로 순교자 문준경 전도사님이다. 전도사님은 내가 초등학교 시절 외롭게 사시던 어머니를 위해 나룻배를 두 번이나 갈아타고 찾아오시곤 했다. 한아름의 과자선물과 함께 나를 껴안고 간절히 기도해 주시던 기억이 새롭다. 문전도사님이 특유의 아름다운 음성으로 희망가나 천당가를 부르면 동네 아낙들이 모두 모였고 이때부터 일장 전도가 시작되었다. 내가 신학교를 졸업하고 몸이 약해 전도사님이 사역하던 섬에서 3개월간 지낸 적이 있다. 교회와 사택은 가난하고 갈 곳 없는 이들의 휴식처였다. 밤낮을 가리지 않고 이곳저곳을 다니며 아기를 받고 병을 치료해 주고 사랑이 가득 담긴 기도를 아끼지 않았다."

문준경 전도사님은 신안에 있는 21개의 섬들을 순회하며 많은 이들에게 예수님의 생명을 전했다. 섬 특성상 폐쇄적이고 미신적 문화가 강한데 신안 섬들의 복음화율은 참으로 놀랍다.

가는 곳마다 한 가정을 택해 기도처를 삼고 교회를 세웠다 하니 마치 사도행전의 역사가 이 섬들에 일어났구나 싶다. 그러다가 1950년 6·25가 일어나고 당시 증도에서 공산군들에게 끌려 목포로 나오셨다고 한다. 얼마 후에 국군이 상륙했다는 소식이 들려왔다. 전도사님은 섬사람들이 걱정되어 다시 돌아가고자 하였다. 그때 이성봉 목사님께서 증도로 다시 가겠다는 전도사님을 말리셨다고 한다.

"내 백성아 갈지어다. 네 밀실로 들어가서 네 문을 닫고 분노가 지나가기까지 잠깐 숨을지어다." 이사야 26장 20절 말씀으로 전도사님을 붙드셨다. 하지만 전도사님은 그곳에 남아있는 성도들을 그냥 둘 수 없다며 다시 섬으로 가셨고 그때 순교하셨다.

인간에게 있어 가장 큰 산은 '죽음'이 아닐까? 죽음을 두려워하지 않음은 죽음보다 더 큰 것을 소유해야 가능하다. 예루살렘에 가면 위험에 처할 줄을 알고도 그곳을 향해 갔던 바울처럼 육신은 죽을 수도 있지만 영원히 죽지 않는 생명이 있으니 그 어느 것도 두렵지 않다는 믿음, 그것이 연약한 인간을 강하고 위대하게 만든다. 기념관 근처에는 전도사님이 사역하셨던 증동리교회가 있다. 그곳에 가서 조용한 예배당에 앉아 기도를 드렸다. 그분의 삶을 조금이라도 닮을 수 있다면 얼마나 좋을까?

"내가 진실로 진실로 너희에게 이르노니 한 알의 밀이 땅에 떨어져 죽지
아니하면 한 알 그대로 있고 죽으면 많은 열매를 맺느니라"_요 12:24

누구든지 이 땅에서 하나님의 영광을 드러낸 사람들의 발자취에는 밀알의 진리가 보인다. 밀알은 땅에 떨어져 죽어야 열매를 맺는다. 우리에게 이 땅에서의 사명은 '죽음'이 아닐까. 만일 우리가 그리스도와 함께 죽었으면 또한 그와 함께 살 줄을 믿는다(롬 6:8).

스켈레톤

연휴 기간에 가족들이 모여 평창 동계올림픽을 시청하였다. 같이 경기를 보면서 스켈레톤(skeleton)이라는 종목을 처음 알게 되었다. 썰매에 엎드려 엄청난 속도로 질주하는 모습은 스포츠 관람에 별 관심 없는 나에게도 꽤 흥미진진한 광경이었다. 이날 윤성빈 선수는 50초 28이라는 최고 기록을 세웠다. 해설을 통해 들은 100분의 1초라는 표현이 무척 생소했다. 이런 섬세한 시간 구분이 낯설고 신기했다. 이렇게 대단한 경주가 1분도 안 되는 시간에 이루어지다니, 1초의 가치가 실로 크게 느껴지는 순간이었다.

금메달을 딴 윤성빈 선수의 활약이 멋지고 자랑스럽다. 하지만 아깝게 실수한 다른 선수들을 보니 초침 한 칸에 달려 있는 찰나의 운명이 아찔하게 다가온다. 치명적인 실수에 머리를 감싸며 괴로워하는 리스 손베리 선수의 모습이 잔상처럼 오래 남는다. 그는 1,2,3차의 좋은 기록에도 불구하고 마지막 4차 스타트에서 큰 실수를 하고 말았다. 그런데 손베리 선수가 실수하는 바람에 자신에게로 메달이 넘어오자 기쁨의 환호성을 터뜨리는 다른 선수의 얼굴이 화면으로 보였다. 질타할 수만은 없는 정직한 모습이지만 인생이란 참 얄궂다는 생각이 든다. 누군가의 고통이 어떤 이에게는 이렇게 기쁨이 되니 말이다. 우리 삶에도 이런 일이 얼마나 많을까 생각하니 행운과 불운이라는 것이 참 상대적으로 다가온다. 만약 내게 닥친 불운이 누군가에게 유익을 남긴다면 조금은 위로를 얻을 수 있을까? 그렇다면 적어도 절대적인 절망으로까지는 갈 필요가 없는 게 아닐까.

어쨌든 손베리 선수의 마지막 실수는 참 안타까웠다. 그간의 노력이 그 짧은 순간, 잠깐의 실수로 결정되고 말았으니 말이다. 그것은 단지 실력만의 문제는 아니었다. 마지막까지 마음의 파도를 통제하며 동요하지 않는 것, 그것은 인간이 할 수 있는 최선의 노력 이상의 무엇이었다. 선수들은 결국 자신과의 싸움을 치열하게 하는 거고 그걸 해내는 과정을 지켜보는 것만으로도 우린 기뻐하고 감동하게 된다. 짧은 순간이지만 인생을 본다. 우리 앞에 놓여진 경주에 최선을 다하되 요동하는 마음을 어찌 가다듬고 갈 것인지 그 마음을 붙드는 것은 또 무엇인지 생각하게 된다.

살아있는 언어

                글을 읽지 못하고 사는 건 어떤 기분일까? 재일교포인 강상중 씨의 책을 읽다가 문맹이었던 어머니에 관해 쓴 부분을 읽었다. 한국에서 한글을 배우지 못하고 일본으로 가게 된 어머니는 거기서도 글을 배울 기회가 없었다. 그래서 그분의 어머니는 평생을 문자를 모른 채 사셨다고 한다. 우리 할머니도 글을 모르셨다. 문득문득 그걸 한스럽고 부끄러워하셨던 할머니의 모습이 떠오른다. 몇 년 전에 잠시 살았던 시골 마을에도 그런 분들이 몇 분 계셨다. 그런데 그분들과 대화를 하다 보면 뭐랄까 지혜롭고 인생의 이치를 훤히 통달하시는 느낌이랄까. 그분들은 뭐든 쉽게 쉽게 술술 풀어내는 놀라운 감각이 있었다. 강상중 씨가 어머니를 생각하며 쓴 글에서도 이 점을 언급한다.

"어머니에 대한 기억의 파편을 모으면서 어머니에게 많은 신체적 지혜가 구비되어 있었다는 것을 발견했습니다…. 다만 한 가지 지적하고 싶은 것은 그 지혜가 학교에서는 배울 수 없는 것이라는 점입니다. 자연의 리듬과 인간사의 변천이 조화를 이루고 있는 세계에서만 얻을 수 있는 직감적인 힘과 신체적인 감각. 그것은 학교의 시간에 푹 잠겨 있는, 그러나는 우리 아이들에게 한글 떼기를 서둘러 시키지 않았는데 이런 비슷한 이유에서였다. 강상중 씨처럼 이렇게 분석하진 못했지만 활자로 된 세상에 입성하면 잃게 되는 것들에 대한 아쉬움이 있었다. 아이들이 문자가 장착되는 순간 잃게 되는 감각들을 되도록이면 오래 사용하게 하고 싶었다. 활자라는 게 귀로 듣고 보고 느끼는 감각을 제한한다. 아이들에게 그림책을 읽어줄 때마다 그것을 느낀다. 나는 글자만 읽는데 아이들은 그림을 보고 귀로 들으며, 더 많이 느끼고 기억한다. 구전 문학의 정수는 이런 게 아니었을까 싶다. 성경이 성문화되기 전 입에서 입으로 전해지던 이야기는 훨씬 더 생생하지 않았을까 상상해본다. 그것이 스토리텔링의 힘이기도 하다.

그럼에도 우리에게 활자가 있어서 무척이나 다행스럽고 감사하다. 뭐니 뭐니 해도 순간을 잡아 놓을 수 있는 것은 글자가 아닌가? 기록되지 않았다면 그 모든 것들은 사라져 버리고 말았을 테니까. 글자란 살아있는 것들의 소멸이 안타까워 만들어진 최선의 도구이다. 살아있는 채로 그 순간을 박제시킨 것, 그것을 부활시키느냐 마느냐는 순전히 독자의 몫이다. 물론 문자화된 그것이 진짜인 것, 살아있는 것이라는 것을 전제하고서 말이다.

꽃자리

　　　　　　　　우리 가족이 서울에서 내려온지 곧 7년
이 된다. 우리가 가진 꿈은 그리 큰 게 아니었다. 그냥 좋은 담임목사님 밑
에서 목회를 잘 배우고 그다음에는 개척이든 청빙이든 교회를 세우는 것
이었다. 부목사로 잘 있다가 담임목사로 목회하시는 분을 보면 그게 그렇
게 부러웠다. 그런데 이제 보니 그건 소박한 꿈이 아니라 아주 소수에게만
가능한 꿈이었다. 왜 우리가 가는 교회마다 문제가 생기나 했는데 그게 한
국 교회의 평균적인 모습임을 알았다. 우리는 그저 있는 그대로의 교회의
모습을 경험했던 것이다.

　목회현장도 급격히 달라진 것을 본다. 한때 목회자들은 농촌이나 시골
에서 목회를 하면 엄청난 희생을 하고 내려놓는 것처럼 말했다. 하지만 지
금은 시골이나 섬에도 유학파 목사님들이 꽤 많다. 이 근처 그냥 평범한
교회 담임목사 청빙에도 전국에서 지원서가 날아오고 쌓였다고 한다. 이
제는 "좋은 조건 다 뿌리치고, 혹은 오라는 데는 많지만"이란 소리를 듣기
가 어려워졌다. 오히려 "그렇게 유능하고 많이 배운 사람인데 갈 곳이 없

어서"가 더 맞는 실정이다. 솔직히 말하자면 사역만 할 수 있다면 어디든지 갈 마음 있는 사역자들이 점점 늘어나고 있다. 자존심 상하고 인정하기 싫을 뿐 현실은 그렇다는 것이다.

시골교회들을 보니 제때 은퇴하는 분도 많지 않다. 할 수만 있다면 최대한 버티신다. 시골이라 올 사람이 없을 거라고 하지만 사실이 아니다. 어쩌면 당연한 게 해마다 쏟아져 나오는 신학생들, 너도나도 가는 해외 유학생들(미국 신학교는 한국이 먹여 살리는 게 아닐까 싶다)이 도대체 어디로 가겠나. 실제 통계를 낸다면 그 수가 어마어마하리라 본다. 이런 현실 속에 하나님의 뜻과 섭리는 무엇인지 고민하지 않을 수가 없다. 우리에게 무슨 문제가 있는 것일까? 하나님의 뜻은 무엇일까?

이 과정 중에 한 가지 배운 게 있다면 '사역의 귀중함'이다. 우리는 안다. 섬길 공동체가 있음이 얼마나 소중한가를. 크고 작음이 아니라 하나님이 우리를 그분의 일에 껴주시는 것만으로도 참 감사하다는 것이다. 또 하나는 사역은 우리의 뜻으로 하는 게 아니라는 것이다. 주님이 가라면 가고 멈추라면 멈추고 버티라면 버티는 게 사역이다.

하나님이 인도하시는 길은 가끔 이해할 수 없다. 우리는 앞길을 모르지만 지금 있는 이 자리에 하나님의 숨은 뜻이 있다. 어쩌면 낮추시며 연단하는 과정일 수도 있고 준비하고 훈련하는 중일 수도 있다. 하나 확실한 것은 우리가 그분 손 안에 있다는 것이고 그게 우리에게는 최선이라는 것이다. 앞으로 더 많은 사역자들이 광야로 내몰릴 거라 본다. 어쩔 수 없이 생계를 위해 밥벌이를 해야 할 수도 있고 돈을 벌어 사역해야 할 수도 있다. 코로나 타격에 교회 전반이 흔들리고 회복되기 힘들어질 수도 있다. 그런데 이 가운데 하나님의 섭리가 있다고 생각한다.

가끔씩 남편에게 말한다.

"우리 이러다가 평양 가서 깃발 꽂아야 히는 거 아닐까?"

반은 농담이고 반은 진담이다. 통일되면 북한에 가서 복음을 전하고 교회를 세워야 하는데 약골들은 못 갈 것이고 적어도 광야에서 굴러본 사람이 가야 할 게 아닌가. 지금 열심히 연단되고 훈련받아야 그런 야성이 생기는 거지, 이것도 하나님이 예비하심이 아닐까 이런 생각도 종종 든다.

이렇게 해서라도 이 시간들이 주는 의미를 발견해보려고 노력 중이다. 우리의 미래는 알 수 없지만 하나님은 확실하시니 그분의 존재감으로 삶을 버텨보려 한다. 그러다 보면 나도 모르는 사이에 하나님이 준비하시는 사람이 되어 가리라 믿는다. 어느 시인의 말처럼 "시방 네 앉은 그 자리가 꽃자리인기야" 이 말이 참 맞구나 싶은 요즘이다.

벌거벗은 마음

　　　　　　　　　어른들은 아이들이 자기를 어떻게 다
뜯어보고 있는지 잘 모르는 것 같다. 어렸을 때 내 기억으로도 그게 참 이
상하고 궁금했다. 아이들 앞에서 그들이 얼마나 많이 노출되고 있는지 눈
치를 못 챈다. 꼭 가까운 가족, 부모님을 말하는 게 아니다. 밖에서 만나는
어른들, 특히 선생님들을 보면 '저분들은 우리가 투명 인간인줄 아나봐!'
하는 생각이 들만큼 아이들 앞에서 많은 걸 드러낸다. 아마도 어른들끼리
는 어느 정도 가면을 쓰고 인위적인 친절이나 예의를 갖추어야 하지만 아
이들 앞에서는 굳이 그럴 필요가 없어서일 것이다. 아이를 특별히 좋아하
는 사람이 아니면 아이들에게 관심이 없다. 같은 공간에서도 아이의 존재
를 대수롭지 않게 생각한다. 그런데 문제는 이 아이들의 눈이 보통이 아니
라는 것이다. 내가 만약 어떤 사람이 정말 괜찮은지 아닌지 잘 모르겠다면
아이들에게 물어볼 것이다. 비논리적인 여러 가지 이유로 그들은 단박에
그 사람이 선한지, 악한지 알아낸다. 아이들은 좋은 사람을 알아본다. 그
게 아이들이 가지고 있는 감각이다. 아이들이 정말 좋아하는 사람인데 나

쁜 사람인 경우는 거의 없다. 그들에게는 '좋은 사람=착한 사람'이다. 그들은 착한 어른을 좋아한다.

"너네 엄마는 착한 것 같아."

"우리 선생님은 착해."

"그 친구는 착해."

물론 자세한 표현 대신 '착함'으로 다 뭉뚱그리는 아이들의 어휘의 단순함도 있지만, 나는 아이들만의 그런 직관과 순진한 눈을 사랑한다. 벌거벗고 돌아다니는 임금님을 보고도 다들 아무 말 못 하고 있을 때, "임금님이 벌거벗었다!"라고 말할 수 있는 아이들만의 정직함, 허영심과 위선 없이 있는 그대로를 보는 아이들의 눈을 사랑한다.

작년에 아이들 학교 도서관에서 사서로 일했을 때였다. 막 입학한 초등학교 1학년 여자아이가 얼마나 천방지축 도서관을 헤집고 다니던지 그아이가 오면 도서관이 소란스러워졌다. 그런데 학교 끝나면 매일 그렇게 도서관에 와서 놀았다. 내심 그 아이가 빨리 집에 갔으면 했다. 그래서 "○○아! 집에 갈 시간 된 것 같은데, 가야하지 않을까?"라고 몇 번 말했던 것 같다. 그런데 그걸 보고 우리 요엘이가 내 귀에 대고 뭐라고 속닥거렸다. 그 아이가 들을까 봐 그랬는지 너무 작게 말해서 처음에는 무슨 소리인지 잘 알아듣지를 못했다. 가까이 대고 자세히 들어보니 평소에 엄마는 친구가 마음에 안 들어도 나쁘게 말하면 안 된다면서 엄마가 나쁘게 말한다는 것이었다. 나는 나쁘게 말하지 않았다고 변명을 했다. 그랬더니 엄마가 싫어서 그런 게 다 티가 난다고 했다. 화내지도 않았고 집에 가라고 직접 말하지는 않았지만 아이는 내 마음을 그대로 읽었다. 아이들 앞에서는 위선이 안 통한다. 그들은 내 마음 상태를 보고 느낀다. 내가 아닌 척해도 내 마음의 진심이 무엇인지 보는 것이다. 나는 감추었다고 생각하지만 아이는 그것을 느낀다.

아이들도 이렇게 우리 속을 들여다보는데 하나님은 오죽하실까 싶다. 내가 덕지덕지 바르고 걸쳐 입고 나가도 그런 것들은 쳐다보지도 않고 내 속을 들여다보시는 분, 그런 하나님 앞에 우리는 벌거벗은 모습이다. 그분에게는 그야말로 중심, 내 마음만이 드러난다. 그리하여 지킬 것도 마음, 가꾸고 살려야 할 것도 마음, 깨끗하게 유지해야 할 것도 마음이다. 하나님은 그 마음을 보시기 때문이다. 사람 앞에서도 마찬가지이다. 우리가 아무리 숨겨도 수많은 사람들 중 누군가는 우리의 비밀스런 모습을 알아본다. 누구보다도 가장 작은 자, 아이 같은 이들이 그렇다.

우리 안의 홍당무

문학은 다른 사람, 다른 세계에 대해 공감할 수 있는 문을 열어준다. 인간의 생각은 너무나 협소해서 자기의 경험과 사고의 틀을 벗어나기 힘들다. 대부분의 사람들은 자기가 보고 느끼는 것만이 전부라고 생각한다. 공감과 소통이 없는 삶, 자기만의 세계에 빠져 사는 삶이란 얼마나 삭막하고 외로운가? 인간은 누구나 공통적인 감정을 가지고 있다. 문학은 그런 인간의 감정을 이해하고 공감하는 통로가 된다. 이것을 장영희 교수님은 '내가 남이 되는 연습을 하게 되는 것'이라고 표현했다.

> "문학은 나와 남이 결국은 같다는 것, 인간적인 보편성을 갖는다는 것을 보여줍니다. 내가 어디에서, 어떤 모습으로 어떤 방식으로 살아도 나와 남은 결국 인간이기 때문에 같다는 것을 느낄 수 있는 통로가 바로 문학인 셈이죠." _장영희, 〈어떻게 사랑할 것인가〉

이렇게 문학은 남을 이해하는 통로이자 나 자신을 돌아보는 경험이 된다.

〈홍당무〉는 19세기 프랑스에서 쓰여진 쥘 르나르(Jules Renard)의 성장소설이다. 그 시대는 '따뜻하고 좋은 부모와 사랑받는 아이들'이 전형적인 가정의 분위기였다. 아무도 역기능적 가정의 존재를 발설하지 않았기 때문인지도 모른다. 그때는 그런 이상적인 가정을 당연한 모습으로 생각했던 시대였다. 그런 의미에서 〈홍당무〉는 충격적인 소설이다. 그는 자신의 이야기를 통해 비극적 가정의 민낯을 적나라하게 폭로했던 것이다. 그의 소설은 아동 학대라는 숨기고 싶은 주제, 기피되는 이야기가 이런 오랜 역사를 가지고 우리에게 존재해왔음을 보여준다. 어떻게 엄마가 자기 자녀에게 이럴 수 있을까 싶을 만큼 고의적으로 자녀를 괴롭히는 엄마. 아이들에 대한 편애와 학대, 심리적인 조작이 아이에게 가해진다. 그것도 세 아이 중 막내, 홍당무에게만 말이다. 홍당무는 엄마의 분풀이 대상이었다.

그 엄마의 정신세계는 도저히 이해할 수 없지만 아마도 이 역시 인간의 일면이지 않을까 싶다. 삶의 대부분의 영역에서 위선적인 가면을 쓰고 자신을 통제하며 살아도 어느 한구석에서는 결국 터뜨리는 게 인간이 아닐까? 99명의 사람에게 천사같이 대하는 사람이 어떤 한 명에게는 악마가 된다면 그 사람은 좋은 사람일까, 나쁜 사람일까? 그 한 명이 가족이라면, 가족 중에서도 가장 만만하고 힘없는 누군가라면 말이다.

실제로 쥘 르나르는 어릴 적 자신을 학대하는 어머니 밑에서 자랐다고 한다. 자신의 이야기가 〈홍당무〉라는 소설이 된 것이다. 헤밍웨이의 말에 의하면 작가에게는 불행한 유년시절이야말로 더할 나위 없이 좋은 자산이 된다고 하였다. 고난과 불행은 인간의 깊은 곳을 건드린다. 감수성이 예민한 아이가 이 상처를 고스란히 간직하고 있다가 문학으로 꽃피우기까지 어떤 고통을 통과해야 했을까? 삶은 이런 아이러니를 통해 변모를 거듭하며 우리를 놀라게 한다. 하지만 잠자는 숲 속의 공주처럼 마녀의 저주가 끝은 아니다. 인생의 굴곡이란 끝이 없다. 무엇이 저주이고 희망인지도 알 수 없다. 착한 요정이 던지고 간 희망의 열쇠는 저주 대신 찾아온 기다림의 시간이었다. 그러나 너무 긴 기다림은 우리를 지치게 한다. 어떤 면에서 인생이란 이런 굴곡을 따라 걷는 것인지도 모르겠다.

쥘 르나르가 결혼하여 고향에 있는 어머니를 방문했을 때, 어머니가 그의 아내를 불쾌하게 대했다고 한다. 아마도 그 순간 잊고 있던 어린 시절의 기억들이 되살아났던 것 같다. 그는 일기에 "내가 〈홍당무〉를 쓴 동기는 아내에 대한 어머니의 심술궂은 태도에서 비롯되었다"라고 적었다. 그는 글로써 자신의 눈으로 본 가족들의 모습, 그 속에서 일어났던 불협화음과 고통을 고스란히 소환해냈다. 내용도 내용이지만 그의 문체와 표현이 문학적으로 대단히 뛰어나다. 120여 년의 세월이 흘러도 사라지지 않고 남을 만한 문장들이다. 고전의 가치가 여기에 있다. 훌륭한 작품은 단지 내용뿐 아니라 묘사와 표현을 통해서도 감동을 준다. '아, 이게 진짜 글이었지!' 이런 문장들을 읽으면 오래전 가라앉은 보물을 다시 캐내는 것처럼 기쁘고 신이 난다. 사실 이 책 어디에도 교훈적이고 감동적인 내용은 없다. 권선징악, 해피엔딩도 아니고 건조하고 사실적인 묘사가 대부분이다. 그런데도 메시지는 그 어떤 육아서나 성장소설보다 사실적으로 다가온다. 표현이 절제되었을 때 더 강하게 전달된다고 해야 할까.

"아이의 복잡하고 양면적인 감정들을 보여줌으로써 아이는 어른과 마찬가지로 악덕과 미덕을 동시에 지닌 복잡한 인격체라는 것을 증명하고자 하였다. 그리고 그 인격체는 곧 '인간' 즉, 보편적 인간이다"라는 그의 고백을 봤을 때 그는 단지 상처를 기록하고 해소하기 위해 글을 쓴 건 아니라는 생각이 들었다. 그는 더 이상 불쌍한 홍당무에 머물지 않았다. 자기 하소연과 연민으로 끝났다면 이런 글을 써내지 못했을 것이다. 결국 자신의 한계를 넘어야 보편의 세계에 들어갈 수 있게 된다. 그것은 어린 시절의 자신을 넘어선 작가의 시선, 그 스스로의 성장이 있었기 때문이다. 그는 불행한 어린 시절의 상처로부터 벗어나게 되었을까? 아마도 그랬을 것이다. 그때야 비로소 우리는 자신의 진짜 이야기를 쓸 수 있게 된다. 그리고 그 이야기는 누구나 공감하고 인정하는 진리, 보편의 세계에 도달한 삶의 안목을 담게 된다.

타인의 분노 피하기

며칠 전 아이와 함께 학교 가는 길에 어느 할머니와 할아버지가 서로 싸우는 것을 보았다. 할머니는 손자 손을 잡고 학교에 데려가는 중이었고, 그 옆을 할아버지 한 분이 자전거를 타고 지나가고 있었다. 아마도 할아버지가 자전거 길로 가다가 좀 비키라고 했던 모양이다. 순식간에 고성이 오가고 서로 막말을 하더니만 할아버지가 자전거에서 내리더니 할머니를 툭 한 대 쳤다. 그러자 할머니가 욕을 하고 같이 치고받기 시작했다. 아이들도 많은 등굣길에 안 되겠다 싶어 나와 어떤 아줌마가 그 사이에 들어가 말렸다. 아이들도 다 보는데 그만 좀 하시라고 경찰을 부르겠다고 했더니 어느 정도 진정이 되었다. 그 옆에 할머니 손을 잡고 고개를 숙이고 있던 꼬마 아이가 너무 안 돼 보였다. 두 분 다 별일 아닌 일로 얼굴을 붉히고 몸싸움까지 갔다. 가끔 사람들을 보면 그 안에 분노와 울분을 품고 사는 것 같다. 늘 마음에 화가 나 있는 사람들이 있다. 그래서 조금만 건드리면 '쾅!' 하고 터트릴 준비를 하고 있다. 그러다 그게 엉뚱하고 애먼 데서 터지기도 한다. 요즘 조현병이다 정신병이다 하며 생면부지의 사람에게 폭력을 가하는 사람들이 늘어나고 있다.

분노를 터뜨리고 화를 내는 사람들은 저마다 이유가 있다. 얼마 전에 일어난 PC방 살인사건도 발단은 사소한 감정으로 시작되었다. 살인을 저지른 김성수씨는 아르바이트생이 자기를 무시한다고 느꼈다. 그리고 그 순간 그동안 무시 받아온 자신의 인생이 파노라마처럼 떠올랐고 '더 이상 이렇게는 살 수는 없다, 이렇게 살면 뭐하나?'라는 생각이 들었다는 것이다. 그러자 참을 수 없는 분노가 올라오면서 그 아르바이트생을 죽이고 자기도 죽어버리겠다고 마음먹었다고 한다. 그의 인터뷰를 보면 동생에 대한 언급이나 자기 자신에 대한 표현까지 사람이 꽤 논리적이고 멀쩡한 것처럼 보인다. 그런 사람이 어쩌다 살인까지 하게 되었을까 안타까울 따름이다. 그런데 그의 말대로 진짜 상대방이 자기를 깔보고 무시했는가, 사람들이 그에게 그렇게 잘못한 것인가, 과연 그게 객관적이고 타당한가는 정확하지 않다. 설사 피해자가 먼저 무례하게 굴고 잘못한 상황일지라도 그가 너무 과도했던 것이다. 그 일로 살인까지 하다니 결과가 너무 심각하다.

'묻지 마' 사건의 대부분의 가해자들은 원인이 상대방에게 있다고 생각한다. '자기를 째려봐서, 무시해서, 비웃어서' 그랬다는 것이다. 알다시피 한국 사람들은 타인에게 굉장히 무표정이다. 평소 성격과 태도에 따라 차이는 있지만 대체로 표정이 경직되어 있다. 평소에 좀 예민한 사람이 보면 오해하기 쉬운 표정들이 많다. 인간관계에 있어 배척을 당해본 사람은 기본적으로 상대방이 자기를 싫어할 거라는 생각을 한다. 웃어도 비웃었다고 하고 모르고 지나친 것을 자기를 무시한다고 오해한다. 우리 딸이 언젠가 교실 뒤쪽에서 시끄러운 소리가 나서 쳐다봤는데 그 주변에 앉아있던 반 아이가 대뜸 왜 째려보냐고 화를 낸 적이 있었다. 즉시 그게 아니라고 설명을 했고 그 아이도 착한 친구였는지 사과를 했다. 알고 보니 그 친구가 그날 기분이 안 좋은 일이 있었다고 한다. 이런 일이 있을 때 서로 소통을 해서 오해를 풀고 해결할 수 있다면 얼마나 좋을까? 그런데 사람들이 점점 자신의 세계, 자기만의 망상에 빠져 세상을 보는 것 같다.

그래서 나는 아이들에게 좋은 표정을 지으라고 말한다. 그냥 쳐다봤는데 째려봤다고 칼 맞는 세상이기에 한편 보호 차원이기도 하다. 오해를 풀고 원활한 소통을 할 수 있는 사람이 된다면 가장 좋고, 그게 어려우면 최소한 오해는 사지 말자고 하는 말이다. 그런데 겉모습만 웃을 수 있을까? 진짜 웃음은 내면에서 나오는데 말이다. 아이에게 '밝고 친절한 표정'이 대안이라고 말하는 것 같아 좀 그렇다. 대안이라기보다는 배려라고 해야 할까. 이래야 하는 세상이 좀 무섭긴 하다.

분리불안

　　　　　　　　　아기를 키우면서 분리불안 문제는 꼭
거치게 되는 것 같다. 첫 출생 시 자궁과 탯줄로부터의 분리, 젖을 떼는 과
정에서의 분리, 엄마 품을 떠나 어린이집을 갈 때, 단계마다 아이들은 엄
청난 불안과 두려움을 겪게 된다. 우리 아이들은 넷 다 예외 없이 이 과정
을 고통스럽게 통과했다. 그런데 이 과정을 무사히 지나고 나면 아이는 독
립된 존재가 되는 걸까?

　십 대 아이들은 부모로부터는 어느 정도 독립되지만 대신 친구나 학
교, 그들을 둘러싼 또래문화에 종속된다. 아이들은 그 집단으로부터 분리
되는 것을 두려워한다. 중고등 학생들을 보면 아이들이 참 비슷하다는 느
낌을 받는다. 또래에서 분리되지 않으려 하는 욕구가 그들의 외양이나 취
미, 선호도를 비슷하게 만들기 때문이다. 이것은 아기 때와는 다른 차원에
서의 분리불안이다. 인간에게 자기가 속해있는 그곳으로부터의 이탈은 굉
장한 불안감을 준다. 그러니 아이들의 왕따 문제가 어려워지는 것이다. 아
이들은 또래의 시선과 판단에 좌우되기 때문에 친구들이 싫어하는 아이에

게 선뜻 다가가는 게 부담이 된다. 아이들에게 또래집단으로부터의 분리는 굉장히 두려운 일이다. 가장 좋은 것은 이런 불안을 거스르고 다가올 수 있는 친구, 따뜻한 마음을 가진 용기 있는 친구의 존재이다. 어른이 되어도 비슷하다. 어떤 인간도 온전히 독립된 존재로서의 삶은 불가능하다. 우리는 속해있다는 것으로 안정감을 느끼기 때문이다.

> "만약 내가 다른 모든 사람과 같고 내가 다른 사람과 다르다는 느낌이나 생각이 전혀 없으며, 또한 관습이나 의복, 생각에 있어서도 집단의 그것과 일치한다면 나는 구제되는 것이다. 즉 고독감이라는 무서운 체험으로부터 구원받는 것이다." _E. 프롬 〈사랑의 기술〉

프롬의 말처럼 우리는 남들과 같아야지만 안심하며 불안해하지 않는다. 그래서 인간은 대세를 따라간다. 다른 사람들이 하는 것을 하고 싶고, 같은 것을 사고 싶고, 같은 것을 추구한다. 주류에 속해서 그 안에 자리 잡기를 원하며 그 안에서 이탈될까 봐 두려워한다. 우리가 아이들을 공부시키고 잔소리하는 이유도 따지고 보면 아이가 주류에 안전히 속하길 바라기 때문이다. 태아부터 아이, 어른이 되기까지 우리는 한 번도 여기서 벗어난 적이 없다. 그 범위 밖으로 나가는 것은 우리를 불안하게 한다. 그리고 나를 진짜 불안하고 두려워하게 만드는 것이 나의 주된 욕구와 갈망이 있는 곳이다. 그것이 무엇이냐에 따라 우리의 삶이 결정된다.

그래서 왕따를 당하는 아이에게 다가갈 수 있는 용기는 그저 선하고 따뜻한 마음으로는 어렵다. 주류에서 벗어나 분리되는 그 분리불안을 이겨야 가능한 것이다. 내가 처음 예수님을 믿었을 때 느꼈던 그 두려움도 이제 보니 분리불안이었다. 오랫동안 익숙하게 속해있던 나의 세계로부터 벗어날 때 느끼는 그 공포와 불안, 아직도 그것이 생생한 기억으로 남아있다. 새로운 길은 늘 그렇다. 이 두려움과 만나야 한다. 그런데 아무리 소수일지라도 함께하는 사람이 있으면 가능하다. 왕따 당하는 아이에게 친구 두 명, 아니 적어도 한 명만 있어도 그들에게는 힘이 생긴다. 적은 수라도 모이면 공동체가 되고 그 무리에 속한 사람들은 외롭지 않기 때문이다. 다수의 모든 사람이 아니라 소수, 함께할 수 있는 사람이 있다면 갈 수 있다.

이해할 수 없지만

혼돈의 시대를 살고 있는 우리에게는 단단히 붙잡을 수 있는 무엇이 필요하다. 나에게는 그것이 무엇일까?

남편이 서울로 올라가는 길을 배웅했다. 집에서 산책길을 따라 40분을 걸으면 고속터미널 역이 나온다. 걷기에 덥지도 춥지도 않은 날씨였다. 우리는 오후의 따뜻한 햇살을 맞으며 길을 걸었다. 그렇게 걷다가 시간이 남아서 산책길 중간에 있는 카페에 들렀다. 홍매화가 활짝 핀 예쁜 정원이 있는 곳이었다.

나: "만약 말이야…. 그때 우리가 이럴 줄 알았으면 서울에서 내려 왔을까?"

남편: "아니! 알았다면 안 내려왔겠지. 거기서 그냥 버텼겠지…. 몰라서 다행이었던 거야. 그랬다면 이 시간을 놓쳤을 테니까."

하나님은 우리의 과거, 지나온 흔적 속에서는 너무나 확실하고 분명하신 분이다. 지금까지 지내온 모든 순간에서 난 그분을 볼 수 있다. 나의 과거에서 그분은 생생하다. 그런데 지금 이 순간 나의 시간에 그분은 어딘가 숨어 계신다. 분명 계시다는 건 알겠는데 내가 걷는 길에는 그분이 안 보인다.

> "그런데 내가 앞으로 가도 그가 아니 계시고 뒤로 가도 보이지 아니하며 그가 왼쪽에서 일하시나 내가 만날 수 없고 그가 오른쪽으로 돌이키시나 뵈올 수 없구나." _욥 23:8-9

길을 찾고자 알고 싶어 묻는 물음에 그분은 숨으신다. 그냥 '너의 믿음이 무엇이며, 너의 고백이 무엇이냐?' 물으시는 것 같다.

재일교포 2세, 강상중 교수님의 책 〈살아야 하는 이유〉에는 이런 글이 나온다.

> "욥기가 우리에게 주는 것은, 인간의 지력으로는 신의 의지를 헤아릴 수 없으며 인간은 다만 오로지 신에 대한 신앙을 고백함으로써만 신을 마주할 수 있다." _〈살아야 하는 이유〉 중에서

지금 이 순간 나에게 필요한 것은 아는 것이 아니라 믿음의 고백이라고 말하는 것이다. 욥의 고백처럼 말이다.

> "그러나 내가 가는 길을 그가 아시나니 그가 나를 단련하신 후에는 내가 순금같이 되어 나오리라." _욥 23:10

'그가 길을 아신다. 그는 모든 것을 아신다. 그는 뜻을 두시고 정하신 대로 행하시며 그분의 뜻은 선하시다….' 내 입술로 그분을 고백해본다. 지금 이 순간 하나님은 믿음의 고백 속에 임재하신다.

우리가 미래를 알지 못한다는 것이 믿음의 싹을 틔우는 토양이자 그분의 선하신 뜻이라는 것. 나의 발이 그의 걸음을 따르고 그의 길을 지켜 치우치지 아니하며 그의 말씀을 지키고 소중히 여기는 것, 그리고 내게 주어진 이 길을 걷기로 마음먹는 것이다.

간절함 vs 탐욕

        하나님을 만나고 영적인 깊이가 깊어질수록 그분을 향한 목마름과 간절함이 커진다. 하나님을 추구하는 간절함이 삶에서는 겸손과 온유함으로 나타난다. 그런데 어떤 경우에는 열심히 믿는 것처럼 보이는데 삶에서 그리스도의 향기가 나지 않는다. 예수님의 겸손함과 사랑이 배어 나오지 않고 오히려 시간이 흐를수록 돌같이 견고하고 고집스러워진다. 사역에는 열정적이지만 사람을 향해서는 배타적이고 자기중심적이다. 왜일까? 자기 욕심을 채우기 위한 열심, 탐욕 때문이다. 이런 열심은 자신을 위해 견고한 성을 쌓고 세운다. '탐욕'은 하나님만을 향하고 그분을 추구하는 '간절함'과는 다르다.

        있는 것 위에 더 갖길 원하는 마음이 탐욕이다. 예수님을 찾아간 부자 청년 이야기처럼 말이다. 그 청년은 예수님께 "내가 무엇을 하여야 영생을 얻으리이까?"(막 10:17)라고 묻는다. 그런데 예수님은 그 청년에게 무엇을 더 얻어야 되는 게 아니라 있는 것을 다 덜어내고 버려야 한다고 말씀하신다. 예수님은 그 청년의 마음에 있는 것이 구원에 대한 갈망이 아니라 '완벽해지고 싶은 욕심'이라는 것을 보셨다. 자신이 이루어 놓은 것에 한 가지만 더 보태면 될 거라 기대했던 청년은 크게 낙심한다. 자신이 원한 건 부족한 하나를 더해 완벽함을 이루는 것이다. 그런데 예수님은 자신이 가진 99개를 버려야 원하는 것을 주신다는 것이다. 그건 어림도 없는 일이다. 아쉽지만 포기하고 청년은 가지고 있는 99개를 소유하는 쪽을 택한다. 예수님이 주시려던 그 하나가 사실은 100을 채우고도 남는다는 사실을 그는 몰랐다.

우리의 모습도 그 청년과 다르지 않다. 우리는 예수님이 전부라고 생각하지 않는다. 내가 가진 것 위에 예수님까지 더해지기를 원한다. 그것이 우리가 생각하는 구원이자 영생이다. 이것은 나의 일, 가족, 사역의 모든 부분에서 드러난다. 특히 우리의 기도는 부자 청년의 간구와 비슷하다. 우리는 내가 쌓아놓은 모든 업적, 소유, 꿈을 예수님이 완성해 주기를 소망한다. 그분으로 인해 완벽해지기를 바라는 것이다. 그런데도 예수님은 이렇게라도 찾아온 우리를 사랑스러운 눈으로 맞이해 주신다.

> "예수께서 그를 보시고 사랑하사 이르시되 네게 아직도 한 가지 부족한 것이 있으니 가서 네게 있는 것을 다 팔아 가난한 자들에게 주라 그리하면 하늘에서 보화가 네게 있으리라 그리고 와서 나를 따르라" _막 10:21

그분은 언제나 말씀하신다. 네가 구하는 그 보물을 얻으려면 먼저 너의 것을 버리고 나를 따라야 한다고 말이다. 간절함과 탐욕은 이 지점에서 갈라진다.

예수님을 구했던 제자들은 예수님을 좇아 그분을 따라간다. 예수님이 가장 귀한 보물임을 알기에 예수님을 따라갈 수 있는 것이다. 그러나 탐욕은 예수님조차 탐욕스럽게 소유하려 한다. 그것은 내 것이 흔들리면 언제든지 예수님을 버릴 준비가 되어 있는 마음이다.

가족의 시간에서 다시 가족으로

"가정이야말로 고달픈 인생의 안식
처요, 모든 싸움이 자취를 감추고 사랑이 싹트는 곳이요, 큰 사람이 작
아지고 작은 사람이 커지는 곳이다." _H.G.웰즈

'가족'이라는 단어를 들으면 무엇이 떠오르는가? 따뜻하고 포근한 가
족, 서로 아껴주고 사랑하는 가족의 모습일까? 아니면 마음 어딘가 불
편해져 외면하고 싶은 가족의 모습인가? "모든 행복한 가정은 서로 닮
았고, 모든 불행한 가족은 제각각으로 불행하다"라는 톨스토이의 말처
럼 가정 안에서 행복과 불행의 모습을 본다. 어쩌면 지금 이 시대에 가
장 큰 상실은 건강한 가정의 상실이 아닐까? 행복한 가정을 누구나 소
망하지만 그런 가정이 흔하지 않다. 가장 중요하지만 가장 소홀하기 쉬
운 우리의 가족들, 우리는 어떻게 서로를 사랑해야 할까?

부부, 콩깍지 사랑

부부 문제에 관해서, 한쪽 이야기만 들으면 안 된다. 듣다 보면 세상에 이렇게 나쁜 사람이 어디 있을까 싶어진다. 상대방의 배우자는 심각한 문제가 있는 괴물, 정신병자, 구제불능이라는 단어가 무색할 만큼이나 나쁜 사람이라고 생각되기 때문이다. 하지만 양쪽의 이야기를 다 들어보아도 답이 안 나오긴 마찬가지이다. 듣는 사람은 누가 잘못한 건지 가려내고 적절한 대안을 제시해야 할 것 같지만 그건 너무나 어려운 문제이다. 사실 양쪽 입장이 다 맞기 때문이다. 한집에서 다 드러내고 살다 보면 누구에게나 실수와 약점이 보이고 서로의 문제점을 발견하게 된다. 결혼 생활이란 인간의 실체가 무엇인지 서로의 모습을 통해 확인하는 것이다. 그래서 누구의 잘못인가를 밝혀내는 것이 무의미해진다. 상대방의 입장에서 보면 분명 나도 잘못한 게 있기 때문이다. 한편으로는 배우자가 한 사람이니 얼마나 다행스러운가 싶다. 세상에 있는 모든 이성과 잘 지내라는 것도 아니고 본인이 고르고 골라 딱 한 사람 선택해서 그 사람과 잘 살라는 건데 그게 이렇게 버거우니 말이다.

나와 남편은 결혼하고 지난 20년 동안 헤어진다는 생각은 해본 적이 없고 기억날 만큼 크게 싸우는 일 없이 무난하게 살아왔다. 우리 부부는 그냥 운이 좋았던 거다. 다른 일은 많이 깨지고 엎어지기도 하는데 부부 문제는 비교적 순풍이니 이게 행운이 아니고 무엇이란 말인가? 서로 뜯어 보면 우리 둘 다 흠도 많고 부족한 사람들이다. 그래도 잘 지내는 건 아무래도 서로를 좋게 보아주는 콩깍지 때문인 것 같다. 그런데 어쩐 일인지 그 콩깍지가 잘 안 떨어진다. 하나님이 접착제로 붙여 놓으셨는지 결혼하면 금방 떨어진다는 콩깍지가 여전히 붙어 있다. 그것이 떨어지면 상대방이 객관적으로 보인다는데 말이다. 그래서 아직도 서로를 주관적인 눈으로 보며 살고 있다. 그런데 그게 참 다행이다.

사람들은 일반적으로 콩깍지가 씌어 사랑하는 건 문제가 있는 것처럼 말한다. 하지만 그건 결혼 전 연애할 때의 말이다. 그때는 가능한 한 콩깍지를 벗어놓고 객관적으로 보도록 노력해야 한다. 하지만 결혼했다면 그 반대이다. 오히려 그 콩깍지가 안 떨어지도록 주의해야 한다.

아직 미혼이라면 상대를 향한 내 마음에 강력한 콩깍지를 붙일 수 있는가 가늠해보고 선택하라고 말하고 싶다. 배우자를 향한 나의 호감과 애정이 외적인 것일수록 그 콩깍지는 바람에 나는 겨와 같이 금방 날아가 버릴 것이다. 그야말로 이 콩깍지가 오래갈 콩깍지인지 아닌지 깊이 고민해봤으면 좋겠다.

결혼할 예정이거나 결혼했다면 그 콩깍지가 내 눈에서 영원히 안 떨어지길 기도했으면 좋겠다. 그것이 벗겨지는 순간 우린 상대방을 세상 누구보다 정확한 눈으로 보게 될 것이다. 그리고 그때부터 결혼 생활은 괴로워질 것이다. 당신이 틀려서가 아니라 상대방을 너무 정확하고 제대로 보아서 그렇다. 그러니 살면서 가장 눈먼 상태로 봐야 할 사람이 배우자이다.

그래서 난 이 콩깍지가 잘 붙어있음에 감사하며 살고 있다. 그리고 남편의 눈에도 계속 붙어있기를 기도하고 있다. 우리가 이 땅에서 사는 동안은 이렇게 단단히 잘 붙이고 살았으면 좋겠다. 떨어지더라도 나중에 천국에 가서 떨어졌으면 한다. 거기선 콩깍지가 없어도 될 만큼 우리 상태가 꽤 괜찮을 테니 말이다. 그때 가서 제대로 보도록 하자. 고단한 이 세상, 배우자에게만은 눈멀어도 괜찮다.

아이가 넷입니다

아이가 짐스러워지는 세상, 출산율 최저의 한국 땅에 살며 우린 아이를 넷이나 낳았다. 아이 하나를 키우려면 얼마큼의 시간과 돈, 노동이 요구되는 걸까? 만약 그것을 계산하고 출산했더라면 우린 한명도 못 낳았을 것이다. 결혼 생활 20년 동안을 돌아보니 아기가 생겨도 될 만한 때라는 건 없었다. 임신했던 시기가 '하필이면 이 와중에!'인 경우가 대부분이었다. 결혼 후 뉴질랜드에 가서 빈털터리로 돌아와 친정에 얹혀살 때 첫째가 태어났다. 둘째는 남편이 미국에서 사역하고 웨이터로 일하며 공부할 때, 셋째는 한국에 와서 11평 작은 집에 네 식구가 살고 있을 때였다. 막내는 남편이 사역하던 교회에 사임을 결정하는 중에 임신이라는 걸 알게 되었다.

돌아보면 우리에게 난관이 생겨 하나님의 축복이 간절해질 때마다 놀랍게도 하나님은 아기를 주셨다. 우리 생각에는 아기가 아니라 돈을 주셔야 할 것 같은데 말이다. 마치 짐 위에 짐, 당장 갈 길도 아득한데 그 위에 모래주머니를 하나 더 얹어 주신 것처럼 보였다.

그런데 만약 우리에게 아이들이 없었다면, 아니 아이가 넷이 아니라 더 적었다면 우리의 길이 좀 더 수월해졌을까? 마음속에서는 '아니다!'라는 소리가 들린다. 오히려 아이들 덕에 거칠고 험한 길을 부드럽게 걸어왔다는 생각이 든다. 빡센 특공대 훈련을 해야 하는데 하나님이 아이들 얼굴을 봐서 살살 부드럽게 인도해 주셨다. 힘든 와중에 은혜가 있었고 그것이 생명을 아끼고 돌보시는 하나님의 사랑과 배려였다는 것을 우리는 안다. 하나님은 당신의 자녀를 보살피신다.

아이를 키우고 먹여 살리는 건 부모만이 아니다. 아기들이 세상에 나올 때는 자기 먹을 것을 갖고 나온다는 말이 있지 않은가? 태어난 생명에게는 보이지는 않지만 자기 몫이 있다는 것이다. 이는 생명을 돌보시는 하나님의 은혜가 오랜 시간 사람들을 통해 경험되어 나온 말이다.

조지 뮬러(George Muller)가 1만 명이나 되는 고아들을 먹여 살릴 수 있었던 건 단지 그의 기도 때문만은 아닐 것이다. 생명들을 향한 하나님의 돌보심, 아이 하나하나를 향한 하나님의 사랑과 은혜가 있었기에 가능했다고 생각한다. 하나님은 생명을 사랑하고 돌보신다. 또한 생명을 돌보는 자에게 은혜와 복을 주신다. 국가에서 아이에게 아동수당을 주듯이 하나님이 주시는 아동수당이 있다. 그것은 일률적인 지급 수당이 아니라 아이마다 최적화된 맞춤식 수당이다. 아이가 자랄 때 필요한 것을 하나님이 채워주신다. 우린 그런 아동수당을 받으며 살아가고 있다. 예쁘고 건강하게 잘 자라는 아이들이 나 혼자의 노력과 능력으로 큰 게 아니라는 것을 너무나 잘 알고 있다. 이렇게 우리는 생명을 돌보고 있다는 이유로 아이의 복을 더불어 누리고 산다. 아이가 자라면서 얻는 기쁨은 덤이다.

하나님은 우리에게 복 주기를 원하신다. 그래서 힘들 때마다 우리에게 가장 큰 축복을 주셨던 것이다. 생명이라는 '복' 말이다.

엄마가 된다는 것

생각지도 못한 일이 내 인생에서 가장 의미 있는 일이 되는 것, 삶이 주는 신비가 아닐까?

난 한 번도 '엄마'를 꿈꾸지 않았다. 그건 나의 꿈이 아니었고 주어지면 어쩔 수 없이 해야 하는 일이라고 생각했다. 결혼 초에는 아이가 생길까 봐 걱정을 했다. 남편이 공부하는 학생이어서 아이를 갖는 게 부담되었다. 그러다가 결혼 4년 차가 되었을 때 임신을 했고 유산을 했다. 계류유산이라 수술을 해야 했다. 그때 느꼈던 충격이란 뭐랄까 세상 어딘가가 무너져 내리는 것만 같았다. 왜 우리에게 이런 일이 생겼는지 이해할 수 없었다.

전신마취를 하고 수술실에 들어갔고 그다음은 기억나지 않는다. 수술이 끝나고 의식이 돌아왔을 때는 마치 아무 일이 없었던 것처럼 느껴졌다. 그런데 눈을 뜨기가 불편했다. '내가 울었었나?'라는 생각이 들었다. 부어 있는 내 눈을 보며 남편이 말했다. 수술실에서 나오는 나를 만났을 때 울고 있는 나를 보았다고 한다. 그때 나는 의식도 없이 눈을 감은 채 온몸을 떨며 울고 있었다. 그건 나의 기억에 없는 통곡의 눈물이었다. 8주 된 태아를 떠나보내며 내 안에 무엇이 그토록 서럽게 울게 했을까?

하지만 그렇게라도 애도할 수 있어서 감사했다. 아무리 작은 생명이라도 누군가는 슬퍼하고 안타까워했다는 것이 위로가 되었다. 내 몸이 울었지만 나는 누군가가 울었다고 느꼈다. 마치 누군가가 그 생명을 위해 울어준 것만 같았다.

그때의 울음이 나를 치료했다고 생각한다. 남편이 가끔 그때 일을 말하거나 떠올릴 때면 잠시라도 떠나버린 아이를 기억한다. 나도 모르게 눈물이 맺힌다. 나의 의지와 상관없이 나오는 눈물이다. 그때부터였을까. 생명이 얼마나 소중한지, 한 생명이 이 땅에 태어나 자라는 일이 얼마나 위대한 일인지 알게 되었다. 그리고 소망하게 되었다.

"엄마가 되고 싶다!"

아무리 작은 생명일지라도 하나님은 생명을 사랑하시고 그 생명이 사라질 때 슬퍼하신다. 엄마가 되어 보니 알겠다. 생명을 사랑하고 키우는 것에 대해서 세상에 이보다 더 의미 있는 일이 어디 있을까? 나는 아이들을 사랑하고 아이들로부터 사랑을 받는다. 아이들은 참으로 특별한 사랑을 준다. 내가 살면서 내 인생에 이렇게 많은 사랑을 받고 살았던 적이 있었나 싶을 만큼 많은 사랑 속에 살고 있다. 사랑을 주면 사랑으로 보답하되 더 큰 사랑으로 돌아온다는 것이 얼마나 고마운가. 설령 돌아오지 않더라도 그 사랑은 사라지지 않는다. 언젠가 누군가에게는 그 사랑이 전달된다.

"그 많은 꿈 중에 가장 아름다운 꿈을 이루었네요. 내가 가장 좋아하던 이름 엄마, 엄마 빛나는 꿈을 내가 이루었네요."

송정미씨의 노래, 《엄마, 엄마》의 가사처럼 엄마가 된다는 것은 아름답고 빛나는 꿈, 사랑이 자라는 꿈이다.

출산에 대한 기억

아이 넷을 무통주사 없이 자연분만으로 낳았다. 무통주사를 맞으면 출산 과정에서 느끼는 세밀한 감각이 무뎌질 것 같았다. 그러면 오히려 출산에 방해되지 않을까 싶어 주사를 안 맞은 것이다. 뉴질랜드에서 살았던 경험의 영향도 있었다. 한국은 참 놀라울 만큼 제왕절개 수술을 쉽게 권하는데 거기서는 대부분이 자연분만을 한다. 그게 아이뿐 아니라 산모에게도 더 좋다는 것이다. 그때부터 아이를 낳는다면 꼭 자연분만을 하고 싶다는 생각을 했었다. 그런데 넷째를 출산할 때는 수술을 할 뻔했다. 지혜 몸무게가 4kg이 넘었는데도 나올 생각을 안 해서 유도분만을 하는 중이었다. 그런데 아이는 나오기가 싫었는지 아래로 내려오지를 않았다. 그 상태가 계속되면 위험하다는 것이었다. 의사가 아이의 호흡이 힘들어지는 데다가 태변을 먹었다고 했다. 순간 갈등이 되었지만 정말 위험하기 직전까지는 버티겠다고 했고 다행히 그 후로는 진행이 잘 되어 위험한 순간을 넘길 수 있었다. 우리 남편도 넷째라고 편하게 TV를 켜두고 있다가 깜짝 놀라 자세를 바로잡고 배 위에 손을 얹어 기도했다. "지혜야, 보고 싶으니 빨리 나와라"라면서 아이를 달랬다. 그러고는 급하게 연락을 취해 사람들에게 기도를 부탁하며 그렇게 아찔한 순간을 넘겼다. 그런데 나중에 신생아 수유실에서 엄마들이 하는 얘기를 듣고 깜짝 놀랐다. 그곳에는 자연분만을 한 산모보다 수술한 산모가 더 많았다. 그런데 다들 아기가 호흡이 곤란하고 태반을 먹었다는 소리를 듣고 수술을 결정했다는 것이다. 생명을 다루는 일이니 많이 조심스럽고 잘못되면 큰일이긴 하지만 굳이 자연스런 출산의 과정보다 수술을 권할 것은 아닌 것 같다. 무통이든 제왕절개이든 출산은 힘들다. 다만 각 생명에 가장 적합한 방식이 있을 텐데 그런 섬세한 관찰과 배려가 없다는 게 아쉽다.

아이를 낳기 위해서 꼭 자연분만을 해야 한다는 것은 아니다. 하지만 자연분만은 생명이 태어나는 과정 하나하나를 다 느끼고 참여할 수 있는 특별한 경험이다.

진통이 시작되고 아이가 나오는 과정은 고통도 고통이지만 몸의 모든 감각이 자궁으로 초집중된다. 진통이 밀려오면 저절로 몸이 비틀리고 고통에 맞서서 버티려는 힘이 들어간다. 힘은 몸의 고통에 반응하는 저항이자 본능이다. 그런데 무조건 힘을 주어서는 안 된다. 힘을 주는 타이밍과 빼는 타이밍이 있다. 진통이 진행되면서 아기 역시 자궁에서 좁은 산도를 통과하기 위해 앞으로 전진하고 후퇴하는 과정을 되풀이한다. 그래서 아기의 움직임에 따라 호흡을 맞추어야 한다. 즉, 아기가 밀고 나오려고 할 때 엄마 역시 힘을 보태주고 아기가 후퇴할 때는 힘을 빼고 몸을 이완해야 한다. 이때는 힘을 빼는 게 훨씬 어렵고 고통스럽다. 힘을 빼고 이

완하려면 진통의 아픔에 몸을 맡겨야 하기 때문이다. 억지로 경직된 몸을 풀고 온몸으로 퍼지는 고통을 받아들여야만 한다. 이것을 몇 차례 반복하는데 이게 엇갈리면 난산이 된다. 아기가 나오려는데 힘을 못 주거나 아기가 후퇴하는데 계속 힘을 주면 산모도 아기도 힘들어진다. 이 과정을 돕는 게 호흡이다. 몸이 고통에 집중되면 수축과 이완의 흐름이 뒤엉키고 두려움에 압도된다. 우리 남편은 첫 아이의 출산을 지켜보며 호흡이 중요하다는 걸 깨달았다고 한다. 그래서 남편은 출산할 때마다 나와 같이 호흡하며 힘을 빼고 이완하는 과정을 함께 했다. 그걸 산모는 몸으로 직접 느끼지만 옆에 있는 간호사나 남편은 기계의 박동으로 신호를 읽는다. 그 타이밍을 기계로 맞추어 적절하게 힘 조절을 하려면 정말 경험 많은 베테랑 간호사와 의사가 필요하지 않을까 싶다. 실제로 아이 넷 중에 셋째를 낳았던 작은 개인병원이 가장 좋았다. 간호사와 의사분이 산파 같았다. 마치 내 몸을 훤히 들여다보는 것처럼 능숙하게 힘 조절을 이끌어냈다. 알고 보니 아기 받은 경력이 30년도 넘으셨다고 한다.

이런 힘주기와 빼기를 반복한 후 마지막 힘이 들어갈 때는 아기와 산모 모두 남아있는 모든 힘을 끌어내어 밀어붙인다. 남편의 말에 의하면 그 순간 내 얼굴에 타다다닥 작은 불꽃처럼 실핏줄이 터졌다고 한다. 그래서 출산 후 내 얼굴에는 늘 빨간 주근깨가 돋아났다. 마지막 힘주기에 아기가 나오는 순간은 '물커덩!'하고 몸의 일부가 꺼지는 느낌이 든다. 그다음에는 태반이 나온다. 남편은 탯줄을 자르며 약간 무서웠다고 했다. 아기와 나를 하나로 이어주던 탯줄인데 겁나기도 했을 것이다.

출산이란 옛적부터 온갖 미신과 신화에 둘러싸인 신비의 영역이다. 생명이란 누구에게나 경이롭다. 그리고 그 생명을 품에 안는 순간 작고 여린 생명 앞에서 나의 모든 고통은 희미해진다.

출산은 투병처럼 긴 과정은 아니지만 단시간에 겪는 강도 높은 고통이다. 생명을 얻기 위해 겪는 몸의 고통인데 우리의 인생에서 겪는 고통과 유사한 면이 있다. 고통을 대하는 자세가 그렇다. 고통이 올 때 우리는 본능적으로 고통에 저항한다. 힘을 빼고 이완해야 할 순간에 오히려 안간힘을 쓰며 저항한다. 그러나 어떤 고통이든 그것을 피하고 밀어낼수록 그것은 우리를 더 아프고 힘들게 한다. 아파도 몸과 마음을 열어 고통을 맞이해야 한다. 그렇게 몇 번이고 고통이 통과한 몸은 길을 만들어 생명을 낳을 준비를 하는 것이다. 만약 아기가 태어난다는 희망이 없다면 그 고통은 참기 힘들 것이다. 고통과 수고는 늘 새롭다. 한 번 경험했다고 다음번에는 고통이 사라지는 것도 아니다. 대신 고통을 이길 수 있는 근육이 생긴다. 그 근육은 고통을 이겨낸 경험으로 생겨난다. 통증과 아픔은 여전하지만 심적으로는 여유가 생긴다. 그것을 가능하게 하는 것은 '생명'이고 소망이다. 이 출산의 고통이 지나면 생명이 탄생한다는 것을 알기 때문이다.

육아에도 유통기한이 있다

　　아이들은 엄마가 먼저 잠이 들면 싫어한다. 가끔 주말에 잠깐 낮잠을 잘 때가 있는데 그러면 아이들이 그새를 못 참고 와서 말을 시키거나 같이 눕고 달라붙는다. 아기들은 잠자는 엄마의 감은 눈꺼풀을 손가락으로 벌리기도 한다. 빨리 일어나라는 것이다. 이제는 컸으니 자기들끼리 잘 놀면서 왜 엄마를 깨우느냐고 물으면 참 재미있는 말을 한다. 엄마가 잠들면 갑자기 쓸쓸하고 시시해진단다. 엄마가 어디 간 것도 아니고 그렇다고 우리 집이 대궐같이 넓어서 시야에서 사라지는 것도 아닌데 말이다. 내가 어디 외출했다가도 부랴부랴 달려오는 이유는 아이들이 말한 그 '쓸쓸함' 때문이다. 때로는 언제쯤 이로부터 자유로워질까 투덜거리기도 하지만 나는 안다. 육아도 유통기한이 있다는 것을.

　　우리 엄마는 늘 직장생활을 하셨다. 5살쯤으로 기억하는데 아침에 출근하는 엄마를 뒤에서 몰래 따라가곤 했었다. 한참 가다가 엄마가 나를 보고는 다시 집에다 데려다 놓았다. 그럼 나는 따라가겠다고 울고 엄마는 달래는 실랑이를 벌였다. 엄마는 마음 같아선 너를 조그맣게 만들어 주머니에 넣고 갔으면 좋겠다고 하였다. 엄마도 나랑 놀고 싶은데 그럴 수가 없다고 하셨다. 그런데 그때 나는 엄마가 하고 싶어도 할 수 없다는 그 말을 이해할 수가 없었다. 나랑 있고 싶으면 데려갈 수 있을 텐데 왜 나를 안 데려가는지 알 수 없었다.

초등학교 때가 되어서는 엄마가 퇴근하는 시간이 가까워오면 버스 정류장에 서서 기다렸다. 엄마는 회사 버스를 타거나 일반 버스를 타고 오셨는데 그렇게 기다리다 엄마를 만나면 너무 신나서 뛸 듯이 기뻤었다. 그런데 어떤 날은 아무리 기다려도 엄마를 못 만나고 기다리다 지쳐 돌아오기도 했다.

휴대폰이 있던 때도 아니고 딱히 시간을 맞춘 것도 아닌데 엄마가 빨리 보고 싶은 날은 일찍 나가 기다렸다. 그때 보았던 하늘이 아직도 눈에 그려진다. 해가 기우는 저녁 풍경, 구름이 점점 붉어지고 노을이 진다. 하늘은 아름다웠지만 그렇게 노을 지고 어둠이 밀려오면 엄마를 못 볼 것 같은 느낌이 들었다. 노을이 지는 시간은 너무 짧았고 그 아름다움이 지고 나면 괜히 마음이 쓸쓸하고 슬퍼졌다. 그러다가 조금 크니 그런 그리움도 기다림도 점점 사라져 갔다. 중학생이 되어서는 엄마가 퇴근하면 쪼르르 달려 나가 맞이했지만 더 이상 엄마를 마중 나가지는 않았다. 고등학생이 되어서는 엄마보다 내가 더 늦게 오는 날이 많아졌고 엄마 얼굴을 못 보고 지나는 날도 있었다. 엄마가 좋았지만 늘 같이 있고 싶다는 생각은 안 들었다. 오히려 엄마가 직장인이라서 다행이라는 생각이 들었다. 그때 내 친한 친구 중 하나가 엄마 때문에 힘들다며 하소연을 했었다. 그 친구는 일거수

일투족을 관찰하고 참견하는 엄마가 힘들다고 했다. 나도 우리 엄마가 친구 엄마처럼 그러면 싫을 것 같았다. 친구 엄마는 성적표 나오는 날을 손꼽아 기다렸지만 우리 엄마는 바빠서 성적표나 오는 날이 언제인지도 모르고 지나갔다. 그때는 자기 얼굴만 봐도 하루를 스캔하듯 다 아신다는 엄마에게 고해성사하는 친구가 참 딱해 보였다. 굳이 말하지 않으면 모르고 지나가는 우리 엄마의 무심함이 차라리 낫다고 생각했다.

지금 우리 아이들은 하루에도 수십 번씩 엄마를 부르고 잠시라도 떨어지면 빛이 사라진 것처럼 쓸쓸한 얼굴이 된다. 하지만 그 절실함과 그리움의 강도는 시간이 갈수록 희미해지리라는 걸 알고 있다. 정말 모든 것에는 때가 있다. 주어야 할 때가 있고 받아야 할 때가 있고 가야 할 때가 있고 멈춰야 할 때가 있다. 소설가 박완서 선생님은 아이에게 부모는 마치 이불 같아서 추우면 끌어당기고 더우면 차내는 존재여야 한다고 하셨다. 정말 그 말이 맞다.

그러니 엄마가 세상에서 가장 좋고 그립고 전부가 되는 그 기간, 그 시간도 유통기한이 있음을 어찌 모르겠는가. 그런데 그 유통기한 동안만은 아이들과의 시간을 놓치고 싶지 않다. 이 시간이 영원하지 않다는 것을 알기 때문이다. 아이들이 끌어당길 때는 덮어주는 따뜻한 이불이 되고 싶다. 어떤 때는 이 유통기한은 언제쯤 끝날까 싶고(아이가 넷이니 막내 나이까지 계산하면 아직 한참 남은 것 같긴 하다) 자유가 간절해질 때도 있다. 그러면 언젠가는 이불을 차낼 때가 오겠지 싶어 마음 한편으로는 그 시간을 준비하고 기대한다. 하지만 다시 오지 않을 지금, 아이들과의 이 시간이 내겐 더 없이 소중하다. 이것이 하루에도 수십 번씩 '엄마'를 부르는 소리가 음악처럼 들리는 놀라운 신비 지금 이 순간의 소중함을 잃지 않게 되는 비결이다.

부모가 무너지지 않는다면

　　가끔씩 아이들은 훗날 이 시간들을 어떻게 기억하게 될까 궁금해진다. 아이들의 시각으로 보고 느끼는 것과 우리의 경험이 조금씩 다를 거라 생각한다. 우리에게 가장 힘들었던 시간이 아이들에게는 뜻밖에도 좋은 추억이 쌓이는 시기일 수도 있지 않을까.

　　어렸을 때 어렴풋하게 생각나는데 비가 많이 와서 온 동네가 물에 잠겼던 일이 있었다. 그때 골목에도 물이 무릎까지 차올랐다. 집들이 잠겨 어른들은 물을 빼내고 피해를 복구하느라 바빴다. 그런데 나는 물속에서 첨벙거리며 돌아다녔던 기억이 난다. 그게 재미있어서 물장구치며 즐겁게 놀았었다. 어른들은 고생이었을 텐데 나에게 그때의 장마 홍수는 신나고 즐거웠던 기억으로 남아있다.

　　지금 우리가 살고 있는 집은 남편이 어렸을 때 살았던 장소이다. 그런데 한 번 불이 났었다고 한다. 부모님이 신년 부흥회에 가시고 형이랑 둘이 성냥을 가지고 장난을 쳤는데 불이 붙어버렸다. 남편도 형도 5살, 7살 아이인지라 너무 무서워 문을 잠그고 이불 속에 들어가 숨었다고 한다. 생각해보면 얼마나 위험천만한 일인지 모르겠다. 집이 홀랑 다 타버렸다는데 구사일생으로 구출된 두 꼬마는 눈 뜨고 보니 자기 집에 소방차 3대가 와 있더라는 것이다. 불길이 활활 치솟고 소방차는 물을 뿜는데 이 꼬마들은 소방차들을 보고는 신이 나서 팔딱팔딱 뛰며 좋아했단다. 아이들이 무사해서 가슴 쓸어내리던 부모님은 옆에 있던 구멍가게에서 뽀빠이과자를 10봉지나 사주셨다고 한다. 남편 말로는 그날 양손에 뽀빠이를 들고 뛰어다니며 우리 집에 소방차 왔다고 그렇게 자랑을 했다고 한다. 집은 다 타고 쫄딱 망했는데 그날을 그렇게 신나고 즐거웠던 일로 기억하고 있으니 얼마나 철없는 아이들인가.

이집트(애굽)에서 나온 이스라엘 백성이 광야에서 헤매고 다닐 때 그 고생과 불편함을 생각하면 참 안됐다 싶다. 그런데 아이들은 좀 재미있지 않았을까 상상하게 된다. 텐트 치고 잠시 머무는가 싶으면 다시 어딘가로 여행하는 삶, 옹기종기 붙어사는 이웃들, 장막 밖을 나서면 친구들이 넘쳐난다. 하루 종일 뛰어놀고 장난치며 몰려다니는 친구들이 있으니 그들에게는 얼마나 신나는 삶이었을까. 그들은 매일 숨바꼭질, 술래잡기를 하고 놀았을 것 같다. 사막 한가운데 밤이면 나타나는 불기둥, 뜨거운 낮이면 머리 위로 떠오르는 구름기둥 또한 흥미진진하고 신기하지 않았을까? 어른들이 광야에서 훈련받는 동안 하나님은 아이들에게도 그들만의 시간과 색다른 즐거움을 제공하셨다. 그들은 보고 들으며 하나님을 경험하였다. 홍해의 기적, 구름기둥과 불기둥, 만나와 메추라기, 반석에서 솟아난 샘물…. 이런 사건들이 아이들의 눈에는 얼마나 놀랍고 신기한 경험이었을까?

삶에 닥친 어려움을 통과하느라 거친 과정 중에 있을 때에도 아이들은 그 안에서 웃음을 찾아낸다. 삶이란 앞뒤 전후에 대한 후회와 걱정, 두려움을 빼고 나면 그 자체만으로 충분히 즐거울 거리가 있기 마련이다. 아이들은 그것들을 잘 찾아낸다. 좀 전까지 거세게 울었어도 금방 잊고 지금은 깔깔거리며 웃을 수 있는 게 아이들이다.

아이들은 그런 객관적인 상황보다는 그 상황에 반응하는 우리의 태도에 영향을 받는다. 우리가 태연히 우리의 삶을 받아들이고 살아내기만 한다면 아이들은 어떤 환란이나 고생 속에서도 놀이를 찾아내고 즐거움을 건져 추억을 만들어간다. 부모가 무너지지 않는다면 말이다.

그러니 아이들의 웃음이 우리가 잘 살고 있다는 증거이다.

생명은 자란다

우리 은혜가 친구랑 둘이 3박 4일간 서울 여행을 하고 왔다. 아빠랑 같이 올라가서 아빠가 일하는 동안 친구랑 서울 곳곳을 돌아다니고 왔다. 신촌, 홍대, 시청, 광화문, 청계천, 명동, 인사동, 코엑스 등등 얼마나 많이 다녔는가 하루에 4만보 가까이를 걸었다고 한다. 대학교 몇 곳을 탐방한다고 구경하고 학교 배지도 하나씩 사가지고 왔다.

가기 전에는 친구랑 미리 갈 곳을 날짜별로 묶어 지도에 하나씩 표시해 두었다. 아이들이 하고 싶은 목록들, 가는 방법들을 꼼꼼히 짜고 체크하는 모습을 보니 꽤 제법이다 싶었다. 서울 토박이인 나도 지하철만 타면 헷갈리고 어지러운데 어리바리한 지방 학생 둘이 얼마나 헤맬까 걱정되었지만 길 잃으면 아빠한테 연락하겠지 싶어 믿기로 했다.

곧 중학교 졸업을 앞두고 어수선하고 들뜬 마음에 뭔가 새로운 경험이 필요했던 모양이다. 무엇보다 중학교 마지막을 장식할 자기들만의 의식을 원했고 그게 '친구와 함께 가는 여행'이 되었다(그때가 재작년 12월이었으니 코로나19가 확산되기 전으로 지금은 누릴 수 없는 경험이 되어 버렸다. 마스크 없이는 외출도 못 하는데 타 지역으로, 그것도 아이 둘을 보낼 엄두가 안 나는 지금, 아이가 누렸던 너무나 귀한 추억의 시간이 되었다).

남편은 서울에서 출근해야 했기에 서울, 목포 간 차량 제공과 퇴근 후 먹을 것 챙기는 것을 담당했다. 남편도 은혜가 친구랑 둘이 다니는 모습을 보고 다 큰 것 같다며 뿌듯해했다. 불과 며칠 차이인데 여행을 가기 전 아이와 돌아온 아이가 다르다. 여행은 말하지 않아도 많은 것을 느끼고 몸으로 경험하는 시간이다, 아이의 표정과 말에 표현할 수 없는 생기가 담겨있다. 무엇인가 이루었다는 자신감, 에너지가 생겼다.

성장하는 아이를 보는 것은 부모로서 참 기쁜 일이다. 은혜는 겉으로는 모범생이었지만 지켜보는 우리는 아슬아슬하고 애틋한 마음이 있었다. 첫째로 태어나 부모의 삶의 굴곡에 가장 많이 동참한 아이이다. 특히 남편은 자기 때문에 사춘기 딸 마음이 상할까 봐 미안해했다. 남편이 일용직 노동자로 일하는 동안 은혜가 아빠를 부끄러워할까 봐, 은혜가 위축될까 봐 조심스러워했다. 가끔 우리를 향해 은혜가 가졌던 '왜?'라는 질문에 우리는 답해 줄 수가 없었다. 그렇게 아이도 우리처럼 함께 고민의 시간을 지나왔다. 그랬기에 이번 여행은 남편에게도 위로와 기쁨이 되었다. 아빠가 딸에게 주는 선물이었고 이렇게 해 줄 수 있는 상황이라 감사했다.

여행 중 아빠랑 잠깐 산책할 시간이 있었다고 한다. 한 해를 돌아보는 딸의 소감이 '뿌듯함, 만족함'이었다고 한다. 남편은 은혜의 그 말이 너무 듣기 좋고 고마웠다고 한다.

아이가 크고 있는 게 보인다. 서로 사랑하는 사이라면 사랑하는 이들의 성장은 말할 수 없는 기쁨이다. 이제 어딜 가도 잘해 낼 거라는 특별한 믿음이 생긴다. 어쩐지 우리 딸을 다 키운 것 같다. 하나님이 주신 아이들을 이렇게 하나하나 키워 내는 게 가장 복된 일이구나 싶다. 은혜 다음으로 이제 세 명이 더 남았다. 막내까지는 앞으로도 10년이다. 갈 길은 멀지만 이렇게 한 녀석 한 녀석 자라고 성장하는 모습을 보게 될 거라 생각하면 설레고 기대가 된다. 아이들을 자라게 하는 건 '생명'이고 생명을 주시는 분은 하나님이시다. 우리가 할 일은 그 생명을 옆에서 정성껏 돌보는 일이다. 아이들이 자랄 때마다 박수치고 기뻐하는 것이 우리의 일이며, 그것은 생명을 키우는 자가 누리는 특권이다.

참 괜찮은 가족

　　아이들의 여름방학을 맞아 서울에 있
는 친정에 왔다. 지난주부터 경복궁이 야간 개장을 한다기에 기대하는 마
음으로 가족들 모두 광화문에 갔었다. 날씨는 덥지만 7시 30분, 오픈할 때
까지 여유가 있어 광화문 거리를 걸었다. 나는 오랜만에 옛날 기억들이 생
각나 다 다녀보고 싶었는데 가족들은 지쳐 보였다. 그래도 고궁의 넉넉함
과 야경을 보면 좋아지리라 믿고 기대에 찬 마음으로 매표소에 갔다.

　　인원수 제한에 인터넷 예매가 필수라 남편이 표를 받기 위해 줄을 섰고
우리는 입장하는 줄 뒤에 서서 기다리고 있었다. 멀리서 남편이 우릴 보고
손짓하는데 왜 나오라는 걸까? 어쩐지 불안했다. 그런데 '어쩌나!' 나의 실
수였다. 내가 예약을 잘못해서 표를 그다음 날짜로 신청한 것이다. 입장불
가! 남편이 아무리 사정해도 안 통한다.

　　도대체 왜 나는 날짜를 못 본걸까? 더위에 지쳐버린 아이들 얼굴에는
실망이 가득하고 요엘이는 갑자기 들어가고 싶다고 울기 시작했다. 기운
이 쭉 빠졌다. 오기 전에 기대감을 주려고 옛날 왕들이 파티를 했던 경회

루 호수에 앉아 잉어 구경 하는 것, 야경에 빛나는 고궁의 멋진 풍경 사진까지 보여주며 마음을 부풀려놓은 상태였다. 가족들의 원망 폭탄 세례를 받아도 어쩔 수 없는 상황인데 남편의 한마디가 나를 살렸다.

"괜찮아. 사실 너무 더워서 고궁 별로일거야. 우리 시원한 거 먹으러 가자~!"

아이들은 반색하며 좋아했고 우린 광화문 뒷골목에 있는 아이스크림 가게를 찾아 들어갔다. 각자 원하는 음료수랑 아이스크림을 시켰다. 시원한 걸 먹으니 한결 낫다. 달달한 당분으로 원기를 회복한 아이들은 신나게 떠들기 시작했다. 이미 고궁 따윈 잊어버린 얼굴이었다. 하지만 나는 시간을 들여 광화문까지 가서 주차비까지 냈는데 결국은 아이스크림만 먹은 결과라 속이 좀 쓰렸다. 경복궁 입장료를 그렇게 날린 것도!(안타깝게도 표를 다른 사람에게 양도하는 것도, 환불도 안 된다고 한다.)

그날 친정에 돌아와서 엄마한테 고궁에 갔다 허탕 친 이야기를 했다. 그런데 엄마는 사위를 칭찬하셨다. 옛날에 우리 엄마 아빠는 같이 외출만 하면 자주 싸우고 오셨다. 그러니 엄마는 이런 사위의 반응이 기특하고 신기할 따름이다. 엄마는 "행신이가 참 괜찮은 남편과 사는구나!"라고 하셨다. 그런데 엄마의 그 말에 갑자기 기분이 좋아졌다. 나는 완전히 망친 하루라고 생각했는데 이상하게 뭔가 얻은 기분이 들었다.

그날 밤 아이들은 친정 근처 놀이터에 가서 신나게 놀았다. 하지만 나는 여전히 고궁의 야경을 놓친 것에 미련이 남았다.

"애들아, 다음에 야간 개장할 때 꼭 오자. 여보야, 우리 가을에 다시 올까?"

　　"……"

　　뒤늦게 알게 된 사실이다. 고궁은 나 혼자 좋아했던 것이다. 내가 좋아하니 다들 그냥 따라간 거였을 뿐 다들 별 관심이 없었다. 거기다 남편의 사실 고백. 고궁 가기 싫었는데 취소되서 좋았단다. 그 말에 요한이도 동의하고 은혜는 중립, 나머지 둘은 놀이터에서 노느라 고궁은 다 잊었다. 세상에나!

사랑받는 연습

　　　　　　　사람은 사랑을 받고 싶은 만큼 또한 누군가를 사랑하고 싶어 한다. 아이들을 보면서 느낀다. 아이들은 사랑하고 싶어 한다. 아이들의 작고 사소한 표현들을 무심히 넘기지 않는다면 볼 수 있다. 그들 안에 누군가를 사랑하고픈 마음이 얼마나 큰지 말이다. 그들은 부모를 사랑하고 싶어 한다. 그리고 그 사랑을 표현할 때 행복을 느낀다.

　'사랑하는 것은 사랑받느니 보다 행복하나니라. 오늘도 나는 에메랄드 빛 하늘이 환히 내다뵈는 우체국 창문 앞에 와서 너에게 편지를 쓴다'로 시작하던 청마(靑馬) 유치환의 시를 읽을 때마다 마음 어딘가가 뭉클해진다. 중학교 때 뜻을 다 이해하지 못하면서도 읽을 때마다 마음이 따뜻해지던 시, '행복.' 사랑을 노래하던 그 시가 이제야 '행복'이었음이 보인다.

　사랑하는 사람은 행복하다. 행복이란 어떤 도달점이 아니라 과정 중에 갖게 되는 즐거움이다. 누군가를 사랑하고 그 사랑을 표현하면서 우리는 행복을 느낀다. 사랑을 주고 표현할 때 아이의 표정은 가슴이 벅찰 만큼 충만하고 기쁜 얼굴이다. 편지에 "사랑해!"라는 글자를 꾹꾹 눌러쓰는 아이의 마음은 행복하다. 엄마를 기쁘게 하려고 하는 모든 일에 아이는 내밀한 충족감과 행복을 느낀다. 아이들에게 이런 사랑을 받고 있다니, 아이와 가장 가까운 시간, 지금 이 시간이 특별한 것이다.

아이들 안에 사랑이 얼마나 큰지 그 사랑을 얼마나 주고 싶어 하는지 어른들은 잘 모른다. 자녀들은 정말 부모를 사랑하고 싶어 한다. 아이들은 부모를 사랑할 수 없을 때 슬퍼한다. 사랑받을 뿐 아니라 그들은 사랑해야 행복한 존재들이다. 아이로 하여금 사랑할 수 있게 하는 것, 아이가 맘껏 사랑할 수 있는 존재가 되어 주는 것이 아이에게 '행복'을 주는 길이다. 받는 것 이상으로 주고 싶어 하는 마음을, 줄 기회가 없음이 슬픈 일이라는 것을 부모는 알아야 한다. 그래서 부모는 사랑을 줄 뿐 아니라 사랑받는 법도 배워야 한다.

사랑을 주는 동안 우리는 행복하다. 아이도 어른도 모두가 그렇다.

하루 3초, 행복의 시간

                아침에 학교 가는 은혜를 꼬옥 안아주었다. 친구 중에 엄마랑 이렇게 인사하는 아이는 자기밖에 없을 거라며 웃는다. 매일 아침 아이들이 학교 가기 전, 하던 일을 멈추고 문 앞으로 달려간다. 신발을 신고 나서기 전 아이를 한번 안아준다. 요엘이랑 지혜는 아직 어려서 하루에도 몇 번씩 안고 비비는데 은혜랑 요한이는 그때가 아니면 안아줄 시간이 없다. 아침이 지나면 품에 안아볼 새 없이 하루가 지나가기 때문이다.

    은혜가 12살쯤이었나? 어느 날 우리 딸이 좀 멀어진 느낌이 들었다. 아이랑 특별히 사이가 나쁜 것도 아닌데 어쩐지 친밀감이 줄고 거리가 느껴졌다. 그때 알았다. 우리 딸을 안아본지가 오래 되었다는 것을. 막내가 태어나고 나서는 어린 동생들을 돌보느라 큰아이에게 신경 쓸 여유가 없어졌다. 몸이 멀어지면 마음도 멀어지는 걸까? 그 미묘한 간격을 느꼈을 때 '아차!'싶었다. 그 생각이 든 날 은혜를 꼭 안아줬다. 동생들을 안고 돌보느라 잊었던 우리 큰딸을 다시 안았다. 그새 아이가 얼마나 컸던가. 커가는 걸 모를 만큼 시간이 빠르던 때였다. 그때 느낀 어색함이 당황스러웠다. 그리고 결심했다. 내가 살아있는 한 우리 아이들이 아무리 커져도 안아줄 거라고. 그러고는 그때부터 매일 아침 아이들을 안아주고 보낸다. 때론 한 번의 친밀한 포옹이 여러 말보다 마음을 녹인다. 부산한 아침, 바쁘게 서두르다 생긴 긴장이 사르르 사라진다. 아이들을 안을 때 그걸 느낀다. 그때 관계는 만들어가는 것이라는 걸 알았다. 너무 당연하게 사랑한다고 믿는 사이도 노력하지 않으면 지속되지 않는다.

아침마다 안아주며 아이를 축복한다. 너의 뒷모습을 지켜보며 응원하는 누군가가 있음을 알려준다. 그것은 짧은 순간이지만 강력한 대화이다. 말하지 않아도 주고받는 깊은 대화, 몸의 언어, 포옹!

3초도 안 될 그 짧은 순간이 주는 그 행복을 놓치지 말자.

좋은 관계

　　　　　서로 좋은 관계를 가진다는 건 완벽한
사람이어야 가능한 게 아니다. 물론 좋은 성품과 인격이 있다면 더 유리하
긴 하겠지만 말이다. 내가 좋은 엄마라고 생각할 때는 화내지 않고 잘 참
아서가 아니다. 이 부분은 잘할 때도 있고 실패하기도 한다. 사랑이 철철
넘치는 날도 있지만 아이들 마음에 생채기를 내는 날도 있다. 하지만 한
가지 안심하고 있는 점은 우리가 서로에게 감정을 잘 표현한다는 것이다.
그게 서로에 대한 애정이든 상한 마음이든 간에 말이다.

　애정을 숨기지 않듯 섭섭함이나 불편한 감정도 숨기지 않는다. 얼마나
사랑하는지 표현하는 것처럼 서운한 감정도 드러낸다. 사랑하니까 그렇
다. 소통하기 위해 서로에게 생긴 장애물을 걷어내고자 용기를 내어 표현
하는 것이다. 사랑은 상대방을 공격하기 위해 아픔을 드러내지 않는다. 더
좋은 관계를 위한 것이 목적이다. 아이가 조용히 내게 다가와 자기 마음이
얼마나 상했는지 조곤조곤 말해주고, 때론 울먹이며 얘기할 때 나는 그게
고맙고 안심이 된다.

그게 나의 잘못 때문이라면 더더욱 그렇다. 아이가 마음에 담아두어서 내가 사과할 수 있는 기회를 놓친다면 그게 더 속상할 것 같다. 아이들이 서로 자신의 감정이나 생각을 잘 표현하고 해결하는 과정을 보게 될 때 마음이 뿌듯해진다. 사람들과의 관계 속에서 아프지 않고 살 수는 없지만 그것을 해결하는 방법을 아는 것은 중요하다. 아이뿐 아니라 배우자에게도 그렇다. 겉으로 평화를 유지하는 것이 중요한 게 아니라 정말 서로의 감정을 주고받을 수 있는지가 관계의 깊이를 결정한다. 우리에게는 '미안하다'는 소리가 '사랑한다'는 말만큼이나 필요하다. 서로의 잘못을 사과하고 용서할 때 우리 사이에 있는 장애물이 제거된다. 그래서 실수하고 잘못해도 두려움 없이 사랑하게 되는 것이다. 서로를 사랑할 의지가 있다는 것을 알기 때문이다. 그것은 우리가 서로를 포기하지 않는다는 것이고 무엇이든 해결할 마음이 있다는 뜻이기 때문이다.

베드타임 스토리

　　밤마다 아이들과 읽었던 〈이야기 성경〉
을 다 떼고 나니 뭘 해야 할지 고민이 되었다. 유치원, 초등, 중등, 고등학
생, 이렇게 나이대가 다양한 우리 애들이 공통적으로 할 수 있는 게 뭘까?

　　그래서 〈쉬운 성경〉을 시도해보았다. 나는 아이들의 말씀 시간을 괴로
운 시간으로 만들고 싶지는 않다. 아이들이 훗날 이 시간을 떠올릴 때 행
복한 추억이 되었으면 한다. 마치 베드타임 스토리처럼 말이다. 그래서 자
기 전에 모여 앉아 편안한 마음으로 이야기를 듣듯 말씀을 읽으려고 노력
한다. 성경이 나의 삶과 동떨어진 이야기가 아니라 삶과 연결된 살아있는
언어가 되길 바란다. 기쁜 마음으로 하루를 정리하고 미처 못 나눈 이야기
들을 나누고 기도한 다음 꿈나라로 가는 것! 그 시간이 하루 일과 중 가장
중요하고 행복한 시간이 되길 바란다.

　　〈쉬운 성경〉으로 마태복음, 잠언, 에스더를 읽고 지금은 사무엘상을
읽고 있다. 내가 읽어주면 아이들이 듣는다. 그런데 참 신기하다. 아이들
은 항상 더 읽어달라고 조른다. 정말 성경이 재미있는 걸까? 얼마 전 에스

더를 읽을 때는 지금 읽는 게 성경이 아니라 재미난 소설을 듣는 것 같은 표정들이었다. 하만과 모르드개의 역전극이 이렇게 흥미진진한 이야기였나? 아이들이 너무 재미있어 해서 내심 놀랐다. 이미 전에도 들어본 적이 있는 내용인데 왜 그럴까? 어쩌면 성경은 그 자체로 훌륭한 텍스트인지도 모른다. 요약하고 재구성한 이야기가 아닌, 성경 그 자체가 더 실감 나고 강한 메시지를 주는 것이다.

성경을 읽다가 "오늘은 여기까지!" 하고 덮으려고 하면 아이들은 너무 짧다며 더 읽어달라고 조른다. 그러면 나는 튕기기도 하며 궁금증만 유발한 채 내일로 미뤄두기도 한다. 아이들이 이번에는 사울 왕에 대해 유독 관심을 보여 왜 그런가 봤더니 그가 나쁜 주인공이었기 때문이었다. 늘 듣는 이야기가 아브라함, 다윗, 요셉, 다니엘 같은 의인들이라 사울처럼 실수하고 잘못하는 인물은 낯설고 신기하다. 그러면서도 아이들은 사울의 실수와 연약함에 공감을 하는 것이다. 그의 시기, 질투, 성급함, 욕심을 보며 그를 동정하기도 한다. 아이들을 위해 추려낸 성경에는 소수의 영웅들 이야기가 주를 이룬다. 그러나 실제 성경은 그렇지 않다. 다윗조차도 성경 전부를 자세히 읽으면 그의 약한 부분과 실수가 많이 나온다. 편집하고 재구성한 성경에서 볼 수 없는 인간의 다양한 모습, 적나라한 이야기가 진짜 성경 이야기이다. 그러니 아이가 너무 어릴 때는 그림이나 요약된 성경이 도움이 되겠지만 커서는 성경 그 자체를 보는 것이 더 필요하지 않을까 싶다. 성경은 인간의 모습을 있는 그대로 보여준다. 모든 인생 이야기가 이 속에 있다. 터무니없는 영웅을 만들거나 과장하지 않는다. 인간이란 무엇인지, 하나님은 어떤 분이신지 진리를 기초로 사실을 드러낸다. 모든 성경은 하나님의 감동으로 된 것이기 때문이다.

그래서 밤마다 아이들과 말씀을 읽는다. 바라기는 아이들이 자라 자기의 길을 찾아 떠나기 전까지는 매일 이렇게 성경을 들려주고 싶다. 아이들에게 들려준 이 말씀이 재미있고 살아있는 이야기로 남아서 그들의 언어가 되었으면 좋겠다.

> "나의 사랑하는 책 비록 해어졌으나 어머니의 무릎 위에 앉아서 재미있게
> 듣던 말 그때 일을 지금도 내가 잊지 않고 기억합니다." _찬송가 199장

이 찬송가의 구절이 우리 아이들의 삶에도 그대로 고백되길, 살다가도 언젠가 떠올리는 기억이 되길. 정말 그런다면 너무너무 기쁠 것 같다.

선물

보통 주말 밤이면 남편과 함께 동네를 돌며 산책을 하는데 어제는 갑자기 기온이 뚝 떨어지고 바람이 불어 차를 타고 나갔다. 신안비치 앞 목포대교가 보이는 이곳, 차 안에서 보이는 야경을 바라보며 편의점에서 막 사 온 따끈한 꿀 차를 나눠 마셨다. 차 안에 음악이 흐르고 어둠 속에서 반짝이는 야경은 마치 어른들의 놀이동산 같다.

주말부부라 일주일 동안 밀린 얘기를 몽땅 다하고 지난 추억을 꺼내다 보면 시간이 금방 지나가버린다. 남편에게 언제 가장 많이 배웠는가를 물으면 "노가다 할 때!"라고 1초도 주저 없이 대답한다. 남편뿐 아니라 나도 그가 노동하는 동안 많이 배웠다. 미안한 게 있다면 그는 육체적으로 소진하며 힘들었는데 나는 그런 힘듦 없이 덩달아 그 삶을 공유했다. 부부라 가능한 일이다. 부부는 좋은 것도 나쁜 것도 함께 겪는다.

자신이 누구인지 하나님이 누구인지 아는 것은 쉬운 삶이 아니라 힘든 삶을 통해 깨닫는다. 예수님이 안 계신 게 아니라 다른 게 사라져야 그분이 보인다. 진짜를 발견하려면 갈망 없이는 불가능하고 그 갈망은 절실함에서 나오기 때문이다. 절실하다는 것은 하나에 집중할 수 있다는 것이다. 그 갈급함이 사라질 때 우리는 집중할 힘을 잃는다. "예수님을 보라"는 이 단순한 말도 절실한 갈망 없이는 닿을 수 없는 껍데기 언어가 된다.

그래서 우리에게 절실함을 가져다주는 것들은 그것이 무엇이든 우리 삶에 찾아온 기회이자 선물이다.

선택이 아닌 은혜

은혜가 초등학교 3학년 때 서울에서 전라남도 무안으로 내려왔다. 하나님이 인도하신다는 것을 믿으면서도 아이들에 관해서는 막연한 불안함이 있었다. 괜히 아이들을 시골로 데려가 뒤쳐지게 하는 게 아닐까 하는 우려도 있었다. 하지만 우리가 선택할 수 있는 상황이 아니었다. 남편이 목회자라 우리는 사역지를 따라 움직일 수밖에 없다. 그래서 한 반에 30명이던 큰 도시학교에서 전교생이 30명 조금 넘는 시골학교로 전학을 해야 했다. 막연히는 시골학교에 대한 기대감도 있었다. 아이들이 어렸을 때 시골에서 생활해 보는 것도 나쁘지 않을 거라 생각했다. 그런데 시골학교는 생각했던 것보다 상상 이상으로 좋았다. 그곳에서의 시간은 우리 아이들에게 많은 것을 제공해 주었다. 서울에서는 경험하지 못했던 숲 생태체험과 승마를 배울 기회가 있었고, 작은 학급에서 누리는 것들이 있었다. 아이 말로는 그때 이쪽 지역 숲과 자연을 다 다녀본 것 같다고 했다. 지금은 목포로 나왔고 여기서 중·고등학교를 다니지만 시골학교에서의 3년 반은 아이들에게도 잊지 못할 시간이 되었다. 지금도 어쩌다 그 쪽 근방으로 차를 몰고 갈 때면 아이들은 반가움으로 탄성을 지른다.

만약 그때 아이들의 환경을 내가 결정하고 고를 수 있었다면 아마도 난 다른 길을 모색했을 것이다. 다행히도 우리는 그럴 수가 없었고 주어진 상황을 따라갔다. 그런데 돌아보니 그게 은혜였다는 생각이 든다.

아이를 키울수록 내가 아는 지식이 너무 짧다는 걸 깨닫는다. 나는 내 아이에게 가장 좋은 길이 무엇인지 모른다. 나의 선택이란 내가 선호하는 것, 그 순간 내 눈에 좋아 보이는 것에 영향을 받을 뿐이다. 나는 내 아이에게 어떤 일이 생길지 아이가 어떤 친구와 선생님을 만날지 모른다. 내가 알 수 있는 것은 그저 주변 사람들의 평가나 그것에 기인한 정보의 조각들 정도이다. 하나님이 아이를 향해 어떤 뜻을 가지고 계신지 나는 잘 모른다. 그러나 하나님만이 전 인생을 통으로 보시고 모든 것을 통치하신다는 것을 안다. 그래서 내 아이를 하나님께 의지하고 맡기는 것이 가장 최선임을 믿는다.

그런데 그게 또 위로가 된다. 내가 실수로 아이 인생을 망칠까 봐 걱정할 필요가 없어진다. 하나님은 나의 실수보다 크시기 때문이다. 하나님은 최선을 만드신다. 부모인 우리의 삶뿐 아니라 아이들 하나하나를 독립된 인격과 삶으로 대하시며 이끄신다. 내 아이니까 내가 모두 선택하고 책임진다는 생각으로부터 자유로워질 필요가 있다. 우리는 우리가 할 수 있는 것만 하면 된다. 아이를 사랑하고 돌보는 것, 이들에게 하나님을 가르치는 것은 우리가 할 일이다. 그 외에 우리가 하지 못하는 것은 하나님이 직접 이끄시고 채우심을 의지한다. 어쩌면 당연한 게 아닌가?

이들은 다 하나님의 아이들이니 그분이 손수 책임지시고 인도하시는 것이다. 그러니 우리가 할 수 있는 일이란 서로를 깊이 사랑하며 기뻐하고 즐거워하는 일이다.

아플 때는 가족

"수족구야 걸려라. 제발 걸려라." 요즘 수족구가 대유행이라 우리 애들을 피해가길 바랐지만 지혜가 걸리고 말았다. 전염성이 강해 유치원도 못가고 있는데 요엘이는 그게 부러웠던 모양이다. 자기도 수족구에 걸리고 싶다고 "걸려라! 걸려라!" 하는 게 어째 불안하더라니! 정말로 이 녀석까지 수족구가 왔다. 아침에 지혜랑 손잡고 기뻐서 팔짝 팔짝 뛰는 아이를 보고 있으려니 어이가 없어 웃음이 났다. 가끔씩은 이해가 안 되는 녀석들이다. 병원에 갔더니 이 병은 그냥 집에서 일주일 정도 쉬어야 낫는다고 했다. 이 소리를 듣고 환호성을 지르는 우리 요엘이. 정말 못 말리겠다.

"엄마! 난 아픈데 너무 좋아!"

입속에 돋아난 물집이 불편할 텐데도 학교 안가고 집에서 노니까 좋단다. 곧 있으면 방학인데 내 입장에선 방학이 일주일 더 당겨진 셈이다.

아이가 아프면 엄마는 모든 일정이 다 바뀐다. 나름 하루에 해야 할 일들로 정해져 있던 일들이 미뤄지거나 변경된다. 취소해야 할 일들이 생긴다. 아이를 키우는 일은 늘 이런 일의 가능성을 열어두는 삶인 것 같다. 예전에는 이렇게 어긋나게 될 때마다 스트레스를 받았는데 아이 넷을 키운 보람이 있다. 이제는 상황을 통제할 힘이 내게 없다는 것, 그나마 내가 할 수 있는 일이란 상황을 인정하고 받아들이는 것임을 배웠다.

요엘이처럼 아프니까 좋다 할 정도는 아니지만 어쩔 수 없는 상황임을 인정하게 된다. 아프지 않고 살 수 있으면 좋겠지만 아프면 아플 때 깨닫는 유익이 있다. 잊고 살던 것들을 떠올리게 된다. 그동안 우리 아이들이 참 건강했구나 싶고 감사하게 된다. 가족 중 누군가 조금만 아파도 흐트러지는 나의 일상. 시간도 내 것이 아니라는 사실을 깨닫는다. 그리고 이럴 때 더욱 가족의 소중함을 느낀다.

어젯밤엔 아픈 동생이 안쓰러워 보였는지 지혜를 위해 은혜랑 요한이가 만화책을 읽어 주었다. 평소에는 귀찮고 성가신 동생일지 모르지만 아파서 힘없어 보일 때는 다르다. 안쓰럽고 애틋해진다. 은혜는 내일이 시험인데 목소리까지 변조해가며 동생을 웃겨주느라 애쓴다. 그 모습이 예쁘고 사랑스럽다. 그래서 자꾸 사진을 찍게 된다.

아이들이 서로를 위해 줄 때 참 기쁘다. 부모라면 다 비슷한 마음일 것이다. 아마 하나님도 그러시지 않을까? 우리가 서로 사랑할 때, 서로를 긍휼히 여길 때 그분도 이렇게 우리 사진을 찍어두실 것 같다.

화낼 만하니까 화낸다

우리가 알아차리든 알아차리지 못하든 상관없이 우리의 문제는 계속 드러나기 마련이다.

'나는 화를 별로 안 낸다!'(고 생각했다) 아주 가끔 화를 내는데 그때는 정말 그럴만한 이유가 있을 때라고, 그래서 내 입장에서는 합당한 거라고 생각했다. 그런데 억울한 것은 내가 화를 내면 다들 상처를 받는다는 것이다. 어렸을 때부터 그게 참 이상했다. 엄마랑 다툴 때도, 친구에게 삐질 때도 왜 다들 화낼 수밖에 없었던 나의 정당한 이유보다 "어떻게 그렇게 화낼 수 있어?"라며 다들 나를 탓했다.

'아니, 난 뭐 화도 내지 말라는 건가? 자기들은 맨날 말도 막 하면서 내가 한 번 화낸 걸 가지고 왜 뭐라고 하냐고? 거기다 이 상황은 내가 아니라 자기들이 잘못한 거잖아?'

이런 비슷한 상황이 반복되었다. 그때마다 난 나의 결백함을 증명하려 했고 상대방의 잘못을 주장했으나 돌아오는 피드백은 '나의 화냄의 방식'에 대한 지적이었다. 내가 필요 이상으로 화를 낸다는 것이다. 그럴수록 나는 억울한 느낌이 들었다. '왜 자기들이 먼저 잘못하고서는 내가 화를 좀 냈다고 나한테만 뭐라고 하는 거야? 거기다 난 결코 욕하거나 소리를 지르지도 않았다고!!' 불행인지 다행인지 늘 그랬던 건 아니고 이런 일이 연중행사 꼴로 한 번씩 생겼다. 그런데 잊을만하면 생기고 또 지나가고 이러면서 보낸 세월이 이제 거의 내 나이만큼 쌓였다. 놀라운 사실은 그동안 나는 이것에 대해 별 문제점을 발견하지 못했다는 것이다.

남편과 나는 거의 싸우는 일이 없는데 일 년에 한두 번씩은 내가 화를 크게 내는 일이 생긴다. '그는 실수하고 나는 너무 많이 화를 내고!' 내용만 다르지 이런 패턴으로 반복된다. 얼마 전에도 일이 있었는데 처음으로 아이들 앞에서 재판을 했다. 나는 잘못한 게 없으니 자신이 있었고 이참에 객관적으로 한 번 따져보자는 마음이 들었다.

그런데 충격적인 일이 일어났다. 나는 나의 정당함을 확인하고자 했을 뿐인데 우리 은혜가 아빠 편을 들었다. 은혜 말로는 엄마가 가끔씩 정도 이상으로 화를 낸다는 것이다. 아빠의 실수에 비해 엄마가 과하게 표현하는 거라고 했다. 화났을 때 엄마 표정이 굳어지고 싸늘해지면 정말 무섭다는 것이다.

충격이었다. 그때가 나의 길고 오래된 장벽이 와르르 무너지는 순간이었다. 정말 내가 잘못한 것일까? 곰곰이 생각해보았다. 무엇이 문제였을까, 나의 과도한 분노의 근원은 무엇이었을까?

"상대방의 잘못에 내가 화를 내는 것은 과연 정당한가?" 나는 그렇다고 생각했던 것 같다. 그러나 그 정당성에 기반을 둔 분노의 표출 방법은 그다지 정당하지 않았다. 몇 번 반복된 것들, 그냥 지나치고 묵혀둔 것까지 꼬박꼬박 축적해두었다가 한 번에 화를 터뜨렸다. 그러니 상대방 입장에서는 돌멩이 하나 던졌는데 둑이 무너져 내리는 충격을 받는 것이다. 그럼에도 약간 억울한 기분이 들었다. 하지만 딸의 말은 그동안 내 안에 재고의 여지없이 당연했던 것들에 대해 균열을 일으켰다.

얼마 전 황당한 기사를 읽었다. 미국에서 십 대 아이들이 친구 집에서 생일 파티를 하고 놀다가 장난기가 발동했다. 자기들끼리 놀 거리를 찾다가 옆집 초인종을 누르고 달아났던 모양이다. 내가 어렸을 때도 아이들이 이런 장난을 치며 놀았던 기억이 난다. 그런데 그 이웃집 아저씨는 아이들의 장난이 몹시 거슬렸는지 뛰어나와 달아나는 아이들을 쫓기 시작했다. 놀란 아이들은 옆에 서 있던 차를 타고 도망을 쳤다. 그 결과는 어땠을까? 그 남자는 자기 차를 타고 뒤쫓아 가 아이들이 탄 차를 들이받았다. 이 일로 아이들 중 3명이 사망했다.

아이들은 잘못이 없는가? 아니다. 아이들이 먼저 잘못했다. 특히 남의 차까지 타고 달아난 것은 더 잘못이다. 하지만 그 남자의 분노는 지나치게 과도했다. 정도의 차이는 있지만 어쩐지 그 기사 내용이 그동안의 내 태도와 크게 다르지 않게 느껴졌다. 사람들은 누구나 분노한다. 이유가 어찌되었든 화내는 데에는 그 이유가 있기 때문이다. 그런데 스스로 정당하다고 생각할 때 표현의 강도가 거침없이 커진다는 게 문제이다.

데이비드 폴리슨(David Powlison)이 쓴 〈악한 분노, 선한 분노〉라는 책을 보면 분노에 대해 잘 설명해주고 있다. 우리는 분노 자체를 억압하고 부정해서는 안 된다. 성욕, 슬픔, 분노처럼 인간이 갖는 본성은 그 자체가 문제되지는 않는다. 선한 분노, 바람직한 성욕, 아름다운 슬픔처럼 어떤 의도와 동기에 따라 선한지, 악한지가 결정된다. 사실 분노의 원인에는 '정의감'이라는 게 있다. 옳지 않은 것에 대한 저항감, 뭔가 바로잡아야겠다는 생각에서 분노가 나온다.

그런데 나의 분노는 정당하지 않았다. 이건 상대방이 잘못했는가 아닌가의 문제가 아니다. 만약 누군가의 잘못이 나의 분노를 정당화시키는 거라면 우선은 내가 살아남지 못했을 것이다. 그동안 내가 저지른 모든 잘못과 실수에 대해 나는 분노의 대상이 되거나 일일이 다 처벌받지는 않았다. 하나님이 그러셨고 사랑하는 나의 가족들이 그랬다. 나의 모든 잘못은 용서받았고 나의 대부분의 실수는 가려졌다.

이걸 몰랐던 것도 아닌데 인간이 이렇게 어리석다. 자신의 문제에선 깜깜이가 된다. 누군가가 나를 관대하게 대해 준 것처럼 나도 누군가에게 그래야 했다. 우리가 우리의 죄를 용서받은 것처럼 우리도 누군가의 죄를 용서해야 한다. 이 당연한 것들이 자신에게는 잘 적용이 안 된다. 스스로 옳다고 여기는 이상 우리는 변화되지 않는다.

과연 나의 분노는 정당한가? 늘 물어봐야 하는 질문, 그리고 그 대답은 'No!'라는 것.

막내의 킥보드 사기 작전

지혜가 킥보드를 사달라고 조른다. 남편이 안 된다고 딱 잘라 말했는데도 며칠 동안 내 주변을 돌며 온갖 애교를 다 부리고 있다. 무조건 조르는 게 아니라 일상적인 이야기 틈에 살짝살짝 킥보드를 언급한다. "엄마 사랑해!" 하고 뽀뽀하고 손가락 하트를 충분히 날린 후 갑자기 "엄마, 나 킥보드 사줘!"라고 하거나, 나랑 눈을 맞추며 분명 다른 이야기를 하는 중이었는데 "킥보드 사줄거지?" 하더니 손등에 뽀뽀를 날리고 간다.

엄마가 미소를 짓는 순간을 놓치지 않고 들이대는 "킥보드 사줘!" 이게 무슨 작전인지 모르겠다. 아무래도 안 되겠다 싶어 결정권을 남편에게 넘겼다. 아빠가 허락해야 한다고 했더니 당장 아빠한테 전화를 걸었다. 하지만 결과는 뻔했다. 안 된다고 했는데 사달라고 또 조르니 그게 왜 필요한지 말해보라 했나 보다. 말하다가 "앙~ㅠㅠ" 하고 울음을 터뜨렸다. 지켜보던 요한이 오빠가 지혜를 끌고 가 한마디 한다.

"지혜야. 너 그거 몰라? 아빠는 울면 더 안 해주잖아. 아빠한테는 설명을 잘해야 해."

그러고는 지혜를 가르친다.

"울지 말고! 또박또박! 더듬지 말고 제대로 말해야지!"

요한이의 구체적인 조언이 들어간다.

"자, 다시 말해봐. 킥보드가 왜 갖고 싶은지 설명해봐."

"그래! 거기다가 꼭 필요한 이유도 말해야 돼. 너 연습 좀 많이 해야겠다."

요한이가 지혜를 훈련시키고 있다. 얼마나 연습했는지 버튼 누르면 나오는 장난감 인형처럼 술술 말이 나온다.

"엄마! 나 아빠한테 다시 전화할래!"

좀 전과는 딴판으로 전화기 너머로 아빠에게 킥보드가 필요한 이유를 줄줄 설명한다. 유치원에 갈 때 너무 멀어 힘들다. 엄마한테 업어 달라면 엄마도 힘들다. 킥보드 타고 가면 편하게 갈 수 있어서 엄마도 좋아할 거다 등등. 안전에 대한 아빠의 걱정은 헬맷과 보호대를 차고 탈 테니 걱정 말라는 것까지 참 구체적이고 조목조목 요한이 오빠의 지도 흔적이 보인다. 결국 아빠의 허락을 받아냈다. 이렇게 똑똑하게 말하는데 남편도 어쩔 수 없었던 것이다. 지혜는 좋아라 방방 뛰고 요한이 역시 흡족한 표정이다.

"우리 지혜 많이 컸네!" 전화기 너머로 남편의 미소가 느껴진다.

부모라서 그런가? 아이가 떼쓰지 않고 말하는 법을 배운 것, 동생을 도와주는 모습, 이런 모습이 눈에 들어온다. 지혜는 킥보드가 보이겠지만 우리는 아이의 성장이 흐뭇하다.

내 아이를 잘 안다는 착각

〈나는 가해자의 엄마입니다〉는 지금까지 읽어본 육아서 중 가장 끔찍하고 강렬한 책이다. 사랑과 정성을 다해 키운 아이가 망가진다. 그냥 개인의 삶만 실패한 정도가 아니라 다른 이들의 삶까지 빼앗고 파멸한다. 엄마는 아이의 탄생부터 성장과정을 회고하며 고통스럽게 이 과정을 해부하고 있다.

아이는 미국 고교 총기난사 사건의 원형이라고 할 수 있는 1999년 콜럼바인 총격사건의 가해자 중 하나였다. 이런 끔찍한 사건을 일으킨 아이는 괴물이었을까? 가난한 동네나 문제 있는 가정의 아이었을까? 아니었다. 그 아이는 누가 봐도 좋은 환경에 인격적으로 괜찮은 부모 밑에서 가장 살기 좋은 동네의 중산층이 모여 있는 곳에서 자랐다. 사랑받으며 자랐고 좋은 여건에 좋은 교육을 받고 성장한 아이었다. 영리하고 착한 아이였고 어렸을 때는 선샤인(sunshine), 햇살이라 불리던 아이였다.

책을 읽으며 점점 미궁에 빠지는 느낌이었다. 도대체 뭐가 문제였을까? 정직한 글, 자기반성, 독서하고 일기 쓰는 엄마, 엄마는 자기 성찰이 뛰어난 사람이었다. 아이를 인격적으로 대했고 사랑했으며 최선을 다했다. 그런데 이처럼 처절하고 고통스러운 실패담이 어디에 있을까? 그렇게 가 버린 아이에 대해, 자신이 알 수 없는 것을 이해하려고 애쓰는 데에 16 년이라는 시간을 보낸 후 그녀는 말한다.

> "부모가 그 무엇보다도 받아들이기 힘든 진실, 세상에서 나만큼 더 잘 아는 부모가 없을 진실이 있다. 그것은 바로 '사랑만으로는 충분하지 않다'는 것이다. 나는 딜런을 무한히 사랑했지만 그래도 딜런을 지키지 못했고 콜럼바인 고등학교에서 살해된 열세 명도, 그 밖에 상처 입고 고통받은 사람들도 구하지 못했다. 나는 딜런이 심리적으로 악화되어 가는 징후를 파악하지 못했고, 만약 내가 제대로 보았다면 딜런이나 딜런에게 희생된 사람들이 그 길을 가지 않을 수 있었을 것이다. 얼마나 큰 차이가 있었을까? 이랬더라면 저랬더라면 하는 일들은 많지만 그 무엇보다도, 아들이 괜찮지 않은데도 괜찮아 보일 수 있다는 사실만 알았더라면 하는 소망이 내게는 가장 강하다."

부모의 가장 큰 착각 중 하나가 '내 아이를 잘 안다'는 착각이다. 눈먼 사랑 때문에, 자기의 욕심 때문에, 무관심이나 진리에 기초를 두지 않은 애정 때문이다.

이 책은 작년에 한 번 읽었던 책인데 가끔씩 떠오르곤 한다. 내 육아의 방향을 바꾼 책이기도 하다. 나의 최선으로 아이들을 키우는 게 아니라는 것을 일깨워준 책이며, 세상에서 말하는 육아서의 한계를 보게 한 책이다.

나는 내 아이를 다 알지 못한다. 이 아이를 가장 잘 아는 분은 이 아이를 만드신 분이다. 모든 것을 다해 아이들을 사랑하지만 내가 사랑하는 것만으로는 충분하지 않다. 나의 사랑이 완전하지 않기 때문이다. 그래서 나의 가장 큰 관심은 우리 아이들의 창조주 되시며 완전하신 하나님과 연결되는 것이다.

"너의 삶의 참 주인 너의 참 부모이신 하나님 그 손에 너의 삶을 맡긴다"라는 《요게벳의 노래》의 가사처럼 진리라는 가장 안전하고 바른 곳에 아이가 연결되기를 바란다. 그것이 나의 육아의 방향이자 목표이다.

충분히 사랑하고 부족하게 키우라

밥하면서 보통 귀에 이어폰을 끼고 설교나 강의를 찾아 듣는다. 이렇게 하는 것이 내게는 긴 요리시간, 설거지 시간을 짧아지게 하는 비결이다. 어제 이호선 교수님의 강의를 듣다가 메모해 놓은 문장이 있다. "아이를 충분히 사랑하되 부족하게 키우라."

이것을 다시 보며 나는 어떤 부모일까, 생각하게 되었다.

첫째, 충분히 사랑하고 충분히 제공한다.
둘째, 충분히 사랑하고 부족하게 키운다.
셋째, 부족하게 사랑하고 충분히 제공한다
넷째, 부족하게 사랑하고 부족하게 키운다.

아마 부모라면 누구나 1번이고 싶을 것이다. 표현을 안 해서 그렇지 아이의 필요와 결핍이 눈에 보이지 않는 부모는 없다. 사실 우리는 결핍을 채우는 정도를 넘어 넘쳐흐를 만큼 아이에게 주고 싶어 한다. 부모들은 아이가 원하면 아무리 비싸도, 무리를 해서라도 아이 손에 안겨주고 싶다. 몇 년 전 '터닝메카드'라는 장난감 때문에 그걸 사려는 부모들의 해프닝이 있었다. 손에 잡히는 사이즈의 작은 변신 자동차가 비싼 값에도 불구하고 품귀현상이 일어났다. 인터넷에서 웃돈까지 주고 팔리기 시작했고 정가로 파는 마트에는 장난감이 들어오기만을 기다리는 부모들이 줄을 섰다. 직장 다니는 엄마들은 그걸 사기 위해 월차까지 냈다고 한다. 우리도 그걸 사려고 마트를 이리저리 찾아다녔던 기억이 난다. 지금 우리 집에도 그때 샀던 터닝메카드 몇 개가 여기저기 굴러다니고 있다. 시간이 지나면 아무것도 아닌 것들에 왜 그렇게 간절했을까? 이제는 아무도 쳐다보지 않아 처치곤란이 되어 버린 흘러간 욕망들. 버리지도 못하고 자리만 차지하고 있다.

만약 내가 아이의 모든 필요와 욕구를 충분히 채우고 공급할 여력이 있었다면 얼마나 쏟아 부었을까? 그런데 불행인지 다행인지 우리에게는 그걸 제공할 여력이 없다. 넘치게 못하는 정도가 아니라 남들이 기본적이라고 하는 최소한의 것들도 때론 못 해줄 때가 많다. 겉으로는 교육적 뜻이 있어 학원에 안 보낸다고 하지만 마음 한켠에는 '아이가 갑자기 학원 보내달라고 하면 어쩌지?' 하는 걱정도 있다. 영어 수학 학원이야 그렇다 처도 피아노, 태권도 같은 예체능도 사실 엄두를 못 낸다. 그런데 우리 집 아이들은 학원가기를 싫어하니 얼마나 다행인가 싶다. 아이가 원하지 않아서 보낼 필요가 없는 게 이렇게 감사한 일이 될 줄은 몰랐다. 내가 밖에서 일을 하는 방법도 있긴 하지만 그렇게 하고 싶지는 않았다. 더구나 무슨 일을 해도 아이 넷의 필요를 채워줄 비용을 벌수는 없을 것 같았다. 혹 있다 해도 아이들과의 시간과 맞바꾸고 싶지는 않을 것이다. 그러다 보니 내가 아이들에게 줄 수 있는 것을 찾게 된다. 그런 것들을 찾아 아이들과 시간을 보내게 된다. 책을 읽어주고 성경을 같이 읽고 밥해 주고 같이 웃고 떠들고 함께 시간을 보내는 것, 돈 대신 몸과 시간을 주는 것이다. 그러나 여전히 아이들이 갖고 싶은 것, 하고 싶은 데 하지 못하는 결핍은 피할 수가 없다. 우리 큰딸은 자기 방 갖는 게 소원이고 둘째는 좀 더 멋진 축구화를 가지지 못해 아쉬워한다. 우리 셋째는 비행기 타고 여행 가 보는 게 꿈이다. 해외 대신 제주도라도 가자고 조른다. 넷째는 자기만의 장난감 방이 갖고 싶단다. 부모로서 해 주지 못하는 아쉬움이 늘 있다.

그런데 인간을 조금이라도 연구해 본다면 인간의 성장 동력이 '결핍'이라는 걸 알 수 있다. 결핍되지 말아야 할 유일한 것은 '사랑'뿐이다. 사랑, 애정의 결핍을 제외한다면 다른 결핍들은 성장의 기반이 되는 경우가 많다. 때론 사랑의 결핍조차도 하나님의 사랑이 부어지면 회복된다. 하지만 지나친 만족과 풍족함은 열정을 앗아간다. 간절함이 없어지고 인간을 무기력하게 만든다. 결핍이 욕구를 만들기 때문이다.

그렇지만 자발적으로 이걸 선택할 자신은 없다. 만약 경제적으로 풍성해진다면 난 당장 우리 애들의 필요를 채우고 이리저리 정보를 찾아다니며 아이들에게 더 편한 앞길을 제공하려 할 것이다. 그것도 모자라 필요하지도 않은 것들까지 쏟아 부으려 하면서 말이다.

그래서 어쩔 수 없이 만약 '결핍'의 종류 중 하나를 꼭 선택해야 한다면 여전히 그래도 '돈의 결핍'일 수밖에 없는 것 같다. 그렇다고 그걸 굳이 바라는 건 아니지만 말이다.

편애 금지

아이들은 차별받는다고 느낄 때 화가 나고 상처 받는다. 부모의 편애는 아이에게 치명적이다. 열 손가락 깨물어 안 아픈 손가락 없다고 하지만 실제로 많은 부모들이 아이들을 편애한다.

부모는 아이가 다 소중하다고 생각하지만 행동은 자기 마음에 드는 아이에게 더 많은 애정을 표현한다. 우리는 예쁜 아이에게 나도 모르게 미소를 짓고 너그러워진다. 인간이 얼마나 주관적이고 이기적인지 인정해야 한다. 그래야만 기울어진 자신의 모습을 볼 수 있다.

둘째가 태어나고 첫째인 은혜에게 내가 그랬던 것 같다. 내 마음에 한순간도 은혜가 소중하지 않은 적이 없었지만 객관적인 내 모습이 그랬다. 다행히도 그 당시 그것을 지적해주는 사람들이 있었다. "큰애한테 너무 큰 책임을 지우는 것 같아요", "애가 어른 같아요"라고 간접적으로 우회한 말이었지만 그 메시지는 분명했고 의식하지 않을 수가 없었다.

그 당시 성경공부가 '창세기'였던 것도 한몫했다. 편애와 차별로 얼룩진 야곱의 가정사는 편애가 얼마나 아이들에게 치명적인가를 깨닫게 하였다. 결정적으로 어느 날 은혜가 충격적인 말을 했다. "엄마가 날 사랑하는 게 느껴지지 않아!" 아이는 엄마가 자기를 사랑하는 것 같긴 한데 왜 자기가 그걸 못 느끼는가 의아해서 묻는 말이었다. 하지만 그 말을 들은 나는 가슴이 무너지고 찢어질 듯 아팠다.

아이를 사랑하는데 그 사랑이 느껴지지 않는다면 내게 문제가 있는 것이었다. 그리고 그것은 동생을 바라보는 엄마의 눈빛에서 오는 것이었음을 알았다. 지금도 그 생각만 하면 마음이 괴롭고 죄책감이 든다. 요한이는 동생이고 내 손길이 더 필요한 존재라는 것을 넘어 내 시선이 고르지가 못했던 것이다.

그날부터 나는 '편애=죄'라고 확실히 선언했다. 편애는 바른 사랑이 아니다. 내 편에서 내가 좋아하는 것을 선택하는 이기적인 마음이다. 이삭이 에서를, 리브가가 야곱을, 야곱이 요셉을 편애했던 이유는 철저히 주관적인 자기 취향이었다. 그러면서 부모들은 편애가 자기의 이기심에서 나왔다는 것을 인정하지 않고 대부분 그 탓을 아이에게 돌린다. 나는 공평한데 아이가 말을 안 들어서, 혹은 마음에 안 드는 행동을 했기 때문이라고 아이 탓을 하며 자신을 정당화시킨다. 아이가 그럴만해서 혼나는 거지 나의 문제가 아니라는 것이다.

최근에 어떤 엄마에게서 자기는 큰애를 보면 자꾸 흠이 보이고 못마땅한데 동생은 뭘 해도 예뻐 보인다는 말을 들었다. 아이를 안을 때도 자기도 모르게 큰애는 밀쳐내고 작은 애는 더 안아주게 된다고 말했다. 그 얘기를 듣는데 첫째 아이가 너무 안쓰러웠다. 그런데도 그 엄마는 그걸 어쩔 수 없다고 가능한 한 그 감정을 티내지 않는 게 최선이라고 했다. 정말 그 럴까? 정말 편애가 잘못임을 알고 있는 걸까?

편애는 우리의 죄 된 본성에서 나온다. 그것을 '죄'라고 인정하지 않으면 해결되지 않는다. 대부분의 죄가 그렇다. 마음 깊은 곳에서 그것이 정말 죄라는 생각을 안 한다. 그럴 수 있다고 생각한다. 인간이니까 좋아하고 싫어하는 마음까지 어쩔 수 없다고 그렇게 정당화해 버리면 그 상태에 익숙해진다. 편애는 단순히 아이에게 상처를 줄 뿐만 아니라 형제들과의 관계에도 나쁜 영향을 미친다. 부모의 편애는 형제를 향한 미움을 낳는다. 유독 사이가 안 좋은 형제지간을 보면 편애가 원인인 경우가 많다. 시기와 질투, 지나친 경쟁심이 얼마나 아이 인생에 상처와 독이 되는지 알아야 한다. 그건 아이의 잘못이 아니다. 부모가 그 아이의 마음에 심어 놓은 상처의 결과이다.

지금 은혜는 기억도 못하지만(그리고 정말 몰랐으면 좋겠다) 그때부터 '아이들을 편애하지 않기'는 내가 가장 조심하는 영역이 되었다. 그것을 깨달을 수 있어서 행운이었다. 나는 실수하고 잘못하지만 하나님은 언제나 나를 깨닫게 하시고 다시 기회를 주신다. 그게 너무 감사하다.

그 후로 은혜가 커서 사춘기가 왔을 때도 그때의 경험이 나를 붙들어주었다. 그때의 죄책감을 다시는 겪고 싶지 않았다. 사랑하는 게 당연한 아이도 사랑해야 사랑할 수 있음을 알았다. 정말 그렇다. 사랑을 해야 더 사랑하게 된다. 그리고 그 사랑은 아이가 느낄 수 있는 사랑이어야 한다. 전달되지 않는 사랑은 우리가 아무리 우겨도 인정받지 못한다.

그런데 아이가 하나라면 이런 문제가 없을까? 편애는 형제 많은 집에서만 일어날까? '편애'는 부모와 자녀들 사이만의 문제가 아니다. 어쩌면 자녀와 배우자 사이의 편애가 더 큰 문제일지도 모른다. 배우자를 배제하고 아이에게만 쏟는 사랑, 그것 또한 건강하지 않다. 아이들은 엄마 아빠가 서로 사랑할 때 안정감과 행복을 느낀다. 사실 배우자와 사랑하며 잘 지내는 것만으로도 육아는 거의 성공이다. 마치 우리가 자녀들이 서로 사랑할 때 기뻐하는 것과 비슷하다. 아이도 자신이 사랑하는 부모가 서로 사랑하는 모습을 볼 때 행복하다. 자녀가 부모 말은 잘 들어도 자기 동생을 미워하고 괴롭히면 속상하듯이 아이들도 엄마와 아빠가 서로 미워할 때 상처받는다.

세상은 자기가 좋은 대로 평가하고 판단하고 차별한다. 당장 가족에서 한 다리만 건너가도 그들은 우리 아이들을 차별한다. 조부모님, 삼촌, 이모만 봐도 각자 자기 취향대로 아이를 선호한다. 학교, 직장은 말할 것도 없다. 인간이란 주관적이고 이기적이다. 부모인 나도 예외가 아님을 인정해야 한다. 그럼에도 하나님은 우리가 가정 안에서 온전히 사랑할 것을 요구하신다. 나의 본성을 거슬러 하나님의 사랑, 아가페적 사랑으로 사랑할 것을 원하신다. 그런데 그 사랑의 원천은 내가 아닌 하나님으로부터 온다. 우리는 부족하고 모자라지만 그 사랑의 원천에 기대어 사랑을 꿈꾸며 소망하는 것이다. 그럴 때마다 우리는 좀 더 온전한 사랑을 향해 다가서게 된다.

할머니와 엄마

어렸을 때 우리 엄마는 명절 스트레스가 없는 걸 자랑처럼 말씀하셨다. 어린 나는 그게 무슨 소리인지 전혀 몰랐다. 할머니와 함께 사는 우리는 고향집을 방문하거나 어디 다른 곳에 갈 필요가 없었다. 명절이 되면 엄마는 가족들이 먹을 전을 부치고 떡도 만들고 음식을 평소보다 많이 준비하셨다. 내 기억에는 우리 엄마는 음식 만드는 걸 즐기셨다.

어쩌면 우리 할머니와 엄마의 특별한 관계 때문이었을지도 모르겠다. 내가 느끼는 두 분은 시어머니와 며느리라기보다는 서로가 서로에게 의지하는 친구 같았다. 엄마에겐 할머니가 필요했고 할머니는 엄마에게 의존했다. 엄마는 직장 나가는 동안 우리를 키워주시는 할머니를 고마워했고 할머니는 엄마를 좋아했다. 그렇다고 두 분이 고매한 성품과 뛰어난 인격을 가진 분들이라고는 차마 말하기는 어려울 것 같다. 두 분 다 다혈질이어서 가끔씩 고성이 오가며 대판 싸우기도 하셨다. 하지만 저녁이 되면 엄마가 할머니 좋아하시는 약주를 사 와 두 분이 잔을 마주치며 늘 화해를 하셨다. 생각해보면 서로 돌아설 마음이 없으셨고 결국 '함께'해야 한다는 암묵적 동의가 있었던 것 같다. 이상하게도 할머니는 아들인 아빠보다 엄마를 더 의지하고 편하게 대했었다.

한 성깔 하셨던 우리 할머니는 작은 체구였지만 목소리만큼은 카랑카랑하셨다. 언젠가 밤에 도둑이 들었다가 할머니의 호통 소리에 놀라 혼비백산하며 도망쳤던 사건도 있었다. 할머니는 우리에게는 한없이 자애로웠지만 남들, 특히 다른 친척들에게는 '성질 고약한 노인네'라는 소리를 들었다. 어릴 적에 큰 엄마, 작은 엄마가 할머니 흉보는 소리를 한두 번 들은 게 아니었다. 나는 우리 엄마가 직장에 가야 해서 할머니가 우릴 키워주시니 엄마랑 사이가 좋은 건가 막연히 그렇게 생각했었다.

그런데 어느 날 내가 모르는 진실을 알게 되었다. 우리 할머니 때문에 기분이 상했던 이모가 작정하고 나에게 비밀을 발설했다. 사실은 우리 할머니가 친할머니가 아닌 아빠의 계모라는 것이다. 이모는 우리들이 할머니라면 껌벅 죽는 모습이 보기 싫었던 거였다. 정말 악의가 가득한 폭로였다고 생각한다. 그때가 고등학생 때였다. 이모는 우리가 이 사실을 알면 할머니를 싫어할 줄 알았나 보다. 그런데 결과는 정반대였다. 나는 이 일로 이모를 정말 싫어하게 되었다. 그리고 오히려 할머니에 대한 연민과 애정이 끓어올랐다. 그까짓 핏줄이 뭐라고 할머니와 우리 사이를 갈라놓으려 하다니 진심으로 분노했었다.

그리고 세월이 흐르면서 할머니와 엄마의 관계가 점점 더 보이기 시작했다. 우리 할머니가 아빠보다는 엄마를 의지할 수밖에 없었던 이유, 시

어머니와 며느리를 뛰어넘는 우정의 근간이 다름 아닌 '남남'이라는 관계로부터였다. 그게 두 분 사이가 인간 대 인간의 만남, 우정을 나누는 친구가 될 수 있었던 이유였다고 생각한다. 평소에는 남들에게 친절하고 괜찮으신 사람들인데 이상하게 시어머니와 며느리 관계가 되면 사이가 안 좋아지는 이유가 이 때문이 아닐까 싶다. 서로에 대한 높은 기대치가 관계를 어렵게 한다.

아빠가 돌아가시고 우리 할머니는 95세까지 장수하셨다. 엄마는 할머니가 병들어 돌아가실 때까지 의리를 지키셨다. 마지막 식사를 못하시자 집으로 간호사를 불러 영양주사로 마지막까지 최선을 다하셨다. 나는 외국에 있느라 임종도 못 지켰는데 엄마가 마지막까지 밤늦게 누워 얘기하다가 잠드셨는데 그게 마지막이었다고 들었다. 나는 할머니가 훌륭하시거나 존경스럽다기보다는 연약하고 사랑스러운 존재로 기억한다. 할머니는 참 귀여운 분이셨다. 우리 모두가 그런 할머니를 좋아했었다.

무슨 복인지 모르겠지만 내게도 명절은 일 년 중 가장 여유로운 날이다. 애들 키우느라 고생한다고 시댁 가면 얻어먹기만 한다. 하루 이틀도 아니고 이제는 슬슬 미안해지려고 한다. 오늘도 차려 놓은 밥만 먹고 내가 한 거라곤 과일 깎은 게 전부였다. 신문에 명절 스트레스 기사가 단골로 올라오는 추석과 설날에 난 오히려 늘 하던 밥도 안 하고 남편이랑 슬슬 나가 차나 마시며 한량처럼 보냈다.

이제야 우리 엄마가 전을 부치고 같이 송편을 만들면서 콧노래를 불렀던 이유를 조금 알 것 같다. 설날 하루를 마치며 하루 종일 가족들 먹이느

라 애쓰신 분들에게는 좀 미안한 마음이지만 나는 명절을 맞이하니 어릴

적 추억이 떠오르고 할머니 생각도 나고 그냥 감사한 마음뿐이다.

달려갈 길

　　　　　　　　　　　하나님은 관계를 통해 우리를 세우신
다. 우리의 관계가 하나님이 일하시는 통로가 된다면 그 가정은 천국이
다. 가족이 모이면 에너지가 합산된다. 합하는 동안 시너지가 나오니 증
가된 에너지가 모두에게로 돌아간다. 때로는 아이들 덕에 우리가 부지런
해지는 것 같다. 뒹굴뒹굴 하면 딱 좋을 것 같은 주말 오후에 무거운 몸을
일으켜 나오고 나면 매번 같은 마음, 나오길 잘했다는 생각이 든다. 가족
들과 같이 움직이고 웃고 나면 머릿속은 가벼워지고 마음은 촉촉하고 부
드러워진다.

　세상의 모든 가족들이 가족의 깊은 맛을 누렸으면 좋겠다. 깊이 사랑
하는 것은 어렵지만 어렵다고 포기하지 말자. 사랑에는 한계가 없고 관계
의 친밀함에도 끝점이란 없다. 예수님과의 연합도 그렇다. 먼 푯대처럼 보
이는 그 완성의 지점, 완전한 단계를 향해 달려가는 것이다.

　이것을 생각하면 빌립보서 3장의 바울의 고백이 떠오른다.

> "내가 하나님께서 원하시는 모습으로 이미 완성되었다고 말하는 것이 아닙니다. 나는 아직 목표에 이르지 못했습니다. 나는 그 목표를 향해 열심히 달리고 있으며, 그리스도 예수께 잡힌 바 된 그것을 잡으려고 좇아가고 있습니다." _빌 3:12

이 땅에서 살아가는 동안 그 끝점에 다 도달할 수는 없지만 하나님은 그 길을 가도록 우리를 부르신다. 우리 안에 착한 일을 시작하신 그분은 마지막 그날까지 우리를 이끄실 것이다. 우리를 도우사 결국은 그 온전함을 이루실거라는 믿음, 그것을 향해 달려가는 이 길 끝에서 그분을 만날 것을 소망하게 된다. 하나님의 사랑을 아는 만큼 거기에 천국이 있다. 그게 손바닥만 한 작은 천국이라도 말이다. 그런 천국을 이 땅에서 누려보자. 사랑하는 이들과 함께!

아이들은 우리의 태도를 본다

우리 남편은 어렸을 때 너무 가난하게 자라서 학교에 준비물을 제대로 챙겨 간 적이 없었다고 한다. 어느 날 선생님이 심하게 체벌을 하셔서 어머니가 학교에 가게 되었고, 남편이 그동안 준비물을 안 가져갔다는 것을 알게 되었다. 선생님은 그것 때문에 화가 나서 때렸는데 어머니는 전혀 모르셨다. 남편은 집 형편이 안 좋아서 준비물 사달라는 소리를 안 했다는 것이다. 이 사실을 알고 어머니는 우셨고 선생님도 너무 당황하고 미안해하셨다고 한다. 그 후에 선생님이 옷도 사 주시고 문제집도 주시며, 그 미안함을 사과하셨다. 다행히도 남편은 그 일이 그리 상처로 남은 것 같지는 않다.

아이들은 부모의 상태에 굉장히 민감하다. 그들의 걱정과 한숨소리가 그대로 아이들에게 전달된다. 부모의 돈 걱정하는 모습, 근심이 얼마나 아이들 마음을 누르는지 모른다. 특히 믿는 집에서 자란 아이들, 가난한 사역자 가정의 아이들은 이런 경험이 나중에 신앙의 회의로 이어지기도 한다. 이런 부모의 모습을 보며 아이들은 굉장한 모순과 괴리감을 느낀다고 한다. 가난하다고 해서 꼭 염려와 걱정이 많은 것은 아니다. 우리 아이들이 진짜 영향을 받는 것은 돈이 없고 가난하기 때문이 아니다. 원하는 것을 못 가져서 불만이 생길 수는 있지만 그게 아이들의 인생에 치명적인 영향을 끼치는 것은 아니다. 아이들은 커가면서 하고 싶다고 다 할 수 없다는 것을 조금씩 배우게 된다. 그런 결핍은 인생의 굴곡을 겪으면서 이해할 수 있는 것들이다.

하지만 진짜 아이들에게 영향을 주는 것은 다른 데 있다. 그것은 돈을 바라보는 부모의 태도이다. 부모가 가난하건 부자이건 이 점은 비슷하다. 부자라고 해서 다른 이들과 더 나누고 정신적으로 풍요로운 삶을 사는 것은 아니다. '돈, 돈' 하는 집에서 돈이 최고라는 가치를 배운 아이는 오히려 돈에서 자유롭지 않다. 그들은 가난을 두려워한다. 돈에 대한 가치가 너무 높으면 아까워서 남에게 베풀지도 못한다.

나는 어렸을 때 돈 걱정이 무엇인지 전혀 모르고 살았다. 자장면이 500원, 1,000원 하던 때에도 내 수중엔 항상 그 이상의 돈이 있었고 초등학교 때에는 매일 문방구에 들러 사고 싶은걸 다 사도 돈이 남았었다. 용돈 주는 것으로 애정을 표현하셨던 아빠는 요구하지 않아도 지갑을 열어 돈을 주셨다. 철이 없을 때라 그런지 돈이 그냥 생기는 줄 알았다. 우리 애들은 땅 파면 돈이 나오는 줄 아나 보다고 가끔씩 엄마가 그랬던 기억이 난다. 그런데 나는 그게 별로 좋은 줄을 몰랐다. 그 당시에는 지금처럼 다양한 물건들이 없어서 그랬을까? 간절히 갖고 싶거나 바라는 게 없었다. 그런데 뭔가 바라는 게 없다는 것, 특히 물질에 관해 넘쳐나는 풍요는 아이에게 따분함을 준다. 배가 고플 때 음식이 맛있고 갖고 싶은 걸 가졌을 때 기쁜 법이다. 그런 배고픔이나 욕망이 없는 삶은 지루하고 재미가 없다. 아이의 삶은 어른만큼 복잡하지 않아서일까? 아이에게 물질적 풍요는 어른들이 기대하는 만큼 그리 큰 만족을 주지 못 한다.

하지만 그렇다고 해서 돈에 초연했거나 그랬던건 또 아니다. 오히려 잠재적으로 돈의 위력을 알았다. 왜 그런지 모르지만 가난한 삶에 대한 공포가 있었다. 막연히 가난한 삶이란 끔찍한 것으로 생각했다. 나중에 가난을 경험하고 나서야 오히려 가난하다는 것이 그렇게까지 끔찍하고 공포스러운 일이 아니라는 것을 알았다. 가난하다고 모든 게 끝나는 게 아니었다. 그건 가짜 공포와 두려움이었다.

우리 아이들은 우리가 가난하다는 것을 안다. 그것은 갖고 싶어도 가질 수 있는 것이 제한되었다는 뜻이다. 아이들에게 우리가 해 줄 수 없는 것에 대해서는 설명해 준다. 안타깝고 속상할 때가 있긴 하지만 그것을 부끄러워하거나 자존심 상해하지는 않는다. 우린 나름대로 최선을 다해 살고 있고 우리의 가난이 삶에 대한 불성실한 태도에서 나온 게 아니기 때문이다. 그래서 우리의 능력에 넘치는 것을 아이들에게 무리해서 채워주려고 하지 않는다. 하지만 우리가 할 수 있는 것에서는 최선을 다하려고 한다. 돈에 대해 허세를 부려서도 안 되지만 돈에 너무 매여 사는 것도 바람직하지 않다. 걱정한다고 해서 더 나아질 것이 없기 때문이다. 그동안 아무리 재정이 바닥을 쳐도 아이들 앞에서 돈 때문에 걱정하거나 불행한 얼굴을 한 적이 없다. 이건 부모의 마음을 귀신같이 알아채는 아이들이 더 잘 안다.

가끔 부모의 가난으로 상처받은 아이들을 보면 마음이 아프다. 그게 사역자나 선교사님의 자녀들인 경우는 더 속상하다. 안타까운 점은 아이들이 그로부터 돈의 위력을 배우게 되는 것이다. 하지만 내 맘대로 안 되는 게 인생이다. 가난해도 당당하고 행복할 수 있음을 가르칠 수 있는 부모가 되기를, 그러기 위해 돈에 지배당하지 않는 믿음이 생기길 바랄 뿐이다.

만약 나의 주된 관심사와 우선순위가 무엇인지 모른다면 아이들에게 물어보라. 내가 무엇을 가치 있게 여기며 살고 있는지는 아이들이 더 잘 안다.

"애들아, 엄마 아빠가 가장 중요하게 여기는 게 뭐라고 생각해?"

아이들의 대답을 가지고 고민해야 할 것이다.

축구 양말 사건

                      어제 요한이가 다음 주에 있을 학교 축구시합 때 입고 갈 유니폼을 받아 왔다. 해마다 받아 시합 때 입고는 다시 반납하는 모양이다. 세탁해 달라고 내미는데 아들이 갑자기 당황해한다. 분명히 가방에 넣은 것 같은데 축구 양말이 안 보인다는 것이다. 같이 가방 구석구석 살펴봤는데 보이지 않았다. 할 수 없으니 내일 선생님께 잃어버렸다고 말씀드리라고 했는데 요한이의 얼굴 표정이 무겁다. 아들 얼굴을 보니 '축구 양말 어떡하지?' 하는 생각으로 꽉 차서는 내일 가서 찾아보라는 말도 못 하겠다. 하는 수 없이 저녁 먹은 설거지 마치고 같이 찾으러 나섰다. 날은 이미 어두워졌고 과연 찾을 수 있을까 싶었지만 아무것도 안 하면 아이가 괴로워하니 하는 수 없었다.

    현관문을 나가며 "아들! 못 찾아도 실망하지 말고 선생님께 잘 말씀드려. 그런데 우리 우선 기도하자!" 양말 찾게 해달라고 기도한다는 게 좀 민망하고 어색하긴 하지만 어쩌겠나? 우리 요한이에게는 중요한 문제니 이것도 간절한 기도가 된다. 학교 가는 길을 따라 걷는데 밤은 더 깊어가고 갑자기 소나기까지 내렸다. 학교에 도착하니 불빛 없는 운동장에 아이들 몇 명이 있었다. 그 시간까지 축구를 하고 있었다니 공차는 즐거움이 크긴 큰가 보다. 아이들은 축구하다 소나기 때문에 중단하고 스탠드 계단에 모여 신발을 갈아 신는 중이었다. 요한이가 축구 양말을 잃어버려 찾으러 왔다고 하니 두 녀석이 같이 찾아주겠다고 일어났다. 한 아이가 어둡다며 핸드폰을 꺼내 플래시를 켰다. 그런데 그 친구가 일어나 핸드폰 불빛을 켰던 바로 그 자리에 파란 축구 양말이 있는 게 아닌가? 불을 켜자마자 축구 양말이 보였다. 잃어버려서 못 찾을 거라 생각했는데 이렇게 쉽게 양말을 찾게 되었다. 요한이도 큰 기대를 안 했는지 좋아서 싱글벙글하고 양말을 찾은 친구도 어깨가 으쓱하고 뿌듯해했다.

기분 좋은 해프닝이었다. 오는 길에 요한이에게 모든 일에 기도하라는 좀 상투적이긴 하지만 내게는 진심인 그 말을 해주었다. 그런데 아들의 오늘 밤에 편한 마음으로 잘 수 있어서 좋다는 말에는 약간 한숨이 나오긴 했다. '도대체 이게 뭐라고! 얘는 왜 이렇게 소심한 걸까?'

그런데 생각해보니 그게 딱 우리의 모습이다. 사실 남편과 나 둘 다 어렸을 때는 많이 소심하고 여린 내성적인 아이였다. 지금도 여전히 그런 면이 있다. 남편은 자기가 겉으로는 모험적이고 담대해 보이는데 실은 그런 사람 아니라고 한다. 나 역시 얼마나 소심하고 겁 많은 아이였던가. 하나님을 믿고 그분을 따라 살다 보니 우리의 성정과는 참 다른 삶을 살게 되었을 뿐이다. 볼수록 요한이가 우리를 닮았다. 이 아이도 커서는 많이 달라질까?

그런데 이런들 어떻고 저런들 어떻겠나. 아이의 민감하고 섬세한 성격 역시 때로는 장점이고 유익할 때가 많다. 있는 성격 그대로 인정하고 받아들이자는 생각이 든다.

전날 양말 찾으러 나갔던 해프닝이 생각나 자꾸 웃음이 난다. 그리고 양말을 찾아주셔서 참 감사하다. 하나님은 소심한 아이의 마음도 살피시는 아빠이다.

노동하는 아빠

         나는 남편이 일용직 노동을 하는 것이 안타깝긴 했지만 부끄럽지는 않았다. 하루 속히 그만둘 날을 기다리긴 했지만 그의 선택을 자랑스러워했다. 그 상황을 다 이해할 수 없었지만 막연히 그 시간이 하나님과 그 사이에 어떤 의미가 있다는 걸 알고 있었다. 노동하는 동안 힘들었지만 그분의 내밀한 위로와 은혜를 경험했다. 그때 남편의 고백 안에는 그런 기쁨과 감사가 있었다. 그래서 그 시간을 잘 버텨낼 수 있었던 것이다.

    그런데 아이들에게 늘 미안해했다. 남편은 밝고 쾌활한 사람이라 집에 오면 아이들에게 그날 있었던 일을 무용담처럼 재미있게 말하며 웃고 떠들었다. 아이들도 그런 아빠를 보며 아빠의 노동을 자연스럽게 받아들였다. 그런데 남편은 그게 걸렸던 모양이다. 아이들 앞에서 멋져 보이는 아빠이고 싶었으나 현실은 그러지 못했던 것이다.

    얼마 전 기사에서 일용직 노동을 하는 아빠 이야기를 읽었다. 그 아빠는 게임중독에 빠져 공부를 포기한 두 아들과 함께 날마다 몇 시간씩 걸으며 그 시간을 극복했다는 것이다. 중졸에다 난독증까지 있던 아빠가 눈물 겨운 노력으로 아이들과 같이 공부했다는 것과 결과적으로 두 아이가 대학을 갔다는 감동적인 이야기였다. 아버지가 인격적이고 좋으신 분 같았고 어머니의 헌신과 수고도 남다르게 느껴지는 집이었다. 그런데 그 아빠가 아들이 중3일 때 어버이날 쓴 카드에 "우리 아빠는 무식하고 별 볼 일 없는 막노동꾼이다"라고 쓴 걸 보고 충격을 받았다고 했다. 그런데 그 당시에는 아들의 말이 사실이라 화도 못 냈다고 한다. 나는 그 아버지의 마음이 어땠는지 알 것만 같아 슬퍼졌다. 우리도 남편이 한창 노동을 하고 있을 때 큰딸 은혜가 중학생이었다. 안 그래도 사춘기라 남편은 딸의 상태에 신경이 많이 쓰였던 모양이다. 그런데 돌아보니 그 덕분에 남편이 아이랑 더 친해졌다는 생각도 든다. 아이가 좀 예민하게 굴어도 더 너그럽고 애틋한 마음으로 아이를 대하게 되었다. 아무리 피곤해도 아이와의 대화의 끈을 놓지 않았다. 그래서인지 은혜는 커가면서 아빠와 더 많은 이야기를 나누며 소통하게 되었다. 고등학생이 된 지금도 아빠에게 고민을 털어놓고 아빠의 조언을 구한다. 그 모습을 보노라면 너무 보기 좋아 마음이 뭉클해진다.

어쩌면 우리 아이들도 아빠가 왜 노동을 하고 험한 일을 했는지, 왜 더러운 옷을 입고 다니는지 의아해하며 부끄러워했을지도 모른다. 그러나 이런 문제는 세월이 지나면 풀리기도 한다. 경제적인 어려움 자체가 아이들과의 관계를 무너뜨리지는 않는다. 때로는 외적인 결핍이 가족의 결속을 돕기도 한다. 아이들에게 진짜 깊은 상처는 관계로부터 오는 상처이다.

다행인 것은 우리가 부유하든 가난하든 지위가 높든 낮든 우리의 상황에 상관없이 부모로서 아이를 사랑하는 마음은 전달할 수 있다는 것이다. 서로의 마음과 마음이 이어질 때 좋은 관계가 만들어진다. 결국 관계가 어긋나지 않는다면 우리 사이에 있는 문제가 어떤 문제이든 회복이 가능하다.

파랑새를 찾아서

　　　　　　　　　　　나는 파랑새 이야기가 정말 우리들 이야기 같다는 생각을 많이 한다. 온갖 곳을 돌아다니며 힘들게 모험을 하면서 찾으러 다녔는데 알고 보니 그 파랑새는 우리 집 담장 안에서 어제나 오늘이나 늘 그렇듯이 노래하고 있더라는 이야기. 그게 그렇게 와 닿는다. 그런데 과연 파랑새를 찾는 모험이 헛수고이기만 했을까? 다시 짚어보게 된다. 그 모험과 경험이 없었더라면 과연 내 안에 있는 파랑새를 찾을 수 있었을까? 야곱이 형 에서를 피해 하란으로 도망가던 중에 "여호와께서 과연 여기 계시거늘 내가 알지 못하였도다"(창 28:16)라는 고백을 했듯이 우리도 우리의 인생여정에 수시로 그런 고백에 이르게 되는 것이다. 하나님은 언제나 우리 곁에 계시지만 우리는 가끔씩만 그분을 인식한다. 파랑새처럼 늘 곁에 있어도 모르고 있다가 마음이 가난하고 절박해지면 그분이 보인다. 그분은 우리가 찾아야 보이는 분이다.

　　지나온 삶이 그분을 찾기 위한 과정이었구나 생각하면 위로가 된다. 그분 입장에서는 변함없이 내 안에 계시고 내 곁에 함께 하셨겠지만 내 입장에서는 이 모든 시간이 그분을 찾는 과정이었다. 아마도 평생 그분을 찾아가고 알아가며 살아야 할지도 모르겠다. 그렇게 생각하니 내가 겪는 모든 일이 의미 있는 과정이며, 목적을 갖고 있다고 여겨진다. 그리고 그 목적을 이루는 중에 겪는 것이라면 그 어떤 일도 소중하다는 생각이 든다.

아이를 키우는 일도, 남편의 노동도, 말씀을 읽고 기도하고 예배드리는 것도 늘 반복되고 특별할 것 없는 나의 평범한 일상도 그 하나하나가 의미 있는 목적이 된다.

고난이라는 가면

작년 1월부터 시작된 코로나19가 우리 삶 전체의 궤도를 바꾸고 일상을 변화시켰다. 모든 길이 막히고 제한되었다. 삶에 갑자기 '멈춤'과 '중지'라는 브레이크가 걸렸다. 모두가 아주 긴 겨울을 보내는 것만 같다. 사람들은 변화를 기다리다 지쳐가고 있다. 지금은 어쨌거나 버텨보자는 마음으로 다들 이 시기를 지나는 중이다. 그런데 어쩐지 내게는 이 상황이 낯설지가 않다. 우리의 근 몇 년간의 삶이 요즘 상황과 별 차이가 없어 보이기 때문이다. 이렇게 사방이 막힌 것 같고 갇혀서 하루하루를 버텨내야 하는 상황에서 우리는 무엇을 할 수 있을까? 하나님은 왜 이런 상황을 허락하실까?

서울에서 이곳에 내려온 지 거의 7년의 시간이 흘렀다. 한 것이라고는 하루하루 버티며 산 것 밖에 없는 것 같은데 돌아보니 이 시간이 우리에게는 배움과 성장의 시간이었다. 외적인 상황은 늘 똑같고 변화가 없었다. 변화보다는 이 상태를 유지하느라 버티며 지탱해내는 삶이었다. 점점 불필요한 부산함이 사라지고 삶이 단순하고 명확해졌다. 복잡함이 사라지고 우리 안에서 팝콘처럼 따로 놀던 시간의 기억과 생각이 하나하나 이어지고 통합되는 것 같았다. 감사한 것은 이런 생각의 흐름과 성장이 남편과 나, 우리 가족 모두가 함께였다는 것이다.

먼저는 예배였다. 사방이 답답하고 아무것도 보이지 않을 때 우리가 할 수 있는 것은 가족들이 둘러앉아 예배를 드리는 것이었다. 예배는 우리 가족을 연합하고 더 깊은 친밀감을 누리도록 이어주었다. 때로는 그 시간이 우리가 기도하고 말씀을 읽는, 우리를 지탱하는 하루 중 유일한 시간이 되기도 하였다. 놀랍게도 그렇게라도 말씀을 읽고 하나님의 이름을 부르고 나면 위로가 되었다. 우리의 인생길은 어디로 가는지 알 수 없지만 하나님은 여전히 우리에게 소망과 새 힘을 주셨다. 하나님을 부르면 우리 마음 어딘가에 어떤 샘물이 솟아나는 것 같았다. 어떤 절망이나 고통이 닿아도 다시 정화시키고 맑은 물을 졸졸 흐르게 하는 그런 샘물 말이다. 우리 안에 있는 성령님이 우리를 도우사 그분의 뜻을 이루신다는 것을 알 수 있었다.

만약 우리 인생의 힘든 일이 우리로 하여금 예배드리는 가정으로 만든 거라면 고난이란 우리에게 정말 큰 축복이다. 지난 7년간 우리가 함께 드렸던 예배의 시간이 우리를 더 풍성하고 사랑스럽게 만들었다고 생각한다. 예배를 통해 크고 작은 하나님의 일하심을 아이들이 함께 보고 경험하게 되었다. 아이들이 우리를 통해 하나님을 경험하고 언젠가는 그들 역시 그 하나님을 각자의 인생에서 만나리라 생각한다.

언젠가 우리 은혜가 친구랑 통화하는 것을 들은 적이 있다. 아이가 통화하다가 "우리 이제 예배드릴 시간이야!"하고 끊는 것이 아닌가? 그때 아이의 목소리에서 가정 예배 시간을 자랑스러워한다는 느낌을 받았다. 아이가 시험 전날 예배를 드리면서도 시간을 아까워하거나 불안해하지 않는 모습을 볼 때 나는 감사한 마음이 든다. 내 학창시절은 늘 불안과 걱정에 싸여 시험이 인생의 전부인 것 같이 보냈다. 하나님이 없는 마음은 불안이 지배한다. 늘 뭔가 해야 할 것 같은 불안, 잃을 것에 대한 걱정, 더 채워야 할 것 같은 조바심이 잠시도 쉴 틈을 주지 않는다. 하나님이 우리 인생의 주인이 될 때 우리 마음은 안정이 된다. 그건 아이들에게도 마찬가지이다. 인생의 우선순위는 시간과 경험이 쌓여야 한다. 하루아침에 결정되는 것이 아니다. 나와 남편이 우리와 아이가 이렇게 연결되어 우리의 경험을 공유하며 함께 할 수 있다는 것은 얼마나 기쁘고 행복한 일인지 모른다. 세상이 말하는 사랑은 시간이 흐를수록 퇴색하고 희미해지는 것이라면 하나님 안에서의 사랑은 시간이 흐를수록 더 가까워지고 연합하여 깊어지는 사랑이다. 세상은 많이 가질수록 행복하다고 하지만 우리는 하나님을 더 많이 소유한 사람이 행복하다는 것을 안다. 우리의 힘든 시간이 만약 이런 것들을 배우는 시간이라면 그 힘듦은 우리에게 축복임을 믿는다.

가정을 잃어버린 아이들

벌써 2년 전 이야기이다. 부슬부슬 비 내리는 아침 아이들을 학교에 보내고 걸어오는데 한 아이가 마주 온다.

'그 아이'다.

남편과 내가 아동학대가 의심되는 엄마를 신고한 적이 있었다. 아이가 얇은 내복만 입고 한겨울에 골목길을 배회하고 있었다. 아이 얼굴에는 울긋불긋한 상처가 보였다. 아이 집을 찾아 가서 얘기했더니 아이의 엄마는 되레 우리에게 화내고 소리를 질렀다. 아이가 집으로 들어간 뒤에 한참동안 아이 우는 소리가 밖에서 들렸다. 남편과 고민하다 결국 경찰에 전화를 했다. 경찰이 와서 그 상황을 듣고는 뭔가 조치를 취하겠다고 말했다. 그동안 그 아이에 대한 신고가 여러 차례 들어왔었다는 것이다. 그런 후 경찰이 직접 그 엄마를 만나러 갔다. 그 후에는 어떤 일이 있었는지 잘 모른다. 가끔 길가다가 아이와 엄마가 어딘가를 외출하는 게 보였는데 아이의 옷차림은 신경을 쓴 듯 달라져 보였다. 추측컨대 상담기관으로 연결되었나 보다 했었다. 그리고 그 아이를 다시 만난 건 다음 해 3월 초등학교 복도였다. 아이는 우리 요엘이와 같은 학년이었다. 아이가 작아 보여 더 어린 줄 알았는데 요엘이랑 동갑이었나 보다. 반가운 마음에 아는 척을 하려고 가까이 갔는데 아이 얼굴을 보고는 깜짝 놀라고 말았다. 얼굴이 온통 울긋불긋한 손톱자국에 멍든 자국이 있었다. 아이는 그걸 동생이 그랬다고 했다. 5살 짜리 남동생이 자기를 때리고 할퀴어서 얼굴에 상처가 났고 동생에게 몸에 멍이 들 정도로 맞았다는 것이다. 믿을 수 없었지만 아이는 절대 부모가 때렸다는 말을 하지 않는다. 폭력이 적응이 된 듯 무덤덤한 아이 앞에 더 이상 할 말이 없었다.

언젠가는 아이들을 등교시키고 집으로 오는데 멀리서 느릿느릿 걸어오는 그 아이를 만났다. 아이는 걷다 서다를 반복하며 우산을 질질 끌고 있었다. 저 걸음으로는 오늘 안에 학교에 도착하기는 어려울 것 같았다. 아이에게 학교에 데려다 주겠다고 하고 같이 걸었다. 뜬금없이 아기가 예쁘냐고 묻는다. 무슨 소린가 했더니 우리 지혜를 묻는 말이었다. 몇 번이고 묻더니 우리 지혜가 귀엽다고 했다. 그래서 너도 귀엽다고 그랬다. 그 말에 웃는 아이, 이 천진스러운 아이 모습 어디에 미운털이 박혔을까? 자기가 낳은 아이를 때리고 미워하고 차별하는 그 마음도 따지고 보면 이유가 있는 것일까? 그런데 이유가 있다면 다인가, 나도 상처받아서 어쩔 수 없다고 나도 힘들다고 하면 그만인가 말이다.

그렇게 겨우 교문까지 가서는 학교에 안 들어가겠다는 아이와 실랑이를 벌였다. 급기야 선생님이 나오셔서 아이를 데리고 들어갔다. 아이는 길 위에서 최대한 시간을 끌고 있었다. 등교할 때도 하교할 때도 빙빙 돌아간다. 그렇게 길 위에서 느릿느릿 학교도 집도 빨리 도착하고 싶지 않은 아이 같았다.

그리고 작년, 한동안 안 보였던 그 아이를 다시 만났다. 2학년이 되었고 그 아이가 이번엔 우리 요엘이와 같은 반이 되었다. 오랜만에 본 아이의 모습이 몰라보게 달라져 있었다. 일단 얼굴에 상처가 하나도 없었다. 키가 크고 살도 오르고 옷차림이 말끔했다. 그런데 아이가 뭐랄까. 차분한 것 같기도 하고 그 사이 많이 커버린 느낌이 들었다. 일단은 예전보다 좋아 보여서 다행이었다. 아이에게 어떤 변화가 있었는지 궁금했다. 아이 얼굴을 봐서는 아이 엄마에게 변화가 생긴 것 같아 다행이라는 생각이 들었다. 그래서 학교복지담당 선생님께 아이의 상황을 물어보았다.

그런데 기대와는 달리 충격적인 소식을 듣게 되었다. 아이 부모가 양육을 포기했다고 한다. 그래서 아이는 지금 기관으로 보내져서 그곳에서 살고 있다고 한다. 경제적인 이유는 아니다. 가족들은 그 집에 그대로 아이 동생과 함께 살고 있다. 무슨 사연인지는 모르겠다. 새 아빠와 재혼한 친엄마와 그 사이에서 태어난 이복동생, 이것이 이유라고 할 수는 없을 것이다. 이쯤 되니 과연 부모가 없는 것과 나쁜 부모를 가진 것 중 어느 쪽이 더 불행한지 모르겠다는 생각이 든다. 아이가 폭력에서 벗어나게 된 것은 다행이지만 이 상황을 어떻게 이해해야 할지 모르겠다. 아이는 가정을 잃은 것일까, 아니면 학대로부터 벗어나 보호를 받게 된 것일까?

아담 이후 죄의 유전자는 진화를 거듭한 게 분명하다. 자식 사랑은 거의 본능에 가깝지 않나? 나쁜 사람들도 자기 자식은 귀하게 여길 줄 안다.

본능도 거스르는 이 악은 뭘로 설명할 수 있을까. 실제로 보호시설에 정말 고아는 거의 없다고 한다. 상황이 어쩔 수 없어 보내는 경우도 있지만 그 냥 자기 자식을 못 키우겠다고 보내는 사람들도 있다는 것이다.

이 아이가 혹시 어딘가로 입양되어 새로운 가정을 만날 수 있을까? 그 런데 그럴 가능성은 희박해 보인다. 그저 현실적인 바람은 이런 아동들을 돌보는 기관과 선생님들이 평균적인 어른 역할만 해 주어도 고맙겠다는 생각이 든다. 부디 아이가 잘 자랄 수 있기를, 그 아이 인생에 좋은 사람들 이 많이 있기를 바랄 뿐이다.

아이가 자라는 데 필요한 것

           은혜가 영아원에 가서 자원봉사를 하고 왔다. 학교 봉사점수를 채우기 위해 하는 거지만 은혜에게 하려거든 제대로 봉사할 수 있는 곳을 찾아서 하라고 했다.

    은혜는 다녀오고는 힘들었다고 한다. 그러면서 거기에서 일하시는 분들이 대단하다고 그런다. 어제 나도 영아원에 가서 책을 읽어주고 왔는데 어제는 유독 힘들었다. 아이들과 좀 친해지면서 한 아이가 와서 내 무릎에 앉기 시작했다. 그러자 너도 나도 달려들어 서로 앉겠다고 치고받는 아수라장이 되었다. 그러다가 아이들이 서로 부딪히고 다쳐서 우는 사태가 생기고 말았다. 나의 섣부른 애정이 낳은 결과였다. 나는 그동안 선생님들의 엄격한 태도를 보며 아쉬운 마음이었다. 그런데 24시간 같이 보내는 선생님들이 왜 아이들을 엄격하게 대하는지 이해가 갔다. 한 아이를 안아주면 다른 아이들이 싸운다. 센 아이가 이기니까 아이들은 본능적으로 더 거세게 나온다. 여러 아이들을 돌보는 상황에서는 어쩔 수 없이 아이들과 어느 정도 거리를 두어야 했던 것이다.

그런데도 아이들을 보면 안쓰럽다. 아이마다 안아주고 다정하게 눈을 맞추고 말 걸어주는 사람이 있으면 얼마나 좋을까? 아이에게 가장 큰 필요는 그런 애정과 관심인데 말이다. 결국 사회적 제도나 장치가 발전하더라도 가장 중요한 것까지는 메꿔주지 못하는 것 같다. 내가 보기에는 기관마다 옷이나 먹을 것, 장난감 같은 것들은 크게 부족함이 없어 보인다. 우리나라 복지가 그래도 예전보다 많이 좋아졌기 때문이다. 당연한 말이지만 아이들에게 필요한 것은 애정이다. 그 아이들에게는 애정 어린 관심을 주는 누군가가 필요하다. 평범한 가정에서 느끼는 애정과 안정감, 지속적인 사랑, 아이들에게 필요한 것은 그런 것이다. 아이들에게 맛있는 간식을 먹이고 선물 좀 줬다고 아이들의 빈 가슴이 채워지지 않는다.

각 아이에게 모두 가정이 있다면 얼마나 좋을까? 현실적으로 그것이 불가능하다면 우린 무엇을 해야 할까? 최저 출산율로 인구감소를 염려하는 반면 학대당하고 버려진 아이들은 늘어나는 현상이 공존하는 시대이다. 이제 아이를 키우는 건 부모뿐 아니라 이 사회에 있는 어른 모두의 책임이 되었다. 우리는 서로 연결되어 공존하며 살아가야 하는 존재들이기 때문이다.

의미 있는 선택, 입양

"입양은 가정이 필요한 아이가 영구적인 가정을 만난다는 점에서 꼭 필요한 제도이며, 사회적으로나 개인적으로나 의미 있는 선택임이 틀림없다." _이설아, 〈가족의 온도〉 중에서

〈가족의 온도〉를 읽으며 영아원에 있는 아이들 얼굴이 떠올랐다. 그들에게 가장 절실한 필요는 가정, 따스한 엄마 아빠의 품이라는 걸 잘 알기에 이 말이 더욱 와 닿았다. 입양은 현실적으로도 지금 이 사회에 필요한 최선의 길이 아닐까? 그렇지만 아이가 겪었을 생부모와의 분리, 자신을 낳아준 부모의 존재와 입양의 과정을 받아들이고 소화하는 과정은 쉽지 않아 보인다. 보통 엄마들이 아이와 자기를 동일시하며 키우다가 아이가 독립하고 분리될 때 힘들어한다. 아이를 나와 다른 인격, 하나의 독립된 존재로 인정하고 받아들여야 하는데 그게 잘 안 되어 진통을 겪는다. 입양은 반대로 나와 분리된 아이를 내 아이로 품어 함께 연합을 이루어가는 과정이다. 그 과정에서 부모는 아이의 아픔을 보듬고 그 아픔을 공유하며, 아이와 하나로 연결된다. 아이 역시 자기를 열어주

며 다가올 때 부모와 하나로 만나는 공감과 공유의 공간이 생긴다.

나는 그 과정이 우리가 예수님과 연합하는 모습과 닮았다는 생각이 든다. 서로 다른 이질적인 존재인 나와 예수님이 하나로 연합하는 과정, 그분의 양자로 입양되는 과정이 비슷하다. 예수님과 나도 이런 진통을 겪으며 이어졌다. 하나님을 아버지라 부를 수 있는 것, 나와 전적으로 다른 존재와 내가 하나 될 수 있는 것은 그분의 사랑을 믿고 신뢰하기 때문이다. 인간끼리와의 관계랑은 비교할 수도 없는 질적 존재적 차이를 가진 하나님과도 우리는 하나로 연결될 수 있다. 육체의 혈통이 아닌 믿음으로 맺어진 하나님의 자녀라는 정체성은 세상 그 어느 것보다 강력한 존재감이 있다. 우리는 하나님을 아버지라 부를 수 있는 특별한 존재들이다.

〈가족의 온도〉라는 책을 통해 입양가족의 모습을 본다. 마음이 따스해지는 글과 그림으로 엄마의 마음이 전해진다. 나도 아이 넷을 키우는 엄마로서 내가 아무리 노력해도 상처 주지 않고 아이를 키우는 게 불가능하다는 걸 느낀다. 아무리 집에서 보듬어줘도 밖에서 아이는 생채기가 생긴다. 아이의 여리고 보드라운 살에 상처가 더 깊이 박히는 걸 본다. 내가 할 수 있는 것은 상처받을 때 옆에서 공감해주고 아이가 아프고 슬픈 감정을 토해내도록 도와주는 것이다. 상상하건대 입양의 과정도 이와 비슷하지 않을까. 아이를 아무리 사랑해도 우리는 아이의 아픔을 대신할 수 없다. 아이가 가진 아픔을 토닥이며 보듬어줄 뿐이다. 그 과정을 되풀이하며 아이는 더 건강하고 튼튼해진다. 인간이란 어떤 식으로든 상처와 연결되어 있다. 입양은 이 사실을 처음부터 인식하며 시작하는 것이다. 생명을 키우고 자라는 과정은 이렇게 서로 통한다고 믿는다. '상처'라는 통과의례를 어떻게든 겪어내며 우리는 상처 없는 아이가 아닌 상처를 이겨내는 튼튼한 아이로 키우기를 소망하는 것이다.

　해마다 버려지는 아이들, 학대로 고통받는 아이들이 늘어나고 있는 이 현실에서 당연히 우리는 가정에 대해 고민하고 대안을 찾아 실행해야 한다고 생각한다. 입양은 깨지고 아픈 이 세상에서 찾을 수 있는 가장 의미 있고 적절한 대안이 아닐까 생각해본다. 하나님 안에서 우리가 서로 형제자매이며 부모와 자식이 될 수 있다는 것, 그 이상이 가장 현실적으로 뿌리내린 제도요 가족의 모습이라고 생각한다.

기도로 키운다

어제 요한이가 등굣길에 자전거 타고 가다가 달려오는 차와 부딪힐 뻔했다. 아침에 갈 때 "천천히 가!"라는 엄마의 말이 떠올라 속도를 줄이려고 오른손 브레이크를 잡는 순간(이 녀석이 두 손을 놓고 타고 있었단다. 세상에!) 차가 다가오는 게 보였다고 한다. 뒷바퀴 브레이크를 잡은 덕에 아슬아슬하게 옆으로 회전하여 차를 피했다. 너무 놀라 가슴이 쿵쾅거렸다는데 그 말을 듣고 내가 더 놀라 가슴을 쓸어내렸다. 오늘 아침에 같이 가서 보니 산책길 오르기 전 골목 끝에 놓인 일자 도로에 차들이 너무 빨리 달리고 있다. 우리 동네는 유독 골목이 넓다. 코너를 돌 때 주차된 차들 때문에 오는 차가 잘 안 보였을 것 같다. 친구랑 아침 6시 30분에 만나 축구하기로 했는데 늦었다고 급하게 달렸었나 보다. 늦지 않으려고 속력을 내다가 천천히 가라는 엄마의 말이 떠올라 브레이크를 잡은 거라니 천만다행이었다. 급하면 앞뒤 브레이크를 동시에 잡는데 그러면 오히려 차랑 부딪혀 튕겨 나갈 수도 있다고 한다. 안 다쳐서 다행이지만 아이가 클수록 걱정이 는다는 말을 실감한다.

아이를 몸에 달고 다닐 때는 육체가 고단하고 힘들더니 거기서 벗어나니 이젠 위험해 보이는 것들이 한두 가지가 아니다. 축구하면서 다칠까봐 걱정되고 자전거 타는 것도 그렇고 친구관계나 학교생활 등등. 아이들이 뭔가 새로운 걸 시작할 때마다 따라오는 위험요소들은 또 얼마나 많은가. 이젠 아이의 뒷모습을 숱하게 보며 보내야 할 텐데 말이다. 결국 아이를 향해 드리는 기도만 남는다. 나도 안다. 기도한다고 우리 아이가 모든 위험과 고통을 피해 가는 게 아니라는 것을. 그럼에도 아이를 위해 끊임없이 기도하는 이유는 어떤 순간에도 하나님이 아이와 함께하실 것을 믿고 의지하기 때문이다. 때론 그 상황을 피하도록 도우실 것이고, 피할 수 없을 때는 어려움을 이길 수 있는 용기와 힘을 주실 것을 믿는다. 그러니 아이 넷인 나의 무릎은 더 견고하고 튼튼해져야 할 것이다.

부부의 길

오전에 아이들이 학교에 가고 난 후 뜨거운 물에 레몬청 한 스푼을 넣어 따뜻한 레몬차를 만들어 마셨다. 얼마 전 동네 작은 도서관에서 만들어 온 레몬청이다. 새콤달콤 따뜻한 레몬차를 마시며 선선한 가을바람을 맞으니 더 상쾌해진 기분이다.

도서관에서 레몬청을 만들 때 열 분 정도가 모였었다. 다들 40~50대 아줌마들이었는데 서로 모르는 사이라 처음엔 조용히 레몬 썰기에만 열중하고 있었는데 그때 한 분이 수다의 물꼬를 트기 시작했다. 어느 정도 주거니 받거니 하다가 이분이 갑자기 "여기 계신 분 중에 다시 결혼해도 지금 남편과 또 결혼하겠다는 사람 있나요?"라고 물었다. 그분은 100% "NO!"를 예상했었나 보다. 그중 두세 분이 "그렇다"는 대답을 하자 놀랍다는 반응이었다. 그만큼 다들 불만족 속에 산다는 것이다. 내 주변에도 행복하게 잘 사는 커플을 보기가 쉽지 않다. 결혼해서 좋은 관계를 유지하기가 그만큼 어렵다. 결혼이 쉬운 것도 아니고 배우자를 쉽게 결정하는 사람은 거의 없다. 그렇게 진지하게 고민하고 마음에 확신을 얻어 선택한 결

정이지만 그 짧은 결정의 순간이 지나가면 그 결정을 유지하는 데는 평생
에 걸친 시간이 필요하다.

　아이가 안 생겨 오랜 시간 기다리고 몇 번의 인공수정 끝에 얻은 아이
라면 얼마나 귀하고 소중할까? 그런데 그렇게 얻은 아이를 키우는 일도
날마다 즐겁지는 않다. 짜증과 피곤함, 불평과 분노의 시간이 함께 있다.
원하는 일이 이루어지는 그 순간의 특별함은 그 외 대부분을 차지하는 평
범한 시간들에 쉽게 함몰된다. 우리의 삶은 거의가 일상적인 공간과 평범
하게 흘러가는 시간 속에 있다. 우리의 일상은 흥미진진하고 재미있는 일
보다는 하기 싫은 일을 견디면서 버텨야 하는 시간이 훨씬 더 많다. 부부
관계와 자녀 양육도 이런 수고와 노동이 반복되는 24시간의 일상을 서로
공유하며 함께 공존하는 것이다. 우리의 일상이란 얼마나 지루하며 끝없
는 일들의 반복인가? 특히 주부의 일이란 더욱 그렇다. 이것을 꾸준히 감
당하도록 생기를 불어넣고 활기를 주는 건 일시적 감정이 아니다. 아이를
절실히 원했던 그 마음, 아이에 대한 간절한 애착 그 이상이 있어야 한다.
부부 관계도 마찬가지이다. 한때 열정적으로 사랑했던 연애의 감정이 우
리의 일상을 성실하게 지속시킬 수는 없다. 감정을 넘어선 인생 전반에 대
한 태도와 습관이 필요하다.

　결혼 초반에 어떤 수련회에 참석했었다. 그때 강사님의 한마디가 내
뇌리에 깊게 박혔다. '부부란 한배를 탄 사람들'이라는 말이었다. 참 평범
한 말인데도 그 한마디가 나에게는 인식의 전환을 가져왔다. 그 당시 남편
과 나는 서로를 향한 열정만 가득했지 부부가 무엇인지 잘 몰랐었다. 그런

데 부부란 단지 서로 좋아하는 게 아니라 하나의 끈으로 묶인 하나의 연합이라는 말은 어떤 새로운 개념처럼 다가왔다. 결혼 초반에 나는 여전히 나는 나, 너는 너였기에 나도 모르게 속으로는 손익계산서를 두드리고 있었다. 겉으로는 같이 통합되었지만 뭔가 손해 본다는 느낌이 들면 굉장히 불만스럽고 부당하다는 생각을 했었다. 그런데 그 이후에는 따로따로가 아닌 통합계산서로 서로를 보게 되었다. 뭐든지 분리가 아닌 합산이 되었다. 우리가 탄 배는 하나라서 풍랑이 오면 같이 싸우는 수밖에 없었다. 같이 싸우면 이기는 것이고 따로 놀면 서로 망하는 것이라는 생각이 뇌리에 박혔다. 그렇게 되니 부부가 한 팀이 되어 갈 수 있었다. 문제가 생기면 힘을 합쳐 그 문제와 싸웠고 같이 버티며 이겨나갔다.

　어떤 분은 배우자가 지름길을 놔두고 돌아가서 답답하다고 한다. 자기 눈에는 뻔히 좋은 길, 더 빠른 길이 보인다는 것이다. 이것은 운전할 때만 생기는 문제가 아니다. 삶에서 부딪히는 크고 작은 일상사에 이런 고민이 있는 것이다. 혼자가 아닌 같이 가야 하기 때문에 생기는 일이다. 그런데 부부로 사는 건 어쩌면 빠른 길을 놔두고 돌아가는 일이 아닐까 싶다. 누군가와 함께 가기로 결정했다면 빨리 가는 게 목적이 될 수 없다. 함께 가다 보면 상대방이 느려서 처지거나 내가 힘이 빠져 느려지는 일이 허다하다. 엉뚱한 길로 굳이 들어가서는 길을 잃기도 한다. 가다 보면 상대방의 짐이 내게 옮겨져 더 힘겹다는 생각도 든다. 그런데 인생의 시간이란 생각보다 길어서 장담할 수는 없다. 늘 내게 짐을 보태던 상대가 이느 순간에는 나의 짐을 지고 가는 때가 오기 마련이다. 상대방의 짐이 내 짐처럼 여겨쳐야 함께 갈 수 있는 것이다. 자로 재듯 서로의 짐을 가르고 나누는 순간 마음도 나뉘고 부부의 인연도 갈라지게 된다. 부부가 하나 됨은 각자의 저울을 내려놓고 하나의 저울을 사용해야 가능하다.

> '나에게 남은 것이 무엇인가 생각하다가 네가 쥐고 있는 것을 바라보며 내 손에 한번 쓸쓸히 쥐었다 펴보는 그런 사이이다. 부부란 서로를 묶는 것이 쇠사슬인지 거미줄인지는 알지 못하지만 묶여 있는 것만은 확실하다고 느끼며…' _문정희 시인, '부부' 중에서

이렇게 서로 연결되어 하나가 되는 것이 부부의 길이다. 그리고 이왕이면 내 손보다는 상대방 손 위에 올라간 상을 더 기뻐하며, 서로를 묶는 것이 하나님과 함께하는 삼겹줄임을 확실하게 믿는 것이다. 이것이 행복한 부부의 연합이요 기나긴 길을 함께 갈 수 있는 비밀이 아닐까.

사랑하도록 돕는 것

남편이 바빠서 이번 주말에 내려오지 못했다. 아빠 없이 주말을 보낸 아이들이 뭔가 이상하고 허전했나 보다. "오늘은 토요일 같지가 않아!"라며 툴툴거렸다. 아빠가 오면 바람도 쐬고 맛있는 것도 먹는다. 뭔가 특별한 일들은 주말로 다 미뤄놓았기 때문에 더 그런 것 같다. 심지어 게임도 주말에 아빠가 있을 때 한다.

어렸을 적 아빠랑 별로 살갑게 지내지 못한 나는 남편이 아이들과 잘 지내기를 누구보다 바라게 되었다. 가끔 부모들이 서로 아이의 사랑과 인정을 받고자 실랑이를 벌이고 경쟁한다는데 나는 그게 이해가 안 된다. 부부 사이의 문제를 떠나 아이에게는 좋은 부모가 필요하지 않을까? 나는 아이들이 아빠를 좋아하는 모습이 너무 좋다. 또한 서로 사랑하도록 도우려고 애를 쓰는 편이다. 가령 용돈을 주거나 선물을 주는 건 거의 남편에게 하게 한다. 아빠가 있으면 좋은 일, 재미있는 일이 더 많다는 것을 느끼게 하려고 노력한다. 생색내고 아이들 마음을 살 수 있는 일이 있으면 남편에게 몰아준다. 관계란 꼭 뭘 줘야 좋아지는 건 아니다. 하지만 상대적으로 아이들과 공유하고 나눌 시간이 부족한 남편의 존재감을 이런 식으로라도 부각해주는 것이다. 아이들은 보이지 않는 사랑이나 수고를 이해하지 못한다. 느끼지 못하면 아이들은 멀어진다. 아이들과 가까이 있으면서 정서적 유대가 깊은 나와 달리 아빠는 조금만 소홀하면 관계가 소원해진다. 그래서 수시로 남편에게 아이들의 상태를 알려준다. 아이를 사랑하고자 하는 마음은 많지만 그게 잘 안되는 아빠들이 너무 많기 때문이다. 우리 아빠도 그러셨던 것 같다. 아빠가 돌아가시고 나서야 그런 아쉬움이 많이 남는다.

그러고 보면 가족이란 관계 하나하나가 여간 신경 쓰이는 존재가 아니다. 조금만 소홀해도 구멍이 나고 문제가 생긴다. 왜 그렇게까지 신경 쓰고 살아야 하냐고 묻는다면 답은 간단하다. 사랑하기 때문이다. 사랑이란 에너지가 무척 많이 들어가는 일이며 조심조심 공들여야 하는 일이며 살피는 일이다. 사랑하는 사람들이 서로 사랑하도록 돕는 건 당연한 일이다. 우리 남편은 이 구도를 너무 잘 알아서인지 자기가 줄 수 있는 사랑을 아내에게 집중적으로 몰아준다. 아내에게 몰아준 사랑이 아이들에게로 흘러간다는 것을 잘 아는 것이다. 받은 게 있으면 돌려줘야 하니 말이다. 그래서 나도 열심히 사랑의 메신저 역할을 자청하는 중이다.

"아빠가 없으니까 심심하고 쓸쓸해." 어제 지혜 입에서 이 말을 듣는데 뿌듯하다. 서로 사랑하는 가족이라면 빈자리를 느끼고 그리워하는 게 맞다. 아빠의 빈자리는 아빠가 메꿔주도록 하는 것 역시 사랑이라고 생각한다.

꿈의 방향

아이들이 안 보여 어디 갔나 했더니 옥상에서 체스를 두고 있다. 올라가 보니 맨바닥에 그냥 앉아 있기에 돗자리를 펴주고 왔다. 자기들끼리 참 잘도 논다. 아이가 넷이라서 좋을 때가 이런 때이다. 이번 코로나19로 긴긴 방학을 보낼 때 아이들이 서로 같이 노니 그나마 좀 수월했다. 아이들 노는 시간이 내가 숨 고르는 쉬는 시간이기도 하다. 종종 싸우기도 하지만 요즘에는 친구들끼리 싸워보는 경험도 하기 힘들어졌다고 한다. 싸움 한번 붙어 보기도 전에 엄마들이 나서서 교통정리를 해주기 때문이다. 서로 얼굴 붉히기 싫으니 배려차원이기도 하다. 그러니 옛날보다 요즘이 더 형제들이 필요한 때가 아닌가 싶다. 이젠 밖에 나가 친구들이랑 놀 수도 없고 학교에서도 코로나 때문에 거리 유지에 힘쓰다 보니 아이들이 점점 외로워진다. 그게 안쓰러워 부모가 그 자리를 다 채우려니 부모 노릇도 갈수록 더 힘들어진 세상이다.

살다 보니 내가 선택하지 않은 것들이 나를 더 풍성하게 만들어 주는 경우가 종종 있다. 내가 이렇게 아이 넷을 낳으리라고는 상상도 못 했으니 말이다. 또 이렇게 글을 쓰게 될 줄도 몰랐다. 학교 다닐 때 책 읽는 건 좋아했지만 나는 이과에 갔다. 문과보다는 이과를 더 선호했던 주변 사람들의 영향이 있었고 스스로도 이과가 나의 적성이라고 생각했었다. 나의 꿈은 수학 선생님이 되는 것이었다. 영어를 싫어했던 것도 이유였다. 그런데 막상 대학교에 가 보니 내 관심이 수학이 아니라 문학이나 인문학 쪽이라는 것을 알았다. 거기다가 그렇게 싫어하던 영어였는데 언어를 배우는 일이 재미있다는 것을 알게 되었다. 내가 영어 공부에 흥미가 생긴 것은 30대 이후의 일이다. 학교 다닐 때 싫어서 못했던 영어가 재미를 붙이니 배우는 속도가 빨라졌다. 중·고등학교 내내 영어를 공부하고도 말 한마디 제대로 못했는데 흥미가 생겨서 배우니 금방 늘었다. 언어는 학문이 아니라 생활이라는 것을 배운 것이다. 영어가 앉아서 하는 공부가 아닌 상호소통의 수단으로 바뀌니 훨씬 재미있고 쉬워졌다. 그러고 보니 기호나 관심이라는 것도 겉으로 봐서는 모를 때가 있다. 깊이 들어가야 좋아지는 것들도 있게 마련이다.

자신이 뭘 좋아하고 잘할 수 있는지는 다양한 경험을 통해 알게 된다. 무엇을 빨리 정해야겠다는 생각보다는 호기심을 가지고 다양한 것들을 접하면서 서서히 발견해 가는 거라고 생각한다. 괜히 선입견이 생기면 경험할 수 있는 기회를 놓치게 된다. 너무 일찍부터 꿈을 정해놓고 달려가면 그 꿈을 빨리 이룰 수는 있으나 다른 많은 가능성을 조기에 차단하고 좁은 영역에 머물게 된다. 요즘 아이들은 꿈을 가져야 한다는 압박이 있다. 학기 초가 되면 꿈, 장래 희망란에 빈칸을 채우려고 고민한다. 학교에 진로

과목이 생긴 것도 아이들이 꿈을 정하는 데 도움을 주기 위해서이다. 아이들이 빨리 꿈을 정하고 그것을 위해 열심히 달려가기를 바라는 것이다.

직업에 관한 영상이나 간단한 체험이 도움이 되는 면도 있지만 꿈은 그렇게 빨리 정해지는 게 아니다. 그래서인지 아이들이 꿈을 못 정하고 있으면 뭔가 결함이 있는 것처럼 느껴진다고 한다. 그런데 단지 영상 몇 개를 보고 그 직업에 대해 알 수 있을까? 아직 세상에 뭐가 있는지도 모르는 나이에 경험해 보지도 못한 것을 정한다는 게 무리라는 생각이 든다. 그러니 아이들이 기존에 보아온 직업들 중에서 골라 거의 획일화된 꿈을 적는 것이다. 공무원, 의사, 연예인, 운동선수, 요즘에는 유튜버나 뷰티 관련 직업들이 있지만 그래봤자 몇 개가 안 된다. 세상에 수많은 직업이 있고 사라질 직업, 생겨날 직업도 있다. 이제는 평생 한 가지 직업으로 사는 시대도 아닐 텐데 말이다.

사실 이런 꿈 정하기는 대학이나 학과를 좀 더 수월하게 정하기 위한 과정처럼 보이기도 한다. 그래서 나는 우리 아이들에게 꿈을 미리 정하려고 너무 애쓰지 말라고 한다. 서둘러 한계를 정해서 네 인생을 미리 제한하지 말라고 한다. 너무 일찍 정하면 유연해지기 힘들고 새로운 것을 시도하고 경험해 볼 기회를 놓칠 수도 있기 때문이다. 꿈이란 하나의 커다란 방향이자 목적이고 직업은 사실 그 꿈을 이루기 위한 과정 중에 있는 구체적인 목표에 불과하다. 먼저는 꿈의 방향을 찾는 것이 우선이다. 자신의 인생의 방향이 무엇인가, 좀 더 본질적이고 깊은 물음이 먼저이다. 그래서 아이가 하나님 안에서 큰 틀을 갖고 그 안에서 넓고 유연한 시선을 가지기를 바란다. 나의 시야는 내 경험의 한계를 넘지 못하기 때문이다. 내 생각과 달라도 그게 길일 수 있고 기회가 되기도 한다.

　어렸을 때 고집불통에 고지식했던 나의 사고방식이 참 아쉬움으로 남는다. 우리 아이들은 그러지 않았으면 좋겠다. 진리 안에서 바르고 넓은 시야를 갖는 것이 우선이다. 그 안에서 편견과 묶임 없이 자유롭고 즐거운 인생의 모험을 할 수 있는 아이들로 자랐으면 좋겠다. 그게 하나님의 손 안에서 자기의 꿈을 찾아가는 것이라고 생각한다.

누구에게나 〈고백록〉을

      평소에 은혜는 학교에서 6시면 끝나는데 어제는 교감선생님과 진학 관련 단체 상담이 있었다고 했다. 저녁 7시에 시작해서 늦게 끝날 거라 하기에 남편이랑 같이 데리러 갔다.

    밤 10시가 넘으니 아이를 데리러 온 차량이 줄을 서서 대기하고 있었다. 차 안에서 하품을 해가며 기다리는데 아이들이 하나둘씩 나오기 시작했다. 하루 종일 공부하고 밤늦게 귀가하는 아이들을 보는데 안쓰러운 마음이 들었다. 10시에 끝나 집에 가면 그나마 일찍 끝나는 거고 그 시간에 또 학원에 간다고 한다. 거기서 새벽 1~2시까지 공부해야 집으로 귀가한다는 것이다.

    고등학교에 갔더니 수업시간에 자는 애들이 더 많아졌다고 한다. 이런 스케줄을 감당하며 낮에 졸음이 안 온다면 인간이 아닐 거란 생각이 든다. 자식을 사랑하지 않는 부모는 없을 텐데 이런 이상한 현상을 저항 없이 받아들이고 아이를 키워야 하는 우린 도대체 무엇인가? 아이들을 지치게 하며 의욕상실로 키우는 이 구조를 왜 벗어나지 못하는 걸까. 인간이란 과연 생각하는 존재인가, 우리의 욕망과 불안이 이 모든 기능을 마비시켜 버린 게 아닐까. 무엇이 정상과 비정상의 경계를 허물어버린 걸까.

요즘 아침마다 아이들에게 어거스틴(Augustine)의 고백록을 조금씩 읽어주고 있다. 그의 전 인생에 걸친 회상을 읽어 내려가다 보면 유아기부터 시작된 우리 자신의 모습이 보인다. 어거스틴이 그의 어린 시절, 청소년, 청년의 때를 회상하는 장면이 참 인상적이다. 어릴 때는 잘 모르지만 아이들이 커서는 부모의 사랑을 평가하게 된다. 부모의 사랑이 그 동기가 무엇 때문이었는지 진리를 벗어난 애정인지 아닌지 아이들은 안다. 이것을 아는 게 잘못은 아니다. 바르게 인식하는 것과 부모에게 감사하는 것은 별개의 문제이다.

어거스틴은 그의 아버지를 이렇게 회상한다.

> "나의 아버지는 집안 형편이 어려운데도 자식을 먼 곳으로 유학 보내는 데 필요한 학비를 마련해 주신 것이었기 때문에, 사람들은 그런 아버지를 칭찬하고 칭송하였습니다. 하지만 나의 아버지는 내가 주님을 향하여 얼마나 더 성장해 나가고 있는지, 또는 얼마나 정결한 삶을 살아가고 있는지에 대해서는 전혀 신경을 쓰지 않았기 때문에, 주님이 경작하시는 '나'라는 밭이 극도로 황폐해져서 불모지가 되어 있어도 그런 것에는 관심이 없으셨고, 단지 내가 웅변을 능숙하게 해내기만 하면 그것으로 만족하였습니다."

지금 우리가 아이를 대하는 모습과 너무 유사하지 않은가?

어거스틴의 어머니, 우리에게는 기도하는 어머니로 회자되는 모니카에 대한 그의 기억도 상당히 예리하고 날카롭다. 어머니 모니카는 일찍이 아들의 혈기가 해악을 끼치고 위험을 초래할 것을 느끼고 충고를 하며 애를 쓰셨다고 한다. 그러나 그는 자신의 어머니의 한계 또한 분명히 지적한다.

> "어머니는 나의 결혼을 전혀 염두에 두지 않으셨는데, 그것은 내가 결혼을 하면 어머니께서 나에게 걸고 계셨던 희망을 이루는데 나의 처가 방해가 되고 짐이 될 것을 우려하셨기 때문이었습니다. 당시 어머니가 내게 걸고 계셨던 희망은 주님 안에서 내세와 관련해서 내게 바라신 소망이 아니었고, 내가 공부를 열심히 해서 출세를 하는 것이었습니다. 나의 부모님은 두 분 다 내가 그렇게 되기만을 학수고대하셨습니다."

깊은 신앙인이었던 그의 어머니 모니카에게도 아들에 대한 이런 속물적인 기대가 있었다는 것이고 그게 짧은 순간이었을지도 모르지만 그것을 아들은 분명히 인식하고 알았다는 것이다. 나중에 어거스틴이 방황의 길로 빠지고 신앙에서 벗어나게 되자 모니카는 눈물로 그를 위해 기도한다. 어쩌면 아들의 타락과 방황이 그녀를 더 성숙한 신앙인의 길로 이끌었을지도 모른다.

1,600년 전이나 지금이나 별반 차이는 없는 현실이지만 지금 우리나라 아이들의 모습은 훨씬 더 정신적으로 열악해 보인다. 이렇게 자란 아이들이 '아무것도 하기 싫어지는 병'인 무기력의 늪에 빠지는 게 이상한 일이 아니다. 책상에 엎드려 잘지언정 책상을 떠나지 못하는 우리 아이들이 너무 안됐다. 나중에 아이들의 회고록에 우리가 사랑이라 말하며 행했던 모든 헌신과 노력이 무엇으로 그려질지 깊이 생각해 봐야 한다.

아이들마저 파악하는 우리의 의도와 동기를 하나님은 모르실 리가 없다. 아이들이야 세월이 흘러 머리가 커져야 알지만 하나님은 우리의 마음을 즉시 아신다. 누구에게나 고백록이 필요하다. 다른 이의 눈이 아닌 내가 쓰는 정직한 나의 고백록.

우리 스스로가 먼저 써 봐야 할 것이다.

아이의 시선으로

"삶에서 스스로를 보호하려는 본능은 어릴 적부터 나타난다. 그러니까 인생의 눈부신 희망과 그늘진 현실 사이의 골에 눈뜨면서 말이다. 어릴 적 우리는 '어두운 심연'을 건널 능력을 지니고 있다. '날개 돋은 기쁨의 기운'을 타고 그 심연을 훌쩍 건너는 것이다. 아이들은 모두 이 재주를 타고난다." _파커 J. 파머, 〈다시 집으로 가는 길〉 중에서

아이들에게서 '날개 돋은 기쁨의 기운'을 본다. 평범하고 일상적인 순간들을 특별하게 만드는 아이들의 눈을 사랑한다.

비오는 날 아침, 나무에 보석이 달려 있다는 아이의 말에 서둘러 학교에 가던 발걸음을 잠시 멈췄다. "엄마! 나무가 너무 예뻐!" 아이의 시선을 따라가면 세상은 신기하고 새롭다.

너무나 평범하고 하찮은 것들을 특별하게 만드는 사람들이 있다. 잘 다니던 직장을 그만두고 평생소원이던 그림을 그렸던 이, 그가 그린 그림은 서울 한복판 오랜 주택들이 있는 옥상 풍경이었다. 한국의 평범한 구멍가게들만 그렸는데 이국땅에서 전시를 한 사람도 있다.

시시하고 평범한 것들을 특별하고 의미 있게 만드는 사람들이 있다. 아마 그들은 '아이의 눈'을 가졌을 것이다. 아이들의 시선에는 '생기'가 있다. 연약하고 부드럽지만 그 눈은 살아있어 안과 밖을 드나드는 문에 빗장을 걸지 않는다. 굳어지고 경직된 죽은 마음이 아니라 생동하는 즐거움과 기쁨으로 생명을 발견한다.

죽음의 시선으로는 결코 찾을 수 없는 보물들. 아이들의 영혼만이 가질 수 있는 천국은 너무나 평범하고 가까운 곳에 뿌려져 있다. 아이들처럼 이렇게 비밀의 문을 선뜻 열고 들어갈 수 있다면 세상의 모든 것이 깨어나리라.

"내가 진실로 너희에게 이르노니 누구든지 하나님의 나라를 어린아이와
같이 받아들이지 않는 자는 결단코 거기 들어가지 못하리라" _눅 18:17

소통, 공유의 공간

　　　　　　'소통'한다는 것은 너와 나 사이에 공
감이 이루어지는 공간이 있다는 게 아닐까? 우리가 아무리 상대방을 사랑
한다 해도 타인을 완전히 이해하고 상대와 똑같이 보고 느낄 수는 없다.
최대한 나를 열어 상대방을 향해 가고 상대방도 나를 향해 다가왔을 때 그
어느 지점에 공유할 수 있는 공간이 생긴다. 그 안에서 생기는 이해와 공
감의 영역이 너와 나만의 특별한 공간을 만드는 거라고 생각한다.

　동생들보다 일찍 아침을 먹는 은혜와 함께 둘이서만 마주하는 시간이
있어 다행이다. 이때 은혜는 친구들 이야기를 많이 들려주는데 덕분에 난
아이들의 세상을 엿보게 된다. 아이의 눈으로 보고 느끼는 것들이 얼마나
놀라운지 다 쓸 수 없을 만큼 새롭다. 만약 아이가 무슨 말을 하고 나서 우
리에게 "괜히 말했다"라든지 "엄마한테 다시는 이런 말을 안 할 거야!"라
고 한다면 그건 더 이상 당신과 소통할 수 없음을 알리는 신호이다. 어쩌
면 이렇게 표현하지 않고 조용히 단절을 결심한 아이가 있을지도 모르겠
다. 놀라운 건 십 대 아이들의 대다수가 부모나 교사들에게 이런 결정을

내린다는 것이다. 아이들이 겉으로는 반항하지 않고 내 말에 순종하는 것 같아도 소통과 공감 없는 껍데기 대화를 하고 있다는 것이다. 학기 초라 학교에 갔는데 생활지도를 담당하시는 선생님께서 요즘 아이들이 무슨 말을 하면 금방 까먹고 못 듣는다고 답답해하셨다. 맞다! 아이들은 관심 있는 것만 듣는다. 문제는 어른들의 소리가 더 이상 그들의 마음에 와 닿지 않게 되었다는 것이다.

아이랑 얘기하면 할수록 우리가 서로 이렇게 다르다는 사실에 놀란다. 내가 낳고 오랜 시간 내 생각을 먹고 자란 아이인데도 많이 다르다. 그런데 그게 어떤 면에서는 내가 모르는 미지의 세상을 만나는 신선하고 놀라운 경험이기도 하다. 사랑하면서도 서로 공감하고 이해하지 않으면 오해와 착각으로 벽을 만들 수도 있다. 그게 가까운 가족 사이에 일어난다는 것이 안타깝다. 혹시나 내가 그런 건 아닌지 궁금하다면 열린 마음으로 아이를 향해 질문해 봤으면 좋겠다. 혹시 나 때문에 속상하거나 힘든 일이 있는지, 마음에 걸리는 것이 있는지 물어야 한다. 그리고 상대방이 나 때문에 힘들다면 그냥 인정하고 수용했으면 좋겠다. 설사 나도 할 말이 많고 상대방이 틀린 게 확실하다는 생각이 들더라도 말이다. 어차피 우리는 누군가를 교정할 수가 없다. 우리 사이에 따스한 공간, 소통이 일어나는 공유의 공간, 그 자리를 잃지 않는 게 더 시급하다. 그게 있어야 변화의 여지도 생긴다.

주운 돈

아침에 지혜를 데려다 주는데 학교 근처에서 돈을 주웠다. 접힌 만 원짜리를 펴보니 삼만 원이었다. 처음에는 '와! 공돈이다' 싶었는데 옆에 있던 지혜가 그냥 길에 그대로 놔두라는 거다. 생각해보니 삼만 원이면 적지 않은 돈이다. 손때 묻고 접힌 자국을 봐서는 어느 할머니 바지춤에서 흘러나온 것 같아 보이기도 한다. 무엇보다도 우리 딸이 옆에서 봤다는 게 걸렸다. 만약 지혜가 안 봤다면 난 아무 생각 없이 그냥 주워 썼을 것 같다. '아, 하나님! 왜 저를 시험하시나요?' 이럴 때 너무 갈등이 된다. 마트에서 막 나왔는데 계산 안 된 물건이 있을 때 부끄럽지만 그때도 그렇다. 마지못해 다시 가곤 한다. 사실 그냥 온 적도 있다. 양심에 거리끼는 일은 하지 말자고 다짐했는데 사실은 아무리 사소한 것이라도 이런 유혹이 내게 안 찾아오길 바란다. 왜냐면? 흔들리니까!

결국 파출소에 전화를 했다. 그랬더니 친절하게도 우리 집까지 수거하러 와 주셨다. 물어보니 신고하는 게 당연히 맞고 초등학생들은 종종 천 원짜리도 주운 거라고 가지고 온다고 한다. 기특한 녀석들! 아이들은 역시 순수하고 바르다. 막상 그 돈을 보내고 나니 맘이 참 좋아진다. 무엇보다 우리 아이 앞에 떳떳할 수 있어서 말이다. 이왕이면 이따 아이 데리러 갈 때 돈 잃어버린 분이 보고 찾아가라고 정류장에 종이라도 써 붙여 놔야겠다.

만약 지혜가 안 봤다면 난 어떻게 했을까? 예전에 아이가 태어났을 때 부모들을 인터뷰한 기사를 본 적이 있다. 세상에 막 나온 아이를 품에 안고 많은 부모들이 했던 말이 무엇이었을까? 기쁘다, 행복하다도 있었지만 놀랍게도 "앞으로 정말 착하고 바르게 살아야겠습니다!"라는 고백이었다. 소중한 아이를 품에 안은 순간 우린 경외감과 더불어 두려움을 느낀다. 이 소중한 선물을 어떻게 지켜낼 수 있을까? 그리고 그냥 자연스럽게 그런 고백을 하게 된다.

"정말 좋은 사람이 되고 싶다!"

이게 사랑하는 사람들의 공통된 열망이다. 아이 앞에서 떳떳한 부모이고 싶고 그게 아이를 위한 삶일 거라고 느끼는 것이다.

내 아이에게 보여줄 수 있는 삶, 나도 정말 그러고 싶다. 다음에는 아이가 안 보고 있을 때에도 갈등하지 않고 양심적으로 행동할 수 있으면 좋겠다. 새삼 알겠다. 작은 걸 버려야 더 큰 것을 얻을 수 있음을. 그런데 뭐지? 이 자유로운 느낌은!

묵상은 영혼이 자라는 시간

한 가지 생각에 집중하고 오랫동안
묵상하기란 쉽지 않다. 그것이 좋고 유익한 것일수록 그렇다. 해롭고
무익한 생각들은 내 마음에 들어와 쉽게 둥지를 틀어 정착하는데, 정
작 필요한 하나님의 말씀은 바람처럼 들어왔다 사라져 버린다. 보내고
싶은 것은 안 가고 붙잡고 싶은 것은 놓쳐버리는 것. 그게 우리들의 마
음인가 보다. 어떤 종교들은 명상이나 수련으로 마음을 비우라고 한다.
나쁜 것, 헛된 것을 비우라는 것이다. 그러나 우리 마음은 아무리 노력
해도 비워질 수 없다. 마음 안에 담긴 것들이 수시로 변하고 바뀔 뿐,
마음은 늘 무언가로 채워져 있다. 열심히 집중하고 노력해서 마음속 생
각 하나를 지우고 나면 다른 생각 하나가 돋아나 있는 게 마음이다. 기
독교는 '비움'이 아니라 '채움'의 종교이다. 내 마음을 내가 비우고 청소
하는 것이 아니라 예수님을 모셔와 그분으로 채우는 것이다. 이것이 묵
상이다. 하나님의 말씀이 내 마음에 들어와 뿌리내리는 것. 하나님을
묵상한다는 것은 내 마음을 하나님으로 채우는 것이다.

가난한 마음

세상에서 버려질 때 하나님과 가장 가까워지고, 세상이 칭찬할 때 하나님과 가장 멀어진다면 어찌해야 할까. 하나님 안에서 살았던 많은 사람들이 이것을 얘기하니 이 말이 정말 사실인가 보다. 어쩌면 당연한 말인데도 부정하고 싶어진다. 그런데도 예외가 있을 것이며, 나는 당연히 그 예외에 속하리라는 생각을 하게 된다. 하지만 그렇지 않다는 건 내가 더 잘 안다. 정직하게 나의 모습을 직면한다면 말이다.

인간은 진짜 자신의 모습을 보아야 하나님을 갈망한다. 하나님을 향한 가난하고 절실한 마음은 이 세상에서 누릴 수 있는 가장 큰 복이다. 마음의 갈망, 절실함이 사라질 때 우리는 하나님과 멀어진다.

"심령이 가난한 자는 복이 있나니" _마 5:3

가난한 마음은 갈급하다. 보이지 않는 하나님, 영적인 것을 찾고 추구하는 마음은 배부른 상태에서 나올 수 없다. 그 복은 우리의 노력과 의지로 얻을 수 없고 그런 체하며 꾸밀 수도 없다. 가난한 마음, 그것은 얼마나 얻기 어려운 것인지! 가졌다 해도 유지하기 힘들고, 그만큼이나 귀한 상태가 가난한 마음이다. 그것은 부자가 되는 것보다 몇 배나 힘든 일이다. 그래서 예수님이 이를 '복'이라 하셨나 보다.

누군가 내게 하나님 앞에서 잃고 싶지 않은 것이 무엇인지 묻는다면 나는 '간절함'이라고 말하고 싶다. 의로움도 선함도 정직함도 사랑도 간절함이 없는 것이라면 그것이 진짜인지 모르겠다. 기도란 그 가난한 마음이 떠나지 않도록 주님을 붙드는 것이라고 생각한다. 그래서 하나님은 그것을 천국을 갖는 복이라고 말씀하신다.

"심령이 가난한 자는 복이 있나니 천국이 그들의 것임이요" _마 5:3

경계선에 핀 꽃

콘크리트와 돌이 맞닿은 자리

그 틈에 씨앗이 내려앉았나

여린 채송화 하나

틈새를 비집고 올라왔다.

억센 민들레라면 그러려니 했을까

어쩌다 저 여린 꽃이 여기에 피었을까

밟을까 봐 조심조심 그 곁을 걸었다.

하늘과 땅 사이

어둡고 척박한 땅 그 경계선에서

우리도 저렇게

꽃피울 수 있을까

죽음을 통과하여

어둠 속에 뿌리 내리고

연한 새순이 돋았다.

하늘에서 내린 빗물, 따사로운 햇살 먹고

꽃을 피웠다.

누군가의 거친 발을

못된 녀석들 손아귀를 피할 수 있을까

너를 위해

나를 위해

모든 경계선에 피어난

수많은 꽃들을 위해 두 손을 모은다.

네가 보고 있는 그곳

거기 계신 그분께.

연결된다는 것

하나님이 주시는 생각은 정돈되고 질서 있고 조화롭다. 따뜻하고 포근하며 다양한 색깔이 있지만 어지럽거나 혼잡하지 않다. 태초에 하나님이 이 세상의 혼돈과 공허와 혼란에 빛을 비추사 모든 것을 정돈하고 새롭게 하시며 질서를 주신 것처럼 지금도 우리의 분열된 내면에 빛을 비추신다.

다양함과 복잡함은 결이 다르다. 이해할 수 없는 분열된 파편 투성이의 낙서와 다채롭고 아름다운 색감이 있는 명화(名畫)의 차이 같다. 정돈된 생각과 획일적인 사고방식은 다르다. 깊은 사유 끝에 농축되고 통일된 관점이 생길 때 생각은 정돈되고 단순해진다. 어둠은 우리를 분열시키고 공허하게 만든다. 마치 창조 이전 흑암의 세상처럼 우리의 내면의 질서를 무너뜨린다.

우리의 정신세계에 찾아오는 모든 불안과 분열은 거짓 자유의 옷을 입고 다가오는 어둠이다. 늘 무언가를 읽고 배우지만 어느 것 하나 내면 깊이 뿌리내리지 못한다. 수많은 정보를 수집하고 모아놓지만 바닷가의 모래알처럼 흩어져 버린다. 많이 아는 자 같으나 제대로 아는 것이 없고 채우고자 하는 열망이 있지만 순간적 행위만 있을 뿐 연속성이 없다. 말도 생각도 산만하다. 방향 없는 질주, 내용 없는 수집으로 시간을 허비한다.

이러한 현대인의 상태를 막스 피카르트(Max Picard)는 '기억을 상실한, 내면의 꾸준함을 모르는 맥락 없는 존재'라고 묘사한다. 마치 기계와 같다.

> "기계란 연속성을 갖지 않는 내면, 그저 순간에서 순간으로 존재하는 내면과 같다. 기계는 단순 동작을 거듭하도록 만들어진 것이다. 기계는 일정한 형태로 춤을 추면서 순간 처리하는 동작을 끊임없이 되풀이한다. 마치 영원한 것처럼! 그러나 그 영원함은 가짜다. 그 영원은 생명력이 없는 불모의 영원이다. 기계가 빚어내는 마법은, 순간에 지나지 않는 것이 연속하는 것처럼 보이는 데서 온다. 기계가 불러일으키는 혼란은, 순간과 영원의 차이가 사라진 것처럼 보이는 데서 온다. 그리고 인간은 순간과 진정한 영원을, 순간과 내적인 연속성을 더 이상 구분할 줄 모른다. 인간은 단순히 순간에 지나지 않는 것만을 가지고 산다. 인간은 본래 영원해야 할 것을 파괴한다. 인간은 영원을 순간으로 쪼개어놓는다. 그래서 기계는 인간을 파멸의 구렁텅이로 몰아넣는 것이다." _〈우리 안의 히틀러〉 중에서

지금 우리에게는 '기계'라는 말 대신 넣어도 무방한 단어가 더 많이 생겨났다. 이 책이 1940년대에 쓰여졌으니 그간 우리의 내면세계는 더 촘촘하게 잘려나가고 많은 분절을 겪어왔다. 현대 사회는 빠른 속도로 그런 조각들을 쉴 새 없이 제공한다. 충격적인 사건들과 흥미진진한 쇼 프로가 분 단위로 이어진다. 나와는 무관한 정보들을 끊임없이 삼킨다. 우리의 편리한 유흥거리들. 짧은 유효기간에도 아랑곳하지 않고 사라지면 언제나 다른 것이 나타난다. 언제든지 그 자리는 채워져 있다. 우리는 멈추지 않는

것을 영원이라 부르지만 유한한 것들의 결합일 뿐 그것은 영원이 아니다. 그 안에 연속성이 없다. 그저 물리적으로 이어놓은 것에 불과하다.

우리의 삶은 영원과 영원 사이에 존재한다. 영원으로부터 왔고 영원을 향해 가고 있지만 그 사이 중간에 유한한 마디로 끼어있는 존재가 우리이다. 인생은 끝을 기다리는 유예된 시간이다. 우리는 영원을 갈망한다. 우리의 시작과 끝 양 끝점 너머에 있는 영원이 이어지는 것, 우리는 그것을 구원이라 부른다. 그러한 연결은 우리가 하나님과 이어질 때 가능하다. 그분으로부터 분리되었던 우리의 영혼이 그분과 다시 연결될 때 우리는 그분의 세계에 속하게 된다. 예수님의 생명이 그것을 이어주기 때문이다.

우리의 내면에 빛을 비추시는 예수님, 그분의 생명이 우리를 영원의 시간으로 이끈다. 연결된다는 것은 그런 것이다.

> "영생은 곧 유일하신 참 하나님과 그가 보내신 자 예수 그리스도를 아는 것이니이다" _요 17:3

영원을 꿈꾸다

사람들은 왜 고흐(Gogh)의 그림을 좋아할까? 그는 살아있는 동안 한 번도 인정받지 못한 화가였다. 고흐처럼 훌륭한 작품을 남겼지만 죽어서야 빛을 발하게 된 이들이 있다. 어렸을 때 이중섭 화가의 전시회에 갔던 기억이 난다. 그때는 그분이 그렇게 유명한지 몰랐다. 가장 기억나는 그림은 '황소'였다. 어린이, 소, 가족, 물고기, 새처럼 그의 그림은 천진난만한 아이들 그림 같았다. 가난했던 화가는 돈이 없어 담뱃갑 종이 위에다 그림을 그렸다고 한다.

'죽어야 유명해진다'는 말처럼 살아있는 동안에는 어떤 영광도 누리지 못하고 사라진 이들이 있다. 한 영상을 봤는데 타임머신을 타고 고흐를 현대로 데려오는 장면이었다. 과거로부터 온 고흐가 자기 그림이 전시된 미술관에 들어갔다. 거기에는 많은 사람들이 그의 그림을 감상하고 있었다. 사람들의 찬사가 쏟아졌다. 놀라운 눈으로 그 광경을 쳐다보던 고흐는 기쁨과 감격의 눈물을 흘린다. 그에게는 믿을 수 없는 장면이요 가슴 벅찬 감격이었을 것이다.

사람들은 왜 고흐의 그림을 보며 열광하는 걸까? 고흐가 화폭에 그려 넣은 것은 단순히 잘 그려진 그림이 아니었다. 그는 삶 전체를 그림에 담았다. 그의 눈물과 고통이 그림 속에 아름다운 모습으로 승화되어 있다. 사람들은 그걸 보고 감동하는 것이다. 가장 중요한 요소는 어쩌면 보이지 않는 재료인지도 모른다. 말이나 글도 그렇다. 영혼이 깃든 말과 글, 그림과 음악 속에는 그렇게 많은 것들이 담겨있다.

예전에는 살아생전에 인정받지 못하고 힘든 삶을 살았던 그들이 안타깝고 불쌍해 보였다. 그렇게 인생이 끝나면 죽은 후에 오는 영광이 무슨 소용일까 생각했었다. 그런데 지금은 그들이 부럽다는 생각이 든다. 그들은 인간에게 주어진 유한의 한계를 뛰어넘었기 때문이다. 기억된다는 것은 살아있다는 것이다.

이런 삶의 최절정을 이루신 분은 예수님이시다. 그분은 살아 계신 동안 한 번도 진정한 영광을 받지 못하셨다. 사람들은 그분에게 헛된 기대를 했고 오해했다. 그분은 모든 것을 다해 우리를 사랑했지만 사람들은 그분의 사랑을 배신했다. 평생을 떠돌아다니셨고 결국 자신의 죄가 아닌 우리의 죄 때문에 비참한 죽음을 당하셨다. 그 당시에도 33년의 생애란 너무나 짧은 삶이었다.

그런데 그 사랑이 2,000년이 지난 지금도 살아있다. 단지 나무 위에 달려 죽은 한 남자가 아니라 살아 계신 예수님 말이다. 십자가 앞에 선 사람들은 그분의 영혼을 만난다. 영원한 시간이 지나도 변치 않는 신의 사랑과 마주하는 것이다.

때로는 유한이라는 한계에 부딪히며 현세의 삶이 전부인 것처럼 살다가도 영원한 사랑의 흔적, 예수 그리스도의 십자가 앞에 서면 우리는 영원을 꿈꾸게 된다. 그분 앞에 서면 그 꿈이 실재가 된다. 지금 이 순간이 꿈이 된다. 영원의 시간에서는 그렇게 모든 것이 변하게 된다.

예상 밖의 이야기

　　　　　　　　　　남편의 성탄절 설교를 듣다가 새삼 하나님도 참 너무하시지 싶었다. 어떻게 만삭된 여인을 그리 고생시키고 힘들게 하셨을까? 나사렛 고향 집이 녹록치는 않았을망정 그래도 출산하기는 훨씬 나았을 텐데 말이다. 굳이 베들레헴까지 그 장거리 여행을 해야 했을까? 거기다 마구간 출산이라니!

　　보통 성탄절 장식을 하다 보면 마구간이 뭔가 빈티지하고 멋스러워 보이지만 실상은 출산하기에 불결하고 부적절한 곳이다. 가축냄새가 가득하고 동물들 배설물이 여기저기 흩어져 있는 곳, 거기다 신생아 침대 대신 말구유라니 말이다. 아무리 깨끗이 청소한들 가축 먹이통이 아기 침대가 될 수 있을까? 차라리 사과 상자 같은 게 훨씬 낳을 뻔했다. 요셉과 마리아에게는 우리가 알 수 없는 위로와 기쁨이 있었겠지만 말구유에 놓인 구세주라니, 참 이해할 수 없는 풍경이다.

　　목자들이 그 당시 야간작업하는 노가다들이라고 힘써 강조하는 남편이 웃기지만 뭐 틀린 말은 아니다. 모두가 잠든 밤에 들판에 나가 별빛 아래에서 일하는 신세는 하나도 안 부러운데 단 한 가지 그들이 이 땅에서 유일하게 천군 천사가 밤하늘을 수놓으며 영광을 선포하고 찬양하는 광경을 천상의 오케스트라를 감상했다는 것이 정말 부럽다.

동방박사들은 또 어찌나 신비한지 별을 보고 찾아온 그들은 이방인들이 아닌가? 하나하나 뜯어보면 이런 성탄절 그림이 낯설고 엉뚱해 보인다.

하나님은 긴 여행에 지치고 노동에 지친 이들에게, 진리를 찾아 길 떠난 이방인들에게 놀라운 비밀, 그 영광을 보여주셨다.

"쉿! 사람들에게는 아직 알려선 안 돼. 그들에게는 비밀이야. 너희들에게만 보여줄게."

이렇게 하셨을까? 이 땅에 오신 왕을 알아보고 찾아가 경배 드리며 그 놀라운 영광에 참여했던 소수의 사람들, 가슴이 터질듯한 감동과 놀라움을 경험한 그들은 하나님이 선택하신 예상 밖의 사람들이었다.

아기 예수는 이렇게 우리의 기대와는 다른 모습으로 이 땅에 오셨다. 그리고 언젠가 불쑥 다시 오겠다고 약속하셨다. 그때는 누가 그 영광을 볼 수 있을까? 이번에도 예상 밖의 사람들일까? 아마 그럴 것이다.

"영광나라 천사들아 땅 끝까지 날면서 하나님을 찬양하고 구주 나심 전하라. 들에 있던 목자들이 밤에 양떼 지킬때 천사들이 나타나서 주의 나심 전했네. 박사들도 기뻐하며 밝은 별을 따라가 구주 예수 나신 것을 널리 증거 하였네." _찬송가 118장

후회와 반성

"후회는 아무리 빨리 해도 늦지만 반성은 아무리 늦어도 빠른 것이다."

톨스토이의 단편 '두 친구' 이야기.

어릴 적부터 한 동네에서 자라 우정이 깊었던 두 친구가 있었는데 어느 날 한 친구가 병이 들어 죽고 만다. 죽기 전 친구에게 자신의 아내와 아이들을 돌봐 달라며 전 재산과 땅을 맡긴다.

처음엔 친구의 재산과 가정을 정성껏 돌보았다. 그런데 시간이 흐르면서 그는 친구의 재산이 탐나기 시작했다. 마을 사람들 보기에는 죽은 친구의 가족을 먹여 살리는 마음씨 좋은 농부처럼 가장했지만 그는 머리를 굴려. 아무도 모르게 친구의 집과 재산을 차지했고 불쌍한 친구의 가족들을 하인처럼 부려먹었다.

그러던 어느 날, 그는 잠을 자다가 끔찍한 꿈을 꾸게 된다. 꿈속에서 자기의 아이들이 죽은 친구의 아이들에게 잡혀가서 맞고 죽임을 당하고 있었다. 식은땀이 흐르고 비명을 지르며 그는 잠에서 깨어난다. 그제야 그는 자신이 큰 잘못을 저질렀음을 깨닫게 된다. 그리고는 죽은 친구의 아내와 아이들에게 용서를 구한다. 새 집을 지어주고 땅과 재산을 돌려주고 그 후로는 친구의 유언대로 그의 가정을 잘 돌본다.

세월이 흘러 나이가 들고 죽음이 가까웠을 때 그는 다시 꿈을 꾸게 된다. 이번에는 천사가 나타나 그를 칭찬한다.

"착한 농부여, 너에게 하나님께서 상을 내리실 것이다."

그는 손사래를 치며 자기는 그저 용서받기만을 바란다고 했다. 그러자 천사가 말한다.

"자기의 잘못된 행동을 반성하는 자가 참된 인간이다. 누구나 실수를 하고 잘못을 저지른다. 후회는 아무리 빨리 해도 늦지만 반성은 아무리 늦어도 빠른 것이다."

잘못하고 돌이키는 게 뭐 그리 칭찬받을 일인가? "착한 농부여!"라는 말은 가당치도 않다고 생각했다. 그런데도 그 당연한 일이 쉽지 않다는 것이다. 인간은 자기의 잘못을 알게 될 때 인정하지 않고 부인하는 사람, 후회만 하는 사람이 대부분이다. 그것을 반성하고 돌이켜 다시 바로잡는 사람은 많지 않다. 사람들은 죄가 폭로되고 드러나는 일이 어느 날 갑자기 찾아온 심판이라고 생각한다. 하루아침에 폭풍이 몰아쳐 나락으로 떨어지게 된 것이라고 말이다. 보통 신문에 나오는 사람들처럼 그런 심판은 갑작스레 들통 나서 닥친 사건처럼 보이지만 실제로는 그렇지 않다. 하나님은 어쩌다 저지른 치명적인 실수를 무섭게 심판하시는 분이 아니다. 돌이킬 기회를 주시되 충분히 주신다.

사람들의 추락을 종종 본다. 그들은 하나님의 경고가 수차례 있었지만 받아들이지 않았다. 마치 "바로가 숨을 쉴 수 있게 됨을 보았을 때에 그의 마음을 완강하게 하여 그들의 말을 듣지 아니하였으니"(출 8:15)라는 표현처럼 거듭된 경고를 무시한다.

하지만 폭로와 심판은 순식간에 찾아온다. 기회라는 것도 정해진 기한이 있는 것이다. 그런데도 잘못을 돌이키는 게 정말 그렇게 어려운 것일까? 단순히 감정적으로 후회하는 정도가 아니라 자신의 잘못을 인정하고 돌이키고 바로잡는 일이 어쩌면 아예 죄를 짓지 않는 것보다 더 힘들지도 모르겠다. 죄의 유혹과 싸우는 것보다 이미 범한 죄를 끊고 잘못을 인정하고 돌이키는 것이 더 어렵다는 것이다.

인간은 끊임없이 자기를 방어하고 합리화한다. 비밀을 만들고 견고한 성을 구축한다. 가장 안전하다고 생각하는 그곳에 숨는다. 특히 습관적으로 반복하여 지속된 죄가 무서운 건 거기에 힘이 있기 때문이다. 습관은 '힘'을 가진다. 단순히 행하는 게 아니라 나를 끌고 간다. 좋은 습관은 나를 지키는 선한 힘이 되지만 나쁜 습관, 죄의 반복에는 어둠의 힘이 있다. 그 힘에 이끌려 죄의 노예가 된다. 죄의 사슬에 꽁꽁 묶여 끌려가 더 이상 선한 의지가 작동하기 힘들만큼 무력해진다.

그래서 하나님의 심판은 은혜이다. 하나님은 우리가 이제 어찌할 수 없는 구렁텅이에 빠져 본인의 의지로는 헤어 나올 수 없음을 아신다. 그래서 도우시는 것이다. 다시 한 번 기회를 주시는 것이다. 지금 받는 심판으로 육체의 것들을 잃겠지만 혹시나 영혼은 구원받을 기회를 얻을까 싶어

주시는 마지막 자비일지도 모른다. 인간에게는 영원한 심판이 있을 것을 우리는 알고 있지 않은가? 그때는 자비와 긍휼이 아닌 엄중한 심판이며 멸망의 길만 남는다.

시간이 흐를수록 하나님의 채찍에 사랑이 담겨있음을 깨닫는다. 그 사랑은 한 인간이 인간을 향해 부을 수 있는 모든 것을 훨씬 뛰어 넘는다. 나의 아이들을 향한 나의 모든 사랑을 합쳐도 도저히 다다를 수 없는 차원의 사랑, 하나님의 사랑이다. 처음엔 심판이라 생각했는데 지금은 사랑이라 확신한다.

빛이 있을 때 빛 가운데 걸어야 한다. 우리가 걸을 수 있는 건 그 빛이 우리를 비추기 때문이다. 그 빛은 하나님의 사랑이다.

인생

어제 주일 말씀 제목이 "인생이 열두 번도 더 바뀐다"였다. 남편이랑 주중에 통화할 때 내가 그런 말을 했다고 한다. '내가 그랬었나?' 잘 기억은 안 나지만 왜 그런 말을 했는지는 알 것 같다. 오늘 새벽에는 한나의 기도(삼상 2장)를 읽었다.

> "여호와는 죽이기도 하시고 살리기도 하시며 스올에 내리게도 하시고 거기에서 올리기도 하시는도다 여호와는 가난하게도 하시고 부하게도 하시며 낮추기도 하시고 높이기도 하시는도다. 가난한 자를 진토에서 일으키시며 빈궁한 자를 거름더미에서 올리사 귀족들과 함께 앉게 하시며 영광의 자리를 차지하게 하시는도다 땅의 기둥들은 여호와의 것이라 여호와께서 세계를 그것들 위에 세우셨도다 그가 그의 거룩한 자들의 발을 지키실 것이요 악인들을 흑암 중에서 잠잠하게 하시리니 힘으로는 이길 사람이 없음이로다" _삼상2:6-9

삶이란 때로는 저 밑바닥에서 헤매고 허우적거리다가 다시 살 만해지기도 하고 생각지도 못한 영화를 누리기도 한다. 바라기는 삶의 소소한 행복이면 충분하다 싶다가도 명예욕, 물욕이 올라와 권력을 거머쥐고 싶은 생각도 든다. 하나님은 주시는가 싶은데 가져가기도 하시고 포기하고 주저앉을라치면 다시 끌어당겨 높은 곳에 앉히신다. 원할 때는 안 주시고 무심해졌을 땐 양손 가득 넘치도록 채워 주신다.

이렇게 인생의 굴곡이 변화무쌍하니 광야가 끝난다는 말도 함부로 못하겠다. 올리시고 내리심이 그분 손에 있고 우리는 그 이유조차 알지 못할 때가 많다. 사람들의 삶의 목적은 적당히 일하면서 편안하고 행복하게 사는 것이지만 그분은 그게 아니신 것 같다. 과거의 시작과 미래의 끝이 한눈에 보이시니 우리가 붙잡는 시간의 의미와는 한참 다르실 테지. 그분은 우리를 바라보시되 다르게 보신다.

하나님이야말로 다른 건 하나도 안 보고 사람 하나를 보시는 것 같다. 이 땅을 살면서 어디를 가든 무엇을 하든 어떤 자리에 앉아있든지 그건 기타사항이고 하나님은 철저히 사람 하나를 바라보시고 다듬어 가신다. 이 유한의 시간이 끝나기 전에 그분이 꿈꾸시는 온전하고 아름다운 사람 하나를 만지고 싶으신가 보다.

그저 인생이라는 이 길이 끝날 때 우리가 생명의 땅에 무사히 도착하기를, 상하지 않고 들어오기를, 다만 그것 하나만 바라시는 것 같다. 마지막 강을 건널 때까지 애타게 바라보며 기다리시는 아버지, 언제든 맞이할 준비를 하고 잘 건너기만 하라고 응원하신다. 모든 일이 그분의 뜻이라는 걸 조금씩 느낀다.

어두운 밤과 깊은 골짜기도 정상에 올라 지르는 함성도 하나를 향한 여정이라면 그냥 걸어가면 그 뿐, 가야 할 길이 있으면 이것으로 됐다.

지하실, 기도의 골방

　　가족과 함께 말씀을 읽고 기도하는 시간도 소중하지만 나는 개인적으로 하나님과 만날 시간이 필요했다. 그러다가 발견한 곳이 우리 집 지하실이었다. 천장엔 쥐까지 다니고 부엌 싱크대는 차가운 물만 나오고 도시가스도 연결 안 된 낡은 집. 열거하자면 수없이 많은 단점들이 있는 집인데도 딱 한 가지 장점이 있다. 커피 한 잔 조용히 마시고 책 한 줄 읽을 수 있고 소리 내어 기도할 수 있는 곳, 불과 계단 몇 개 아래에 있는 이 공간은 이 집이 갖고 있는 불편함을 잊게 만든다. 교회는 멀리 있고 남편은 새벽에 나가고 아이들이 어려서 새벽기도에 가기 어려웠을 때 우리 집 지하실은 나에게 기도의 방이 되었다.

　　지하실에 책상 두 개를 갖다 놓고 남편과 내가 수시로 드나들었다. 남편은 새벽에 나가기 전이나 일 끝나고 와서 지하실에 내려가 홀로 시간을 가졌다. 나는 몰랐는데 남편이 처음 철근 일을 하고 온 날, 어깨가 너무 아프고 서러워서 지하실에 앉아 펑펑 울었다고 한다. 나도 남편이 노동일을 하기 시작했을 때 그곳으로 내려가 울었다. 하나님께 속상하고 섭섭했었다. 불과 계단 몇 개 내려갔을 뿐인데 그곳은 마치 세상과 분리된 다른 곳처럼 느껴졌다. 그렇게 지하실은 우리에게 특별한 장소가 되었다.

우리 둘 다 눈물보다는 웃음이 많은 사람들이라 같이 모일 때는 늘 명랑한 편이다. 우리 집 가정 예배 시간은 대부분 밝고 즐겁다. 아이들이 느끼기에 아빠랑 엄마는 아무리 심각한 일이 생겨도 크게 걱정을 안 하고 느긋하다고 한다. 우리에게 슬픔과 걱정이 없는 건 아니었다. 그것을 하나님께 말하고 나면 다시 기쁨이 몰려오고 마음이 평온해졌다. 한동안 모든 슬픔은 지하실로 갖고 내려갔던 것 같다. 남편도 그렇게 하나님께 나아가 새 힘을 찾았고 나 역시 그랬다. 그냥 하나님께 말하기만 했을 뿐인데 그분이 그것들을 가져가 버리는 것 같았다. 그러면 나는 다시 홀가분하고 경쾌한 마음으로 돌아오는 것이다.

지하실은 우리에게 회복의 장소였다. 이런 상황에서 가장 큰 수혜는 가족들, 특히 아이들이다. 아이들에게 기쁨이 흘러가기 때문이다. 남편의 노동은 어느덧 종지부를 찍고 새로운 국면으로 들어갔지만 그때 맛본 기도의 기쁨은 끊을 수 없는 것이 되었다. 그 시간이 너무 좋아 지금도 새벽마다 일어난다. 세상이 나를 방해하지 않는 시간, 새벽은 아이들이 찾을 리 없고 전화벨이 울리거나 누가 방문할 일 없는 시간이다. 하나님과 내가 가장 깊이 만날 수 있는 시간이다.

내가 가장 사랑하는 시간은 모두가 잠든 고요한 새벽, 커피 한 잔 들고 지하실에 내려와 말씀 한 구절 읽으며 사랑하는 사람들 이름을 떠올리며 주님 앞에 나아가는 이 시간이다.

"내 은혜가 네게 족하다 내 능력이 약한 데서 온전해진다"_고후 12:9(쉬
운 성경)

완벽함을 이루려는 나의 생각을 무너뜨리고 약한 인생들을 끌어안으며
그리스도를 기뻐합니다. 나는 약하고 하나님은 강하십니다.

"너는 기도할 때에 네 골방에 들어가 문을 닫고 은밀한 중에 계신 네 아버
지께 기도하라 은밀한 중에 보시는 네 아버지께서 갚으시리라"_마 6:6

생수의 강

　　삶에서 하나님이 가장 잘 느껴질 때가 언제일까. 기쁜 소식이 들리고 일이 잘 풀리고 관계가 좋을 때 하나님이 과연 계시는구나 감격하고 감사하다.

　　기대했던 일이 틀어지고 당연하리라 믿었던 일들에 균열이 생길 때, 막막한 바다에 둥둥 떠서 표류하고 있을 때 마음은 어쩔 수 없이 무겁게 가라앉는다. 가슴이 조여들고 답답하다.

　　그런데 딱 이 지점, 마음 저 밑바닥 어디에서 샘물이 올라온다. 달리 표현할 길이 없다. 마음을 채우고 있던 어둡고 쓴 감정이 솟아오르는 샘물로 정화되는 느낌. 먹구름을 걷어내고 아름다운 빛이 올라온다. 살면서 이 과정을 수없이 반복하고 있다.

　　나의 감정은 여전히 상황 따라 휘둘리지만 생수의 강 같은 그 샘은 마르지 않는다. 그리고 이때마다 조용하고 깊이 하나님을 느낀다.

　　'그분이 계시는구나!'

　　삶은 내게 다양한 얼굴을 하고 다가오지만 하나님은 언제나 변함이 없으시다.

"내가 주는 물을 마시는 자는 영원히 목마르지 아니하리니 내가 주는 물은 그 속에서 영생하도록 솟아나는 샘물이 되리라" _요 4:14

자유를 원한다면

　　꽤 많은 사람들이 "진리가 너희를 자유롭게 하리라"(요 8:32)는 구절에 끌렸고 나도 예외는 아니었다. 내면 깊숙한 곳에 있는 자유에 대한 갈망 때문일 것이다.

　　나를 붙잡고 있는 무엇이 명명할 수 있는 실체가 없음에도 불구하고 우리는 자유롭지 못하다. 막연히 모든 것을 훌훌 털고 어디론가 떠나고 싶은 기분, 우리에게는 자유에 대한 열망이 있다. 이 구절에 꽂히면서 진짜 자유를 주는 것, 진리란 뭘까 알고 싶었다. 그런데 이상한 점은 그 당시 나는 그리 매이는 게 없던 상황이었다. 막 대학에 갔고 돈 걱정하며 생활에 연연할 때도 아니었다. 그저 원하면 무엇이든지 시도해 볼 수 있는 자유, 대학만 가면 주어진다는 그 자유가 있던 때였다. 그런데 어쩐지 그게 마음처럼 되지 않았다. 나만 그랬던 건 아니었다. 주변을 둘러봐도 '정말 자유로운 영혼'으로 보이는 사람은 없었다. 수험생이라는 공부의 족쇄에서 벗어나 찾아온 자유였지만 우리는 그것을 누리기보다는 방황을 했다. 자유란 외적인 것만 해결된다고 얻어지는 게 아니었다. 다들 자유롭고 싶어 하지만 내적인 자유까지 다다를 수가 없었던 것이다.

그런데 진리를 안다면, 만약 진리를 안다면 우리는 정말 자유로울 수 있을까? 사람들을 속박하고 있는 것들을 보면 '불안'과 연결되어 있다. 자기 자신, 소유나 지위, 관계와 미래에 대한 안정감을 잃을 때 우리는 불안하다. 이런 불안이 우리를 속박하고 자유롭지 못하게 한다. 그런데 정말 그것들이 우리를 구속하고 억누르는 실체일까? 사람들의 고민을 듣다 보면 우린 스스로 자신을 묶고 있다는 느낌이 든다. 자유를 갈망하지만 실제로는 구속하고 매이는 것을 택한다. 그렇다. 자유는 모험적이고 위험한 일이니까 우리의 본능을 거스르고 버려야 선택할 수 있는 것이다. 그것은 아이러니하게도 자신이 옳다고 생각하는 것을 버리는 일이고, 자기의 실체와 부딪히는 변하지 않는 진리를 붙잡는 일이다.

내게 있어 그 자유를 얻는 길은 '하나님의 성품을 신뢰하는 것'이었다. 예수님이 나를 구원하셔서 내가 죄로부터 자유로운 존재가 되었다는 것은 사실이지만, 진리를 아는 것과 누리는 것은 다른 문제였다. 그분의 성품은 '사랑이고, 공의이고, 거룩이고, 자비이고, 실수가 없는 온전함'이다. 그런 분이 우리를 사랑하신다는 것을 믿는 일이다. 믿음이 없이는 하나님의 그어떤 능력도 우리에게 다다르지 못한다. 자유는 모든 것으로부터 벗어남이 아니라 오직 진리에만 구속되는 것이다.

어제 산책하다가 남편에게 나는 이제부터 내게 주어진 모든 환경이 하나님으로부터 온 것임을 인정하겠다고 고백했다. 그래서 우리가 목포에 있든 어디로 옮기든 하나님이 보시기에 Best임을 믿는다고 했다. 그런데 참 이상한 일이지? 이 단순한 말 한마디로 나는 하늘을 나는 새처럼 가벼워졌다. 마음에 마치 시원한 문이 열려 넓은 초원을 가로지르는 듯이 즐거워졌다.

"믿음이 더 커질수록

내 삶은 그분께만 집중되고

나를 구속할 이는 이 세상에 단 한 분뿐

내 영혼은 새처럼 자유롭네."

영원한 안식처

　　우리 아이들은 하나같이 다 엄마 껌 딱지였다. 특히 큰딸 은혜가 가장 심했다. 아이를 잠시라도 내려놓을 수가 없어서 밥 먹을 때나 화장실 갈 때 어딜 가나 안고 다녔다. 잠시만 떨어져도 울어대니 아이랑 거의 한 몸이 되다시피 했었다. 병원에서 진료를 못 볼 정도라 아기가 아직 엄마 뱃속인줄 착각하는 거라고 의사 선생님께 혼난 적도 있었다. 분리 훈련을 제대로 안 시켰다고 핀잔을 들었다. 아마도 첫째라서 더 그랬던 것 같다. 울어도 적응을 시켰어야 했는데 무조건 안아주기만 했으니 말이다. 신기한 건 아무리 주위가 소란해도 내 품에만 있으면 아이는 평화로웠다. 엄마 품에서만은 오랜 시간 얌전하고 조용해서 사람들로부터 아이가 순하다는 칭찬을 들었다. 하지만 그건 내가 안고 있을 때일 뿐이고 잠시라도 내려놓으면 주변이 떠나가라 울어댔다. 그런데 그 껌딱지들이 크면서 조금씩 달라지기 시작했다.

　　젖을 떼고는 활동 반경이 점차로 넓어졌다. 어딜 가면 마치 컴퍼스로 큰 원을 그려놓은 것처럼 그 반경 안에서만은 자유롭게 돌아다녔다. 그러면서도 시선은 늘 엄마를 향했다. 항상 엄마를 바라보는 아이들, 그때는 일편단심 '엄마바라기'였다. 그러다가 좀 더 크면서는 엄마 품에서 좀 떨어져 있어도 괜찮아졌다. 가까운 곳에 엄마가 있다는 것을 아는 것이다.

시편 131편 2절에 "내가 내 영혼으로 고요하고 평온하게 하기를 젖 뗀 아이가 그의 어머니 품에 있음 같게 하였나니 내 영혼이 젖 뗀 아이와 같도다"라는 말씀을 보면 우리 아이들이 떠오른다. 엄마 품에 안겨 기대는 것만으로 아이들은 평온하며 안정감을 누린다. 마치 세상이 어떠하든 상관없이 그 품안에서 안심하고 곤히 자는 아이의 모습 같다.

'평안'이란 무엇일까? 외적인 형통이 평온함과 안정감을 줄 때도 있지만 그건 잠시 뿐이다. 내 영혼의 집에 하나님이 계셔서 그분과 내가 이어질 때, 마치 엄마의 품에 안긴 것처럼 평안하다. 영혼의 방황과 불안은 그분의 존재감이 사라질 때 생긴다. 엄마의 품이 느껴지지 않는 아기처럼 우리는 안정을 잃고 불안해한다. 진짜 평안은 마음 깊은 곳에서 일어나는 안정감이다. 풍랑이 이는 바다나 전쟁 같은 인생길에서 우리의 평안은 내면 깊은 곳에서 흘러나온다. 그분의 품에 안겨서 누리는 친밀함이 우리의 안정감이다.

"수고하고 무거운 짐 진 자들아 다 내게로 오라 내가 너희를 쉬게 하리라 나는 마음이 온유하고 겸손하니 나의 멍에를 메고 내게 배우라 그리하면 너희 마음이 쉼을 얻으리니" _마 11:28-29

하나님 안에서 우리는 안식을 누린다. 그분 안에서 우리의 영혼은 엄

마의 품 같은 영원한 안식처를 찾게 된다. 우리 안에 평화의 노래가 흘러
나온다.

"내 영혼의 그윽히 깊은 데서 맑은 가락이 울려나네.
하늘 곡조가 언제나 흘러나와 내 영혼을 고이싸네.
내 맘속에 솟아난 이 평화는 깊이 묻히인 보배로다.
나의 보화를 캐내어 가져갈 자 그 아무도 없으리라.
평화 평화로다 하늘 위에서 내려오네.
그 사랑의 물결이 영원토록 내 영혼을 덮으소서." _찬송가 412장

하나님을 신뢰한다는 것

하나님께 기도하는 이유는 원하는 것을 얻기 위해, 좋은 것을 선택하기 위해서가 아니다. 기도란 하나님과의 우정, 특별한 관계를 쌓는 일이다. 무엇을 선택하느냐는 중요한 문제이지만 그것이 하나님과 나 사이의 관계를 넘어 우선할 수는 없다. 좋은 선택을 하는 것은 유익하지만 설사 실수했다 하더라도 그것 자체가 우리를 무너뜨리지는 않는다.

살면서 늘 완벽하게 좋은 것만을 선택할 수 있을까? 고르고 골라 산 물건조차도 잘못 사는 경우가 있는데 상호 역동적 관계로 얽힌 우리의 인간사를 어찌 다 알고 가려낼 수 있을까?

가끔 우리는 바보 같은 결정을 한다. 아이들이 그렇다. 훨씬 좋은 것이 있는데 그것을 마다하고 그보다 못한 것을 고를 때가 있다. 아이 눈에는 자기의 선택이 좋아 보이기 때문이다. 아니면 지레 겁먹거나 편견으로 좋은 기회를 날리기도 한다. 좋은 것일지라도 아직 그것을 소화할 때가 아니라서 그렇다. 이때는 아깝지만 어쩔 수 없다. 훨씬 못한 것을 고르더라도 허용해 주어야 한다. 아이 스스로 깨달을 때까지 기다릴 수밖에 없다. 스스로 인정할 수 없는 가치는 아무리 좋아 보여도 자기 몫이 안 된다. 실수해도 그것을 통해 아이가 좋은 것을 배운다면 괜찮다. 아이가 무엇을 선택하느냐 보다는 그것을 통해 얼마큼 성장하는가, 부모의 관심은 아이의 성장과 성숙에 있다. 좋은 부모라면 그렇다.

하나님은 우리에게 좋은 부모이시니 그분은 우리의 성장을 기뻐하신다. 실수를 안 하는 게 중요한 게 아니라 실수를 통해 경험하고 배우는 것이 더 유익하다. 과정 없이 다다를 수 없는 것, 미숙한 인간이 가진 숙명이다. 그 과정이 일어나고 경험되는 곳이 우리의 삶이다.

하지만 아이가 치명적인 것, 돌이키기 힘든 위험한 것을 선택하려 할 때는 어떤가? 달리는 차를 향해 뛰어가는 아이를 지켜보기만 하는 부모는 없을 것이다. 부모라면 당장 그것을 막고 중지시킨다. 그땐 아무리 떼를 쓰고 울어도 안 된다. 그렇게 부모는 큰 틀 안에서 아이를 보호한다. 나를 보호하시고 지켜보시는 분이 있다는 사실은 우리를 위로하고 안심시킨다. 육신의 부모는 그 판단에 있어 부족함이 있지만 하나님은 온전하고 실수가 없으신 분이다. 그분으로 인해 두려움이 사라진다. 보이는 것보다 보이지 않는 존재에 대한 믿음이 삶에 대한 자신감을 준다. 그분을 신뢰하기 때문이다.

내가 설령 잘못 선택할 때에도 그분이 개입하셔서 나를 가르치신다는 것을 믿는다. 이때 두려움은 사라지고 마음에 평화가 찾아온다. 하나님을 향한 기도는 이런 믿음을 구하는 것이다. 그분과 연결되는 것, 관계의 친밀함이 기도를 통해 깊어지는 것이다.

선택한 일이 모두 평탄하고 잘 풀린다는 의미는 아니다. 그 선택으로 힘들어질 수도 있다. 하지만 그것이 나를 힘들게 한다면 배울 게 있기 때문이라는 믿음이 생긴다. 그것이 나를 성장하게 할 것이다.

좋은 일이 있으면 나쁜 일도 있고 성공하고 나면 실패를 경험하고 인생이 나락으로 떨어져도 바닥이 최악은 아니며, 산꼭대기 정상에 올라도 그게 전부는 아니다. 이 모든 일이 하나로 향하며 우리를 향한 하나님의 온전한 뜻을 이루어가는 과정임을 믿기 때문이다.

"우리가 알거니와 하나님을 사랑하는 자 곧 그의 뜻대로 부르심을 입은
자들에게는 모든 것이 협력하여 선을 이루느니라"_롬 8:28

기억나게 하시려고

　　　　　　　　　　　때로는 몸도 감정도 좋지 않은 상태이고 그 당시에는 지루하거나 별 감흥이 없었는데 이상하게 오래 남는 순간들이 있다. 그것들은 나도 인식하지 못했던 내 안의 방에 머물러 있다가 꽤 오랜 시간이 흘러도 사라지지 않는다. 정말 좋았거나 행복했거나 특별했던 사건이 아니고 평범하고 오히려 무의미하게 지나칠 만한 일이었는데 불현듯 되살아나는 것이다.

　　찬송가 413장 '내 평생에 가는 길'에 대한 기억이다. 2007년, 나는 남편 졸업식에서 이 찬송가를 아주 지루하고 길다고 느끼며 불렀다. 나는 당시 4살이었던 은혜의 손을 잡고 요한이는 아기띠에 안은 채 사람들 틈에 비집고 서서 졸업식을 지켜보고 있었다. 마지막 순서에 이 찬송가를 다 같이 부르며 식이 끝났다. 미국에서 꽤 큰 신학교라 졸업생이 많아서이기도 했지만 참 길고 긴 졸업식이었다(아마도 아기를 안고 있어서 더 길게 느껴진 것 같다). '아, 이 찬송가가 끝인가 보다!' 하는 내 마음에는 빨리 끝나기를 바랐는지 합창단의 되풀이되는 후렴구가 너무 늘어진다는 생각을 하고 있었다. 그러면서 동시에 앞으로 우리의 삶은 어찌 될 것인가, 어쩐지 이 찬송가 가사가 우리 인생이 가야 할 답이지 않을까 그런 마음이 들었다.

시간이 흐르고 흘러 그 사이 많은 일들이 일어나고 지금 이 시간까지 오면서 종종 그때 그 찬송가를 부르던 순간, 그 가사들이 자주 생각난다. 오늘 새벽에도 이 찬송을 불렀는데 또다시 그때의 기억이 떠올랐다.

'내 평생에 가는 길 순탄하여 늘 잔잔한 강 같든지 큰 풍파로 무섭고 어렵든지 나의 영혼은 늘 편하다. 내 영혼 평안해. 내 영혼 내 영혼 평안해.'

1절부터 4절까지 가사 하나하나를 음미한다. 예수님이 다시 오실 그날까지 내 영혼을 지키시는 하나님. 나의 몸은 지치고 마음은 불안정하고 상황은 복잡하여 산만했던 그때에 내 감정이나 생각과는 상관없이 하나님은 내 영혼에 찾아와 말을 거셨다. 뒤늦게 그것이 내 안에 새겨진 찬송임을 깨달았을 때에는 당황하지 않을 수 없었다. 사람의 감정이나 기분이란 참 믿을 게 못 된다. C.S. 루이스(C.S. Lewis)는 자신이 무신론자였을 때 종종 하나님이 있는 것 같은 느낌, 그런 기분이 들었다고 한다. 그런데 하나님을 믿고 나서는 불현듯 하나님이 없는 것 같은 기분이 들기도 했다는 것이다. 우리의 감정이나 기분은 진리와 상관없이 오르락내리락하고 그 순간의 컨디션이나 느낌에 따라 좌우된다. 그래서인지 종종 하나님은 나의 몸과 마음의 상태가 영적으로 유의미한 경험을 할 그런 분위기가 전혀 아닌 때에 불쑥 이렇게 찾아오신다. 그냥 내 안에 기억을 남기신다. 뜨겁게 달구어진 집회에서 그랬더라면 덜 당황스러웠을 텐데 말이다.

자기의 졸업식 마지막 찬양이 무엇이었는지 우리 남편은 기억하지 못

한다. 졸업식에 참석했던 많은 사람들 중에 몇 사람이나 그 찬송을 기억하고 있을지 모르겠다. 나 역시 기억력이 좋아서 기억하는 게 아니다. 기억된 것이다. 엉터리 같은 자세로 그 자리에 있던 나에게 하나님이 이 가사를 새겨주셨다. 훗날 어느 때든지 필요할 때마다 그 찬송이 떠오르도록 하나님께서 내 영혼 어딘가에 선물로 담아주셨다.

나중에야 깨닫게 되는 하나님의 흔적이다. 그분이 내 영혼에 말을 거시고 그분의 존재를 드러내실 때 내 상태가 엉망이라 먹통일 때라도 그분은 선물을 거두시지 않는다. 나도 모르게 내게 뿌려두신 은혜들이 얼마나 많은지 내가 무지하여 거두지 못했을 뿐 그분이 내리는 은혜의 비는 언제나 흘러넘치고 있다.

나는 하나님이 우리 모두에게 그 은혜의 순간들을 주신다고 믿는다. 우리가 의식하지 못하고 무뎌져 있고 무관심해도 그분은 언젠가를 대비하시기 때문이다. 우리를 사랑하셔서 그렇다. 그리고 언제든지, 그것을 기억나게 하실 것이다.

"보혜사 곧 아버지께서 내 이름으로 보내실 성령 그가 너희에게 모든 것을 가르치고 내가 너희에게 말한 모든 것을 생각나게 하시리라"_요 14:26

우리는 광야에서 자란다

　　　　　　　　　　　　태풍이 와서 하루 종일 비바람이 불었
다. 주말이면 양을산과 동네를 돌며 밀린 산책을 하는데 어제는 꼼짝없이
집에만 있다가 남편과 둘이서 밤에 나왔다. 차분히 커피를 마시며 지난 시
간들을 정리 좀 해 보려고 나는 아예 필기도구를 챙겨 갔다.

　똑같은 시간을 함께 보냈지만 느끼고 배우는 건 각자 달랐다. 옆에서
본 서로의 모습과 우리 자신이 의식하지 못했던 변화까지 들으니 놀랍고
재미있다.

　인생이 광야라는 건 알겠는데 뭐 꼭 이렇게까지 해야하냐고, 다른 사
람들과 대충 비슷하게 해주시면 안 되는지, 우리가 그렇게 고쳐야 할 게
많은지 등등 정말 궁금했었다.

　하나님이 낮추시고 내리시는데 그 끝을 알 수가 없고 터널이 아니라 동
굴인걸까 하는 믿음과 의심 사이를 오갔던 시간. 이곳에 내려온지 벌써 몇
해가 지났다.

　'너희를 보호하기 위해서란다.'

준비되지 않은 싸움에서 진작 나가떨어질 것을 아시고 빼내어 분리시킨 곳, 하나님의 보호하심과 다루심을 만나는 곳이 광야라니!

남편과 함께 돌아본 지난 시간들은 참 놀라웠다. 먹이시고 입히신 것뿐 아니라 우리를 훈련시키시고 성장하게 하셨다. 나 스스로를 보면 크게와 닿지 않는데 내가 보는 남편이 그렇고 남편이 말해주는 나의 변화가, 서로를 향한 고백이 놀랍다.

하나님은 상처를 회복하는 법을 알려 주셨다. 그 열쇠를 주셨고 언제나 사용할 수 있는 방법을 가르쳐 주셨다. 인생의 변하지 않는 목적을 알려 주시고 예수 그리스도, 그 이름의 비밀을 소유하도록 하셨다. 가장 귀한 것이 무엇이며, 모든 것을 다 버려도 끝까지 붙들어야 할 보물이 무엇임을 깨닫게 하셨다. 그것을 붙들 힘조차 내가 아닌 그 보물에서 나온다는 것을 알고 안심하고 평화롭게 하셨다. 풍랑 속에서 편안하고 요동치 않을 힘을 내 안에 계신 그분으로부터 얻는다는 것을 배우게 하셨다. 그리고 알게 되었다. 광야의 끝은 전쟁의 시작이라는 것을.

남은 인생은 전쟁터가 될지도 모르고 더 험난한 롤러코스터 위에서 오르내리게 될지도 모르겠지만 확실히 말할 수 있는 건 나의 보물, 유일한 안식되신 그분으로 인해 내 영혼은 평안하리라는 것이다. 강같이 흐르는 생명을 얻게 되리라는 것이다.

하나님, 당신은 영원한 나의 찬송이십니다.

You are the one I praise!(Jeremiah 17:14)

찬양, 영혼의 축제

순전한 예수, 더 아름다워, 봄 같은 기쁨 주시네! Jesus is fairer, Jesus is purer who makes the woeful heart to sing! (찬송가 32장 《만유의 주재》 영어 가사 부분)

예수님은 완악하고 가망 없는 마음도 입을 열어 그분을 찬양하게 하신 다고 노래한다. 요즘 내가 그렇다. 생전 찬송가는 펼쳐 보지도 않았는데 찬송가 가사가 너무 은혜가 되어 자꾸 자꾸 부르고 싶어진다. 기도할 때도 구하려고 그분 앞에 서면 이상하게 큰 의미 없는 말을 하는 것 같고 그냥 그분을 찬양하고 싶어진다.

내가 할 일은 만물의 주재이신 그분 앞에 엎드려 경배하는 일, 그것만 이 내가 할 수 있는 유일한 표현처럼 느껴진다. 천국에서 온 천하 만물이 그분 앞에 엎드려 기뻐하고 경배하며 찬양 드리는 그 웅장한 광경 속으로 들어가 나도 그 일부가 되는 것을 그리게 된다.

"하늘은 기뻐하고 땅은 즐거워하며 바다와 거기에 충만한 것이 외치고 밭과 그 가운데에 있는 모든 것은 즐거워할지로다 그때 숲의 모든 나무들이 여호와 앞에서 즐거이 노래하리니" _시 96:11-12

온 천지가 진동하며 봄꽃들이 펑펑 터지고 나무들이 서 있는 모습과 꽃들도 새들도 바람도 어쩌면 길가에 굴러다니는 돌들까지도 하나님을 찬양하는 것만 같다. 분명 상상의 소리들인데 가슴에서 터지며 진동한다. 그분을 찬양하지 않고 어찌 살 수 있는지 모르겠다.

4월 봄꽃 축제에, 내 가슴에 먼저 폭죽이 터진다.

플래너리 오코너의 기도 일기

어떤 책을 읽다가 책 속에 소개된 책, 음악, 그림이나 영화 등이 끌려 찾아보게 되는 경우가 있다. 처음 글렌 굴드(Glenn Gould)의 피아노 연주와 바흐(Bach)의 무반주 첼로를 찾아 듣게 된 것도 책을 통해서였다. 그렇게 만나는 글이나 음악은 유독 특별하게 다가온다.

플래너리 오코너(Flannery O'Connor), 그녀가 쓴 기도와 일기는 팀 켈러(Timothy Keller)의 〈기도〉를 읽다가 만났다. 그의 책 속에 인용된 오코너의 기도문에 마음이 끌렸다. 작가였던 그녀의 글 때문이었다. 그녀의 기도문 안에 담긴 정직한 표현들이 아름다운 문체와 함께 마음을 울렸다. 그녀는 작가로서 성공하고픈 열망과 하나님을 찾는 구도자로서의 분투를 글로 그대로 표현해 냈다.

"하나님, 제가 원하는 것처럼 그렇게 당신을 사랑할 수가 없습니다. 제 눈에 당신은 가느다란 초승달, 그리고 저 자신은 달 전체를 보지 못하게 가리는 지구의 그림자와도 같습니다. 그 초승달은 매우 아름다워서 어쩌면 저 같은 사람은 그것만 보아야 하는지 혹은 그것만 볼 수 있을 뿐인지 모릅니다. 하지만 하나님, 제가 두려워하는 것은 제가 드리우는 그림자가 너무 커져서 달 전체를 가려 버리고, 아무것도 아닌 그 그림자로 저 자신을 판단하게 되는 것입니다."

참 사랑스러운 기도문이다. 앞뒤 몇 장을 빼면 70페이지도 채 안 되는 짧은 책인데 그녀의 기도와 일기가 나의 마음을 사로잡는다. 그녀의 일기 한토막이다.

> **1947년 9월 26일**
> 내 생각이 하나님으로부터 너무 멀어졌다. 나를 만드시지 않은 것과 다름없을 정도다. 그리고 이 글을 쓰면서 끌어올리는 감정은 30분 정도만 지속될 뿐 이내 가식 같아 보인다. 이런 인위적이고 알팍한 감정을 성가대의 노래가 부추기지 않기를 바란다. 오늘 나는 식충이였다. 스카치 오트밀 쿠키와 에로틱한 생각에 탐닉했으니 말이다. 나에 대해서 더 이상 할 말이 없다.

경건하고 위엄 있는 기도문이 주는 감동도 있지만 이런 정직한 표현들로 가식 없이 나아가는 기도가 우리를 치유하기도 한다. 우리가 하나님 앞에 드러낸 부분을 그분이 만지시기 때문이다.

그녀의 글을 읽고 나는 내가 하고 싶은 것이 무엇인지 깨달은 듯하다. 나 역시 내가 가장 좋아하고 즐거워하는 방법으로 그분을 만나고 나를 표현하고 싶어졌다. 하나님을 찾는 길이 쉽다고 하면 거짓말이다. 그런데 가볼 만한 길이다. 가치 있는 길이기에 선택하고 가다 보면 그 길이 얼마나 아름다운지 알게 된다. 등산길 초입에서 볼 수 없는 산의 진면목은 깊은 산중 숲 속으로 들어가야 아는 것처럼 말이다.

누군가가 갔던 길이었고 걸어 들어가야만 알 수 있는 길인데 먼저 간 사람들의 아름다운 흔적에 우리는 힘을 얻는다. 소망하고 사모한다. 지금은 초승달만큼 보여도 아름다운 그분을 언젠가는 보름달만큼이나 볼 수 있기를 희망하는 것이다.

> "나를 사랑하는 자들이 나의 사랑을 입으며 나를 간절히 찾는 자가 나를 만날 것이니라" _잠 8:17

변하지 않는 것

드디어 개학을 하는가 싶었는데 코로나 바이러스는 종식될 기미가 안 보인다. 작년 1월 초에 시작된 방학이 벌써 몇 개월째로 접어든다.

"아, 지기워!"(지겨워!라는 말을 우리 지혜는 이렇게 하곤 한다) 지혜가 유치원을 그리워하기 시작했고 이이들도 이젠 학교에 가기를 기다린다. 우리 요엘이만 여전히 방학이 좋다는 신기한 아이이지만 다들 궁금해한다. 코로나는 언제쯤 끝날 것인가? 글로벌 시대로 접어들면서 우리는 지구 반대편의 소식도, 물건도 언제든 통용하고 오고 가는 편리한 세상을 살고 있었다. 그런데 '바이러스의 글로벌화'라는 반격이 있을 줄이야! 중국에서 시작된 코로나19가 전세계를 누비고 다닌다. 이렇게 집 안에 갇혀 꼼짝 못 하는 신세가 될 줄은 상상도 못 했다. 지금은 집이라는 울타리 안이 가장 안전해 보이지만 그것마저도 보장이 안 된다. 눈에 안 보여도 해를 끼칠만한 것들은 언제 어디서든 우리를 침투할 수 있는 세상이 되어 가고 있다. N번방의 대부분의 피해자들은 자기의 집, 자기의 방에서 범죄를 당했다. 우리에게 편의와 안락을 제공했던 것들로부터 우리는 예기치 못한 공격을 당하고 있고 그래서 그게 너무 당황스럽다.

아이들이 답답해해서 놀이터로 보드를 타며 산책을 나갔다. 산책길을 따라 피어있는 꽃과 나무, 새들은 여전히 자신의 임무에 충실하다. 그 변하지 않는 성실함이 우리에게 쉼과 감동을 준다. 그러나 저 피고 지고를 반복하는 꽃들도 언젠가는 마르고 사라질 거라고 생각하면 공연히 슬퍼진다. 눈에 보이는 모든 것이 유한하며 각자에겐 정해진 시간이 있다. 그런데 우리는 잠시 피어난 꽃들의 위로만 구하며 살고 있는 건 아닐까? 진실을 직시함은 괴롭지만 우리는 그것을 외면할 수 없다. 꽃들의 위로를 넘어 진짜 위로를 구한다.

"모든 육체는 '풀과 같고 그 모든 영광은 풀의 꽃과 같으니 풀은 마르고
꽃은 떨어지되 오직 주의 말씀은 세세토록 있도다" _벧전 1:24-25

참된 위로는 영원한 것으로부터 나온다. 영원을 향하는 문으로 걸어가 거듭나야 한다. 말씀에서 너희는 거듭났다 하시며 그것은 썩어질 유한한 씨가 아닌 썩지 않을 씨, 하나님의 말씀, 영원한 생명으로 거듭났다 하신다. 그것은 믿음으로 얻는 위로이지만 진짜 위로이고 살아있는 소망이다. 내 안에 말씀으로 오신 예수님, 생명 되신 그분을 믿음으로 영원한 소망을 붙잡는다. 러니 꽃들도 새들도 기쁘게 노래함이 당연하지 않나. 귀를 기울이면 그들의 노래가 들린다.

단순함 vs 복잡함

　　상대방과 대화할 때 모든 말에 과도한 의미부여하거나 해석하려는 사람을 만나면 무척 피곤하다. 편하고 단순한 대화가 복잡해지고 덩달아 신경이 곤두서니 에너지 소모가 이만저만한 게 아니다. 저 사람은 왜 그럴까, 왜 말을 단순하게 받아들이지 못하고 말 한마디에 사투를 벌이는 걸까. 아니 이걸 또 이렇게까지 해석하고 반응하는 걸까?

　시간이 흐를수록 단순하게 산다는 게 얼마나 어려운가 생각하게 된다. 어린아이의 단순함이 때 묻지 않은 순수함이라면, 나이 든 어른의 단순함은 묵은 때를 부지런히 벗겨내야 하는 것이다. 날마다 쌓이는 것들을 이해하고 해석하고 정리하여 보내야만 한다. 해결되지 않은 것들이 쌓이기 시작하면 하나둘씩 짐이 되고 삶이 복잡해진다. 그것들은 모조리 현재의 나의 삶에 영향을 준다. 과거를 잔뜩 짊어지고 산다. 현재의 삶, 다른 사람의 관계에 그 과거가 따라다닌다. 뭘 봐도 무슨 얘기를 해도 있는 그대로를 보고 받아들이기보다는 축적된 과거의 사연들이 패키지로 따라붙어 영향을 준다. 그러니 삶이 얼마나 피곤한가.

단순해야 깊어진다. 왜 성인들이 이 말을 하는지 이해하지 못했던 시절, 단순함에 대한 오해가 있었다. 단순함을 가벼움과 무지함으로 받아들였기 때문이다. 단순해지기가 얼마나 어려운지 몰랐다. 어휘 정의가 완전히 잘못되어 있었다.

단순해야 다양성을 이해한다. 단순함의 반대는 복잡함이며, 복잡함은 다양성이 아닌 분열을 낳는다. 깊이 있는 사유를 하는 사람들을 관찰해보면 그들은 모든 것을 기억하는 게 아니라 중요한 것을 음미하고 기억한다. 보고 듣고 느끼는 수많은 정보 가운데서 불필요한 것들은 삭제하고 중요한 정보를 저장한다. 단순함도 이와 비슷하다. 불필요한 것들을 버리고 핵심적인 것들을 붙잡는 것이고, 산만함을 버리고 집중하는 것이다.

세상 사람들도 이것을 알기에 도를 닦고 마음을 비우라고 한다. 복잡하지 않고 단순해야 평온해지고 집중할 수 있음을 알기 때문이다. 하지만 인간에게 '비움'이란 불가능하다. 그 찰나의 순간, 잠시 가능한가 싶은 순간에 무언가가 다시 채워지기 때문이다.

우리에게 진정한 단순함이란 중심에 하나님만 두는 것이다. 다른 것들을 치우고 그분으로 채우는 것, 그에게 나의 과거와 기억을 맡기는 것이다. 나는 정말 단순한 사람이 되기를 원한다. 순하게 하나님을 내 마음에 두고, 단순하게 사람을 보고 사랑할 수 있었으면 좋겠다.

지하실에서 온 편지 / 274

"오직 너희 말은 옳다 옳다 아니라 아니라 하라 이에서 지나는 것은 악으로부터 나느니라"_마 5:37

고난, 온전함을 향하여

어려운 숙제 하나를 맡았고 부담스러워 이리저리 회피하다가 결국은 그것을 전달하게 되었다. 어떤 상황에 대해 자신도 책임이 있음을 인정하고 그것에 대한 대가를 지불하라는 내용이었다. 상대방이 힘들고 마음 상할지 뻔히 아는데도 그 말을 해야만 했다. 이 일로 우리의 관계가 끝날지도 모른다고 생각했다. 그런데 예상 밖의 일이 일어났다. 많이 억울했을 텐데 상대방이 그 말을 그대로 받아들였다.

요즘 들어 하나님을 믿는다는 것이 보통 힘든 일이 아니구나, 내가 너무 쉽게 가볍게 알았구나 싶을 때가 많다. 어쩌다가 누군가의 인생의 진흙탕 같은 문제에 같이 합류해서 함께 보고 있으려니 하나님은 참 두려우신 분이라는 걸 느낀다.

믿는 사람들은 "하나님은 모든 걸 아신다"고 고백하지만 그 고백은 과일의 껍질만큼이나 얇은 껍데기 같은 말일 뿐이다. 하나님이 아시는 정도는 우리의 뼛속 깊은 것, 우리조차 모르는 부분까지 포함하는 모든 지식에 대한 앎이다. 그런 하나님 앞에 두려움을 느낀다.

하나님이 선택하신 사람은 영원한 하늘의 축복과 유산을 얻지만 이 땅에서 그분의 혹독한 다루심을 피할 수 없다. 그냥 멀리서 사람들의 인생을 보면 다들 대충 살고 타협하고 적당히 속여 가며 사는 것처럼 보인다. 그런데 하나님은 그의 사랑하는 자를 그렇게 두지 않으신다. 하나님은 철저하고 완전하신 분이다. 그렇게 호락호락하신 분이 아니다. 하나님의 눈에는 감추인 것이 없고 드러나지 않은 것이 없다. 그분이 사랑하고 선택한 사람일수록 그 다루심은 강하고 가혹하다.

"내 기어코 너를 온전케 하여 면류관을 씌우리라"는 그분의 강한 의지 앞에 숨이 멎는다. 비록 그 과정이 고난일지라도 말이다. 고난을 겪고 광야로 들어가는 사람을 보면 예전에는 까마득하고 아득해 보였는데 지금은 다르다. 그 인생에 나타날 주님의 영광이 보이고 기대하는 마음이 생긴다. 그 사람을 통해 승리하실 주님이 보인다.

고난이라고 다 똑같은 건 아니다. 하나님이 부르신 고난이 있고 그 뜻 밖으로 나가 벗어나서 겪는 고난이 있다. 이 둘의 차이는 크다. 한쪽은 온전함을 향해, 다른 한쪽은 멸망을 향해 가기 때문이다.

나는 지금 사랑하고 아끼는 이가 그 고난에 들어가는 걸 지켜보고 있다. 인간적으로 상식적으로 볼 때는 다른 사람보다 훨씬 나은 사람, 나보다 몇 배는 훌륭한 사람인데 하나님은 알 수 없는 방법으로 그 인생을 치시기 시작한다. 그런데 이상하게 기대가 된다. 믿음 없는 사람이 가는 길이 아니라 믿음이 있어야 들어갈 수 있는 길, 승리의 면류관이 예정된 길, 주님의 도우심이 보장된 길이라 그렇다.

아프지만 기쁜 마음으로 그 길을 축복한다. 무사히 그 터널을 통과하여 나오길 바란다. 하나님이 부르신 사람들, 그 부르심에 응답한 사람들은 대부분 비슷한 길을 걷는다.

우리도 지금 그 터널 어디쯤을 지나는 중이라고 믿는다.

"너희를 향한 나의 생각을 내가 아나니 평안이요 재앙이 아니니라 너희에게 미래와 희망을 주는 것이니라" _렘 29:11

기도의 즐거움

　많은 사람들이 기도를 자신이 원하는 무언가를 하나님께 요청하는 것으로 생각한다. 그래서 기도가 필요들의 나열이 된다. 기도해야 한다고는 생각하는데 기도하지 않고 있으니 부담을 느낀다. 그래서 누군가에게 기도 부탁을 한다. 다른 사람들의 기도를 통해서라도 기도의 총량을 늘리고자 하는 것이다. 기도의 능력을 알기에 그렇게 의지하는 것이지만 한편으로는 그것이 기도에 대한 오해라고 생각한다. 물론 기도가 쌓일수록 우리에게 큰 힘이 된다. 하지만 우리에게 필요한 것은 누군가의 중보로 그 양만 채우는 '일'이 아니라는 것이다. 기도는 내가 직접 해야 할 이유가 있다. 기도하는 동안 우리는 하나님과 만나기 때문이다. 사랑하는 이와의 만남은 그 사람을 만났다는 것만으로도 의미가 있다. 만나서 친밀함을 느끼고 사랑을 나누기 때문이다. 누가 대신 심부름을 해서 내가 하고 싶은 말을 전달하는 것과 직접 만나는 것이 같을 수가 없다. 이처럼 기도하는 사람이 정말 누리고 얻게 되는 것은 하나님과의 친밀한 교류, 그분과 만나는 기쁨이다.

언젠가 내 모든 고민들을 짊어지고 태백에 있는 '예수원'에 간 적이 있었다. 그게 벌써 20년 전이다. 나는 거기 가면 하루 종일 내 기도를 열심히 하는 줄 알았다. 그런데 예배와 기도회를 참석하고는 너무 놀랐었다. 기도회 대부분의 시간이 중보기도였기 때문이다. 그때 나는 '그럼 내 기도는 언제하지?' 하며 의아했던 기억이 난다. 그 후 세월이 흘러 기도를 많이 하시는 분들을 보며 깨달았다. 진짜 기도하시는 분들은 자기 기도를 거의 안 하신다. 기도하는 시간 대부분을 다른 사람들을 위해 구한다. 다른 사람들을 위한 기도가 전부가 되는 사람들은 단지 금욕적이라서가 아니다. 마치 어렵고 높은 사람 앞에서 내 문제를 꺼내기가 부담스러운 그런 마음이 아니다. 그냥 아는 것이다. 하나님 앞에서 나의 필요를 굳이 말하지 않아도 그분이 다 아신다는 믿음, 이미 돌보고 계시다는 것을 아는 것이다.

"여호와는 나의 목자시니 내게 부족함이 없으리로다" _시편 23:1

내 영혼이 주님 앞에 만족한 상태, 부족함을 못 느끼는 상태이다.

하나님은 우리의 필요를 너무 잘 아신다. 어떤 때는 우리가 구하지 않아도 채워주신다. 늘 그런 건 아니지만 나는 종종 이것을 경험하고 산다. 아이가 넷인 우리 집에서 가장 뒷전으로 밀리는 것은 나의 필요이다. 많은 엄마들이 그렇겠지만 나 역시 그것을 의식조차 못하고 지나치게 된다. 그런데 가끔은 생각만 해도 하나님이 채워주실 때가 있다. 입고 갈 옷이 없을 때 옷을, 때론 가방이나 화장품을, 사소한 먹거리까지 하나님이 주시는 걸 많이 경험한다. 혹시 하나님은 내가 할 수 없는, 내 능력 밖의 일만 도와주시는 건 아닐까 싶을 만큼 그럴 때 받는 은혜가 있다. 어떤 날은 좀 차려입고 가야 할 곳이 있어서 겨울 외투가 필요했는데 남편이 말씀을 전하러 간 교회 권사님께서 내 외투를 사서 보낸 적이 있었다. 말씀 전하는 목사님을 챙겨주는 경우는 있어도 사모님 외투를 사주는 경우는 드물다. 그게 수필 공모전에서 상을 받으러 가는 날이었다. 내게는 기쁘고 소중한 자리였는데 가기 전에 갑자기 날씨가 추워진 것이다. 나는 얇은 재킷을 입고 가려다가 날씨에 맞는 옷이 없어 고민하던 중이었다. 그런데 남편이 옷을 선물 받아 온 것이다. 그날 그 겨울 코트를 입고 상을 받으러 가면서 참 마음이 따뜻하고 행복했었다. '하나님의 사랑이 이런 건가? 그분은 나를 초라하게 만드시지 않는구나!' 뭐라 할 수 없는 기쁨과 감동이 마음을 가득 채웠다. 지혜를 임신해서는 시골에 있어서 가까이 마트도 없을 때 먹고 싶은 것이 생기면 자주 누군가가 들고 나타났었다. 소.확.행! 하나님은 이런 소소한 행복을 주신다. 이럴 때 보면 우리 하나님은 큰 문제에 대해서는 더디 응답하시고 일상의 소소한 것들에 대해서는 참 자상하시다. 그래서인지 미래를 생각하면 인생이 답답해 보여도 그날그날은 행복으로 가득차 있다는 느낌이 든다. 남편으로 치면 하나님은 1년에 한두 번 나타나 집한 채 주고, 큼직한 선물 한 개씩 들여놓고 가는 위대한 남편이 아니라 하루하루의 일상을 나누고 함께하는 자상한 남편이 아닐까 싶다.

　　그런 하나님을 만나니 하나님께 기도하는 시간이 즐겁고 행복하다. 찬송가 한 절 한 절로 그분을 찬양하고 경배하게 된다. 하나님께 나아가 말씀을 읽고 그분을 만나니 좋은 것이다. 기도하는 시간이 행복해진다. 그러니 새벽 알람이 울리지 않아도 눈이 떠진다. 기도하는 새벽은 하루 중에 내가 가장 좋아하는 시간이다.

"하나님! 당신의 빛을 내게 비추사 나의 모든 어둠을 물리치시고 빛으로 채워주소서."

나는 빛 가운데 있기를 바라며 날마다 그분이 내 마음을 새롭게 창조하시기를 구한다. 내가 모르는 나의 어두운 부분까지 빛으로 비추시길 구한다. 그분이 여기저기 흩어진 나의 생각의 조각들과 모든 환영을 가장 아름답고 조화로운 형태로 정리하고 재배치해 주실 것을 믿는다. 기도는 분산된 나의 마음을 그분께 집중하는 것이다. 날마다 그분에게 조율되는 것이다. 그러면 풍랑이 일던 내 마음이 정돈되고 평화가 밀려온다. 태풍이 지나가고 내면 깊은 곳에서 생수가 흘러나온다. 그 생수는 매일 매일 반복되는 나의 일상을 특별하고 새로운 것으로 바꾸어 준다. 그래서 나는 하나님께 고백하는 것이다. 내 평생 가장 1번 소원은 새벽마다 하나님 앞에 나아가며 그분의 은총을 구하는 삶을 사는 것이다. 하나님 앞에 나아감이 내게 복이고 기쁨이기 때문이다.

날마다 나의 삶은 창세기로 시작된다.
흑암 같고 공허하고 혼돈한 마음속에

"빛이 있으라" 하신 주님

주님! 당신의 빛으로 날 새롭게 하소서.

어둠을 물리치고 상한 곳을 고치시며
구부러진 곳들을 펴게 하소서.

당신이 만든 에덴동산처럼
내 안의 모든 것이 회복되게 하소서.
내 안에 천지가 창조되게 하소서.

세상의 모든 시작이 행해진 그때처럼
날마다 우리는 창세기로 돌아간다.

예배 후

"기도를 끝낸 다음
더욱 뜨거운 기도의 문이 열리는
그런 영혼을 갖게 하소서." _김남조 시인, '겨울 바다' 중에서

정말 좋은 만남은 만나고 난 후에 알게 된다. 요란하게 만나고 잊혀질 수도 있지만 만나고 나서 더 마음에 머무는 그런 만남, 김남조 시인의 시구처럼 기도 후에 더 뜨거운 기도의 문이 열리고 말씀을 덮고 나서 더 살아나는 그런 영혼으로 그분을 만나고 싶다.

주일 아침 예배드리는 모든 이가 예배당을 나서는 순간 더욱 충만해지는 그런 영혼이 되길 소망하며.

지금 여기에서

"하나님께서 나를 버리셨다는 생각이 들 때는 삶이 어려울 때가 아니라 지겨울 때입니다. 도전해 볼 만한 일도 없고 비전도 없으며, 놀랍고 아름다운 것들도 없을 때입니다."

새벽에 읽은 오스왈드 챔버스(Oswald Chambers)의 〈주님은 나의 최고봉〉, 오늘의 묵상 구절이다. 매일 매일 이어지는 지루한 일상에서 하나님이 나와 함께하심을 어떻게 느낄 수 있을까? 인간이란 스스로 무의미한 존재라고 느낄 때 가장 절망하게 된다. 주방에서 하나님의 임재하심을 말했던 로렌스 형제가 대단하다고 느껴지는 이유가 이 때문이다. 그러나 그게 진짜라는 생각이 든다.

나의 일상은 다람쥐 쳇바퀴 돌듯이 하루도 변함없이 똑같이 돌아가고 있고 열심히 한 바퀴를 돌리면 다시 제자리에 있다. 집안일과 육아가 딱 그런 모양이다. 하루 종일 움직여 바퀴를 돌리고 나면 그다음 날도 똑같은 자리에서 똑같은 바퀴를 돌리고 있다. 늘 같은 자리를 지키고 계속 움직이는데 바퀴를 멈출 수가 없다.

"매일 지루한 나날이 이어질 때 '너희를 떠나지 아니하리라'는 주님의 음성을 들을 수 있습니까?"

바퀴 돌리는 일에서 하루속히 벗어나길 바라는 나에게 주님은 이렇게 물으시는 것 같다.

"너, 그 속에서 나를 발견할 수 있겠니?"

이것이 나를 새벽마다 주님 앞으로 나아가게 이끌었고 매일 매일의 지루한 일상을 버티게 만들었다. 내 삶의 대부분의 시간이 흐르는 곳에서 그분은 나와 만나길 원하신다. 가장 자주, 쉽게, 항상 만날 수 있는 곳에서.

> "우리는 하나님께서 어떤 예외적인 일들을 하실 거라는 생각을 가지고 있습니다. 그래서 주께서 어떤 비범한 일들을 위해 우리를 준비시키고 계신다고 생각합니다. 그러나 은혜 가운데 살다 보면 하나님께서 현재 이 순간에 지금 이곳에서 하나님 자신을 영화롭게 하시는 것을 발견하게 됩니다. 우리가 우리 마음 깊은 곳에 '내가 너를 버리지도 떠나지도 아니하리라'는 주님의 약속을 붙들고 있다면 가장 놀라운 힘이 임하게 됩니다." _〈주님은 나의 최고봉〉 중에서

'하나님을 영화롭게 하고 하나님을 영원토록 즐거워하는 일'은 거대한 비전을 품어야 가능한 일이 아니다. 오히려 지금 내가 돌리고 있는 다람쥐 쳇바퀴 같은 일상에서 경험하는 것이다. 그래서 참 어렵다. 그런데 이렇게 만난 하나님은 쉽게 멀어지지 않는다. 언제 어디서나 우리가 있는 그 어떤 곳에서도 그분을 만나기 때문이다.

그분은 기억 속에만 계신 분이 아닌 지금 여기에 살아 계신 분이다.

"내 안에 거하라 나도 너희 안에 거하리라 가지가 포도나무에 붙어 있지 아니하면 스스로 열매를 맺을 수 없음 같이 너희도 내 안에 있지 아니하면 그러하리라" _요 15:4

하얀 늑대, 검은 늑대

옛날 책들, 아주 옛날도 아니고 100년 쯤 전에 나온 책들만 봐도 사람들의 생각의 기본 틀이 지금과는 많이 다르다는 것을 느낀다. 그 당시 사람들은 하나님을 믿든 믿지 않든 신이 있다고 전제했다.

이런 의미에서 니체(Nietzsche)의 "신은 죽었다"는 얼마나 파격적인 선언이었을까? 그는 그 당시 인간들이 보편적으로 갖고 있던 대전제를 뒤집었다. 신이 없다는 관점은 영원하고 초월적인 가치의 붕괴를 의미한다. 성경에서 보면 이방 민족들과의 싸움은 '너의 신이냐, 우리의 신이냐'의 대결인 경우가 많았다. 그때는 어느 누구도 신의 존재를 부정하지 않는 분위기였고 영적인 세계와 영적인 존재에 대한 인식이 보편적이었다. 과학의 발달이 이런 영적인 세계를 미신으로 내몰기 전이었으니 말이다.

어렸을 때 보았던 만화에서는 '나'라는 주인공이 어떤 선택을 하려는데 한쪽에는 천사의 속삭임, 다른 쪽은 악마의 유혹을 그린 그림들이 자주 등장했다. 주인공은 둘 중 어떤 선택을 할 것인가? 나, 천사, 악마라는 이런 삼각구도가 불과 얼마 전까지도 통용되었던 것이다. 오래전부터 전해 내려오는 검은 늑대, 하얀 늑대도 이와 비슷한 내용이다.

> "모든 사람의 마음에는 두 마리의 늑대가 살고 있다. 하얀 늑대와 검은 늑대이다. 우리 모두의 마음에는 항상 싸움이 일어나고 있는데 그것은 두 마리 늑대의 싸움이다. 그럼 어떤 늑대가 이길까? 그건 내가 먹이를 많이 준 늑대가 이긴다."

여기서 검은 늑대는 악, 하얀 늑대는 선한 것의 속성이며 누가 이기느냐는 내가 누구를 택하느냐에 달려있다는 이야기이다. 지금 사람들은 이런 생각조차 낯설어한다. 악한 영의 존재, 어떤 영적인 존재 자체에 대한 인식을 거의 하지 않는다. 대신 '나'라는 존재가 전부가 된다. 악한 생각이 들면 내가 악한 것이고, 선한 마음을 가지면 내가 선한 존재가 되는 것이다. 이게 맞는 말이고 훨씬 매력적이지 않을까 싶지만 그렇지 않다.

인간은 늘 선하지도 악하지도 않다. 선이나 악에 자신을 동일시하다 보면 인간의 내면은 분열된다. 선했다가 악했다가 좋았다가 나빴다가. 정상적인 사고를 가진 인간이라면 이런 자신의 모습에 괴리감을 느끼고 절망에 빠진다.

선과 악을 알고 죄에 대한 죄의식을 갖는 인간일수록 이런 괴리감과 분열이 더 심해진다. 이것은 선과 악을 나 자신으로 인간 안에 모두 통합하고 흡수해버린 결과이다. 그렇게 모든 것을 나 중심으로 몰아넣고 자신의 존재만을 부각시킨 결과 우리 안에는 심한 분열이 생겼다.

만약 어떤 사람이 성령 충만하여 놀라운 일이나 업적을 남겼을 때 마치 내가 한 것처럼 느껴지고 교만해지는 것은 인격수양의 문제가 아니다. 하나님의 존재를 대상화시킨다는 것은 그분과 연합하지 못한다는 뜻이 아니다. 그분의 존재를 또렷이 인식하는 것이다. 좋은 결과에 우쭐대고 교만에 빠지는 것은 그 안에 하나님을 인식하지 못하고 '나'의 존재가 전부가 되었기 때문이다. 반대로 '악의 존재'를 인식하고 대상화시키지 못하면 심한 좌절감과 자기비하에 빠지게 된다. '악'과 동일시하고 연합하는 실수에 빠진다. 인간은 자신의 존재 자체를 '악'으로 받아들이며 죄책감에 빠지게 된다. 악을 물리치는 대신 자신을 공격하는 결과가 생긴다.

우리는 성령과 연합하여 하나가 될 수는 있지만 우리가 성령은 아니다. 우리는 악의 세력과 함께 악을 도모하기도 하지만 우리 자체가 '악'은 아니다.

신을 부정한 니체와 그 뒤를 따른 많은 사상들, 특히 유물론처럼 볼 수 있고 만질 수 있는 것만을 가치의 기준으로 삼았던 사상들과 매력적으로 찾아왔던 포스트모더니즘. 이런 생각들이 인간 중심, 개인 중심으로 인간의 가치를 우선하는 것 같아 보이지만 결국 우리의 정신세계를 분열시키고 절망으로 이끌었다는 생각이 든다.

뭔가 잘했다는 느낌이 들면 '하나님께 영광을!'이란 공허한 립서비스조차 때로는 우쭐거림으로 보인다. 진심으로 내 안에 있는 그분의 영광을 구하는가. 아니, 그분의 존재를 인식하고 있는가? 아니면 내가 하나님인 것 같은 착각에 빠지는가? 실패나 좌절 앞에서도 마찬가지이다. 무너뜨려야 할 것은 잘못된 행위이지 자기 자신이 아니다. 때때로 우리는 배척하고 추

방해야 할 것을 오히려 끌어안고 자신과 섞어버린다.

영적인 존재를 인정하고 그들을 대상화하기 시작하면 이런 뒤섞이는 혼란에서 벗어난다. 이런 식으로 생각하기 시작하자 머릿속이 상쾌하고 시원해졌다. 나에 대한 시선뿐 아니라 다른 사람을 바라보는 나의 눈에도 변화가 생겼다. 어떤 성취나 업적이 그 사람이 되지 않는다. 범죄를 저지른 이들에게 가졌던 심한 분노와 경멸이 수그러든다.

무엇보다도 나 자신에 대한 시각과 악을 처리하는 태도에 변화가 생겼다. 나를 빛으로 이끄시는 성령님에 대해 좀 더 의식하게 되었다. 아직 부족하고 갈 길이 멀지만 더 이상 무겁지가 않다. 내 안에 계신 그분을 인식하고 의지하기 때문이다.

결국 무엇을 따를 것인가, 이 선택만 남는다.

> "네가 선을 행하면 어찌 낯을 들지 못하겠느냐 선을 행하지 아니하면 죄가 문에 엎드려 있느니라 죄가 너를 원하나 너는 죄를 다스릴지니라" _ 창 4:7

무능함과 자신감

　　하나님을 믿는 삶은 서로 상반되어 보이는 I'm nothing-내가 아무것도 아닌 존재임을 아는 것과 I can do everything-내가 그리스도 안에서 모든 것을 할 수 있다는 자신감, 이 서로 다른 두 가지가 하나로 표현되는 삶이다.

> "기독교인의 삶은 두 가지 양면성을 지니고 있다. 즉, 자기 자신을 믿지 못하고 자신의 힘만으로는 죄악을 벗어나 은총 속에서 자랄 수 없다고 하는 무능의 고백이 그 하나요, 하나님의 은총에 관한 확고한 믿음을 지니고 그로 인하여 우리에게 모든 것이 가능하다고 믿는 자신감이 다른 하나이다." _해럴드 C. 가드너

　　하나님 앞에서 내가 어떤 존재인지 알 때 나는 하나님의 존재를 분명히 드러낼 수 있게 된다. 아무것도 아닌 나를 깨닫고 nothing이 되는 순간 내 안에 전능하신 하나님의 능력이 모든 것을 가능하게 한다. 내가 진정 약할 때 가장 강한 능력이 나온다는 역설과 같다. 내가 그 안에 그가 내 안에 계시다는 불가해한 현상이 일어나는 것이다.

낮아짐 없이 나의 능력으로 이루겠다는 자신감은 오만이자 횡포이며, 하나님의 능력을 신뢰하지 못하는 겸손은 무기력한 자기비하가 될 수 있다.

I'm nothing은 그분이 얼마나 크신가를 깨달은 자, 하나님 앞에 선 자의 고백이다. I can do everything은 내 안에 계신 그분이 아무것도 아닌 나를 통해 무엇이든지 하실 수 있다는 것, 그분의 능력에 대한 고백이다.

만약 나의 삶이 내 안에 계신 그분의 능력을 드러내는 삶이라면 나는 결코 교만하거나 자랑에 빠지는 것이 아니라 그분을 경배하고 찬양하게 된다.

마음에 새기라

어제 예배시간에 남편이 모두에게 숙제를 내주었다. 창세기 1장 1-5절까지 완전히 외울 것. 이렇게 매주 조금씩 늘려 창세기 1장을 다 암송하겠다고 한다. 아직 글을 다 읽지 못하는 막내 지혜는 들으면서 외우고 있다. 그냥 암송이 아니라 말씀을 마음에 새겨보자고 한다.

스무 살 때 처음 예수님을 믿은 나는 성경책을 펴서 찾는 것도 서툴렀다. 그런데 수련회에 가 보니 밥 먹기 전에 암송구절을 하나씩 다 외워야 했다. 어디에 어떤 구절이 있는지도 모르던 그때 허둥지둥 머리를 쥐어짜며 외웠던 기억이 난다. 그런데 신기하게도 지금 암송하고 있는 말씀이 대부분 그때 외운 구절들이다. 내가 다닌 중학교는 '문학의 밤'이나 '낙엽 위에 시 쓰기' 같은 행사가 있었다. 지금 생각해보니 선생님들이 학생들의 문학적 감수성을 키우고 시를 감상할 수 있도록 애쓰셨던 것 같다. 국어 시간에는 교과서에 나오는 시들을 몇 개씩 외우게 했었다. 그때는 참 하기 싫었는데 지금은 종종 그때 외웠던 시가 떠오르곤 한다. 그렇게 무심코 한 구절이 툭 튀어나오면 어쩐지 감동이 된다. 무슨 뜻인지도 모르고 외웠던 시들인데 이제야 내 마음을 울리는 것이다.

요즘은 무엇을 깊이 생각하고 묵상하기가 힘든 세상이다. 워낙 보고 듣는 정보의 양의 많아서 말씀조차도 마음에 둥지를 못 틀고 잠시 머물다 지나가 버린다. 날마다 많은 양의 지식과 정보가 들어오지만 내 안에 남아 뿌리내릴 여유가 없다. 늘 다른 것들이 나타나 우리의 시선을 끌어가기 때문이다. 많은 정보를 흡수하느라 집중력을 잃어가고 있다. 그러다 보니 정작 마음에 남는 게 없다. 무엇인가 열심히 했다는 뿌듯함, 자기만족을 빼고 나면 속 빈 강정 같은 상태가 요즘 사람들의 모습이다. 느리고 깊게 사색하는 시간이 빠르게 변하는 삶에 잠식되고 있다. 그러니 잠시 멈추고 느린 숨으로 호흡하는 시간, 한 문장이라도 암송하고 깊이 묵상하며 마음에 새기는 시간이 더 절실해진다.

태고의 시간, 태초의 지구는 우리의 모습과 참 닮았다. 우리의 심령 깊은 곳, 다다를 수 없는 곳 위에 흑암이 감싸고 있다. 하나님의 영이 그 심령 깊은 곳에 갈 수가 없다. 짙은 흑암이 그 위에 덮혀 있기 때문이다. 그분은 언제나 우리 곁에 계신다. 어둠의 강을 건너 우리의 심령에 다다르기를 기다리신다. 우리에게 날마다 빛이 있으라 하시는 그 말씀이 닿기를, 깊음 위에 있는 흑암이 빛으로 열리고 하나님의 영이 우리 심령 안에 오시기를, 하나님의 말씀이 우리의 심령에 들어와 뿌리내리고 자라나기를 소망한다.

많은 것이 필요한 게 아니다. 단 한 구절이라도 우리의 심령 깊은 곳에 들어와 뿌리내리기를, 그래서 한 구절 한 구절 새기듯이 묵상하고 외워보는 것이다. 그러다 보면 언젠가 우리의 단단한 마음이 부서지고 그 위를 맴돌던 말씀이 심령 깊은 곳에 떨어져 뿌리내릴 것이다.

> "인자와 진리가 네게서 떠나지 말게 하고 그것을 네 목에 매며 네 마음 판에 새기라" _잠 3:3

고난이 버겁다면

며칠간 욥기를 읽었다. 하나님도 칭찬하는 욥이 시험을 당하고 그런 욥에게 친구들이 찾아온다. 친구들은 욥의 처지를 딱하게 여기고 위로했지만 그들의 마음에는 욥을 정죄하고 지적하려는 생각이 있었다. 결국 욥은 자신을 변명하고 궁지에 몰리게 된다. 그가 아무리 자신을 항변하고 결백을 주장해도 그의 처지가 그를 떳떳하지 못하게 만들었다. 고난이 밀어닥쳐 인생이 망가져버린 상황에서 욥은 자신에 대해 아무것도 증명할 수 없었다. 불행한 사람을 대하는 우리의 태도도 이와 비슷하다. 상대방의 딱한 처지를 불쌍히 여기고 위로하지만 그 마음 이면에는 불행의 원인이 그 당사자에게 있다는 생각을 한다. 욥의 친구들은 계속해서 그에게 스스로를 돌아보고 하나님께 회개할 것을 촉구한다. 너의 고난은 너 자신으로부터 기인된 것임을 인지하라는 것이다. 겉으로 보기에 욥의 친구들의 충고와 지적에는 틀린 말이 없었다. 그들은 옳은 말을 했다. 하지만 욥에게 해당되는 말은 아니었다. 이해 없는 무지와 선부른 판단으로 잘못 적용된 충고는 상대방의 마음을 괴롭힐 뿐이다. 욥은 자신이 왜 고난을 받는지 이유를 알 수 없었지만 그의 고난에는 하나님의 섭리가 있다는 믿음을 잃지 않았다. 결국 하나님은 욥의 고난을 거두어 가시고 욥을 다시 회복시키셨다. 이 부분에서 시선을 끄는 구절이 있다.

"욥이 그의 친구들을 위하여 기도할 때 여호와께서 욥의 곤경을 돌이키시고"(욥 42:10)라는 말씀이다. 하나님은 욥이 그의 친구들을 위해 기도하길 원하셨다. 잘못은 친구들이 했는데 욥이 왜 그들을 위해 기도해야 할까? 이것이 욥을 위함일까, 친구들을 위해서일까? 욥이 친구들을 위하여 기도할 때에 하나님은 욥의 곤경을 돌이키시고 욥을 축복하셨다고 한다.

우리는 하나님께 고난을 없애달라고 구하는데 하나님은 고난을 재료 삼아 그것을 통해 은혜를 주신다. 복이란 무엇일까? 고난 속에서 욥은 하나님을 더욱 깊이 만났다. 그리고 하나님은 욥에게 너의 기도로 내가 다른 이를 복 주겠다고 말씀하신다. 욥을 복의 통로로 쓰시겠다는 것이다. 고난 자체가 좋은 것은 아니지만 고난에는 목적이 있다. 그 고난으로 우리는 복의 근원이 된다. 하나님은 그가 사랑하시는 자를 통해 일하기를 기뻐하신다. 고난은 그것을 향한 연단의 과정이다. 그 연단을 통해 불순물이 제거되고 우리의 영혼이 더 순전하고 정결하게 단련된다. 무엇보다도 가장 큰 선물은 하나님과 누리는 친밀함이다. 인간은 고난 중에 하나님을 가장 깊이 체험한다. 하나님의 다루심이 버겁다고 느껴질 때 혹시 나의 고난의 목적이 의심될 때 오래전 아브라함을 복의 근원으로 부르셨던 것처럼 우리의 삶을 통해 나타나시는 그분을 기억했으면 좋겠다. 친구들을 위해 기도하는 욥의 마음은 기쁘고 평안했으리라 생각된다.

고난을 통과한 욥은 자기에게 잘못한 친구들을 용서하고 그들을 축복할 수 있는 마음을 가지게 되었다. 하나님을 신뢰하고 누군가를 용서할 수 있는 자는 복된 사람임이 틀림없다. 고난받기 이전의 욥이 많은 복을 받은 자였다면, 고난으로 단련된 후의 욥은 자신이 복이 되어 누군가를 축복할 수 있는 존재가 되었다.

하나님이 우리의 수치를 드러내실 때

　　하나님이 우리의 잘못은 덮어주고 드러내지 않으시는 건 은혜이다. 만약 우리가 실수하고 잘못하는 것마다 드러나고 공개된다면 어느 누구도 떳떳한 사람이 없을 것이다. 좋은 평판이란 어쩌면 운이 좋아서 좋은 면이 드러난 것이라 생각한다. 좋고 나쁜 점 중에 좋은 면이 드러나 주목받는 것이다. 성경에 나온 많은 인물들 중에는 실수와 허물이 많은데도 하나님이 그들의 잘못은 가리시고 장점을 부각시켜 사용하시는 경우가 있다. 시편 32편 1절은 "허물의 사함을 받고 자신의 죄가 가려진 자는 복이 있도다"라고 한다. 사실 우리는 특별히 뭘 잘해서가 아니라 우리의 허물을 덮으시고 가리시는 하나님의 은총 안에 사는 것이다.

　　심판이란 그 가리시는 은혜를 거두시는 것이다. 그동안 우리가 잘나고 뭘 잘해서 얻은 것이 아니라 은총으로 부어지던 은혜였던 것이다. 하나님의 심판은 너희가 은밀히 행하던 것을 백주 대낮에 다 드러나게 하시겠다는 것이다. 정말 할 말이 없는 것은 감추었던 죄가 드러나는 것이라 이 때문에 억울하다 말할 처지가 못 된다는 것이다. 그러므로 우리는 수치를 당하게 된다. 하나님의 자비와 은혜를 모르고 교만했던 것, 내가 잘나서, 그 은혜를 누리고 살았다고 자만했던 것, 하나님의 말씀대로 살지 않았던 것. 하나님 외에 다른 것에 마음을 빼앗겼던 것이 드러나 수치를 당하게 된다.

하나님을 믿어서 당하는 의로운 박해가 아닌 우리의 허물이 드러나 당하는 수치와 부끄러움이 우리의 몫이 되었다. 회개하고 돌이키는 것은 소수의 사람에게 해당되지 않는다. 이 수치와 부끄러움을 어느 누구도 피할 순 없을 것이다. 만약 돌이키지 않는다면 우리의 모든 죄악이 낱낱이 공개되고 비난과 조롱거리가 될 것이다. 우리가 하나님 앞에 다시 한 번 겸손히 무릎을 꿇는다면 혹시 자비를 베푸시지 않을까.

"의인은 없나니 하나도 없으며" _롬 3:10

애통하는 자는 복이 있나니

　　하나님 앞에 죄를 짓고 마음을 치며 애통하는 다윗의 시편(51편)을 읽으며 그의 진실함을 본다. 자신의 죄가 드러났을 때 거의 대부분의 사람들은 자기를 방어한다. 자신을 합리화하며 죄에 대한 책임을 최대한 줄이고자 한다. 물론 후회를 하기도 하지만 시간이 흐를수록 그 죄책감도 무뎌지게 된다. 처음에 다윗은 자신이 얼마나 큰 죄를 지었는지도 몰랐다. 그 당시 왕이 수많은 처첩을 거느리는 게 예사였고 적과의 전투에서 군인 하나 죽었다고 왕을 탓할 수는 없었다. 물론 겉으로 보이는 상황이 그렇다는 것이고 실제 속 상황은 하나님과 자신만이 알 일이다. 다윗은 자신의 실수를 가리기 위해 속임수를 썼고 야비하고 잔인한 방법으로 우리야를 죽이고 밧세바를 데려왔다. 그러나 죄의식이 무뎌진 다윗은 자기의 죄를 심각하게 생각하지 않았다. 죄가 은폐되었다고 없어지는 것은 아닌데도 우리는 보이지 않는 문제에 대해서는 이렇게 무감각해진다.

　　다윗은 하나님이 보내신 나단이라는 선지자의 꾸지람에 그제야 자신의 죄를 깨달았다. 평소에 하나님의 마음에 합한 자요 성령의 이끄심을 따라 살았던 그가 자신의 죄에 대해서 어찌 저리 무지할 수 있었을까? 왜 죄라는 자각을 못했을까? 인간의 마음은 참 신기하다. 우리가 문을 열기만 하면 무엇이든 들어와 자리를 잡는다. 세상은 죄질에 따라 차별을 두지만 하나님과 우리 사이에서는 그것이 큰 차이가 없다. 거룩하지 못한 것, 거짓된 것, 하나님의 성품에 위배된 모든 것들은 악한 것이며 그것은 우리와 하나님 사이를 갈라놓는다. 다윗은 애통하며 괴로워했다. 그는 자신의 죄로 인해 하나님과 더 이상 마음을 함께할 수 없다는 걸 깨달았다. 자신의 영적 상태를 자각조차 못하고 무엇을 잃었는지도 몰랐던 자신이 얼마나 어리석고 비참하게 느껴졌을까?

인간의 마음이 그렇다. 내 마음을 차지한 것의 정체가 무엇인지 그것이 문제이다. 하나님은 전능하고 모든 것에 거침없고 자유로우시지만 내 마음에 들어온 것들을 억지로 치우시지는 않는다. 나의 요청이 있기까지는 그분은 어딘지 모를 비밀의 방에 숨으신다. 거기서 말할 수 없는 탄식으로 중보하고 계신다. 하나님의 말씀이, 우리에게 닥친 고난이, 때로는 자연인으로서의 인간에게 허락하신 양심이 나단 선지자일 수도 있다. 진심 어린 충고와 조언에, 누군가 하나님의 마음으로 전해주는 말 한마디에 우리는 귀를 기울여야 한다. 그러니 나의 눈과 귀를 가린 '죄'의 정체를 깨닫는 자는 얼마나 복된가?

"하나님이여 내 속에 정한 마음을 창조하시고 내 안에 정직한 영을 새롭게 하소서 나를 주 앞에서 쫓아내지 마시며 주의 성령을 내게서 거두지 마소서 주의 구원의 즐거움을 내게 회복시켜 주시고 자원하는 심령을 주사 나를 붙드소서" _시 51:10-12

우리가 진심으로 나의 마음을 깨뜨리고 부수는 애통함이 있기를 요청하면 주께서 일하신다. 주께서 상한 심령을 기뻐하심은 그 깨진 마음을 통해 그분이 자유롭게 일하시기 때문이다. 세상이 줄 수 없는 가장 좋은 것을 주시고 그분의 영광을 드러내시기 위해서이다. 무엇보다 그분의 마음과 하나 되어 누리는 기쁨을 주시려고 마음을 깨뜨려 주님을 구하는 자를 찾으신다.

"애통하는 자는 복이 있나니" _마 5:4

곁을 주는 나무

우리 집에 온지 6년째 된 해피트리, 우리 지혜가 태어났을 때 받은 화분이라 일명 '지혜나무'라고 부른다. 이 나무가 그간 여러 고비를 넘겨왔다. 추운 날씨에 냉해를 입어 잎이 갈색으로 변하고 언제는 벌레가 다닥다닥 번지기도 했다. 처음 올 땐 꼭 아기처럼 작은 나무였는데 두 번의 분갈이를 하고는 제법 큰 나무로 자랐다. 이렇게 나무가 쑥쑥 자라는 걸 볼 때면 여간 뿌듯한 게 아니다. 이번 여름엔 유독 가지가 위로 쭈욱 뻗어 키가 많이 컸다. 그런데 뭔가 좀 이상했다. 옆으로 넓게 가지를 뻗고 잎이 풍성해야 멋스럽고 예쁜데 위로만 자라니 영 폼이 안 났다. 하는 수 없이 눈을 질끈 감고 모험을 했다. 더 이상 위로 못 자라게 중심 가지를 치고 죽은 가지와 잎을 모두 제거했다. 대신 흙에 영양분을 듬뿍 주었다. 뿌리가 튼튼하니 괜찮을 거라 믿긴 했지만 앙상해진 몰골이 초라해 볼수록 미안해졌다. 설마 잘못되는 건 아닐까 초조해져서 괜히 만져보고 흙을 뒤적거리며 기다렸다.

이렇게 여름을 보내던 어느 날 나무에서 작은 잎들이 돋아나기 시작했다. 옆으로 새로운 가지가 뻗어났다. 그러더니 잔가지들 위로 잎들이 풍성해지고 넓게 퍼지며 예쁜 모양으로 자리 잡아갔다.

나는 외국에서 봤던 그 나무들보다 우리나라 산천에 있는 나무들이 정감 있고 멋스러워 보인다. 천혜의 자연을 가졌다는 뉴질랜드에 가서 키만 삐죽하게 솟은 멋없는 나무들을 보고는 한국의 나무들이 생각났다. 그때 사시사철 좋은 기후와 환경은 저렇게 키만 크게 하나 보다 생각했다. 춥고 덥고 거칠어야 꺾이고 사방으로 뻗는 걸까? 높지 않아도 옆으로 우거진 나무들, 낮고 풍성한 가지들이 만든 그늘, 우리의 숲에서 느꼈던 그 아늑한 기분을 그곳에서는 좀처럼 느낄 수가 없었다.

사람도 비슷한 것 같다. 키만 높이 자란 사람보다 옆으로 풍성한 곁을 가진 사람이 좋다. 그런 사람이 멋있고 아름다워 보인다. 비바람과 창수에 빨리 크진 못해도 아늑한 그늘과 품을 가진 사람, 그런 사람은 누군가의 기쁨에 같이 즐거워하고 슬퍼하는 이와 함께 울 수 있는 사람이다.

그저 위로 높이 크는 일에만 몰두하다 보면 사람도 키만 자란다. 가지치기가 필요하다. 하나님은 우리를 높이 솟은 나무보다 넓고 풍성한 나무, 누군가에게 쉼과 그늘을 주는 그런 나무로 만들길 원하신다. 그래서 가지치기를 하신다. 잠시 아프고 몰골이 앙상해 보여 볼품없는 것 같아도 그 시간이 우리를 아름답게 한다. 가지치기한 곳에 열매가 맺힌다. 믿음의 눈으로 보면 그렇다. 우리 인생의 정원사 되시는 하나님을 신뢰한다면 말이다.

"무릇 내게 붙어 있어 열매를 맺지 아니하는 가지는 아버지께서 그것을 제거해 버리시고 무릇 열매를 맺는 가지는 더 열매를 맺게 하려 하여 그 것을 깨끗하게 하시느니라"_요 15:2

듣는 마음

아이들과 성경을 읽다 보면 민망하고 설명하기 곤란한 이야기들이 참 많이 나온다. 성경은 믿음의 조상, 신앙의 대선배님들이라는 분들의 죄악과 실수들을 가리지 않고 나열한다. 흠 없는 완전한 인간이란 존재하지 않음을 분명히 보여준다. 하지만 인간은 누군가를 완벽한 히어로로, 우러러보고 싶은 존재로 만들고 싶어 한다. 자서전이니 회고록이니 하는 이름으로 얼마나 미화하고 아름답게 꾸미는가. 자기 인생에서 이룬 모든 공적을 빠짐없이 찾아내 전시 테이블에 올리고 싶은 욕구를 가지고 있어서 조금 성공하고 이름이 알려지면 대부분의 사람들은 이런 전시회를 욕망한다.

그런데 성경은 그렇지가 않다. 오히려 인간이 저지를 수 있는 모든 죄가 성경 안에 다 묘사되어 있다. 성경에 좋은 말씀, 아름답고 선한 것들만 있다고 생각한다면 성경에 대해 모르고 하는 말이다. 성경처럼 사실적인 책은 없다. 사실이지만 진리를 기반한 사실이기에 치우침이나 왜곡이 없다. 이것을 잘 몰랐을 때는 성경을 읽으면서 의아하고 이상했었다. 하나님이 의인이라 불렀던 아브라함이나 노아 같은 사람들도 부끄러운 실수를 하는 장면이 나오기 때문이다. 그래서 처음에는 그들이 저지른 모든 실수들조차도 억지로 좋은 쪽으로 해석하려 했다. 나중에야 성경은 위인전 같은 게 아니라는 것을 알게 되었다. 성경은 오히려 어떤 인간이든 실수를 하고 연약하다는 것을 보여준다. 누군가의 업적을 기리는 위인전이나 평전이라기보다는 죄의 고백록에 가깝다.

인간은 누구나 연약하다. 최고의 지혜자로 불렸던 솔로몬의 말로도 타락으로 끝났다. '왜 하나님은 그의 사랑하는 자녀들이 그분과 멀어지도록 방치하셨을까?' 믿음의 사람들이 타락하고 죄악에 빠져 결국 하나님과 멀어지는 일들을 보며 왜 하나님은 그것을 막아주시지 않았을까 궁금했었다. 그런데 하나님은 그냥 방치하신 것이 아니었다. '왜 말씀하지 않는가?'가 아니라 그들은 '왜 듣지 않는가?'였다. 우리가 실수하고 잘못할 때 하나님은 분명히 말씀하신다.

> "솔로몬이 마음을 돌려 이스라엘의 하나님 여호와를 떠나므로 여호와께서 그에게 진노하시니라. 여호와께서 일찍이 두 번이나 그에게 나타나시고 이 일에 대하여 명령하여 다른 신을 따르지 말라 하셨으나 그가 여호와의 명령을 지키지 않았으므로" _왕상 11:9-10

하나님은 솔로몬에게 두 번이나 나타나셔서 분명히 말씀하셨다고 한다. 하나님은 우리가 잘못하고 다른 길로 갈 때 삶의 여러 경로를 통해 메시지를 주고 죄를 지적하신다. 심판은 공개적으로 하시지만 회개의 촉구는 은밀하고 개인적으로 속삭이신다. 그걸 듣지 않고 거부하는 것이 죄로

완악해진 인간의 마음이다. 볼수록 다윗이 대단하다고 느껴지는 이유는 죄를 지적받았을 때 회개했다는 점이다. 세상의 모든 지혜를 다 가졌다는 솔로몬도 말년에는 말씀을 듣지 못했다. 하나님은 말씀하셨지만 그의 마음은 이미 다른 것들로 채워져 있었기에 그 말씀이 들어갈 자리가 없었다. 그래서 하나님이 정말 사랑하시는 사람은 인생의 채찍으로 때리신다. 완악하고 높아진 마음이 꺾일 때까지 흔드신다. 마음이 깨지고 부서져야 그 속에 가득 찬 것들을 쏟아내고 돌아갈 기회를 얻으니까 말이다. 가장 중요한 것이 마음이다. 말씀을 듣고 변할 수 있는 것, 이것이 복이다.

어떤 믿음

어젯밤 아이들과 읽은 성경 이야기는 예수님이 나귀를 타고 예루살렘에 입성하시는 장면이었다. 사람들의 환호를 받으며 예루살렘으로 가는 예수님의 모습을 보며 제자들은 흥분을 감출 수 없었다. 예수님이 드디어 이스라엘의 왕이 되리라는 기대, 그렇게 오랫동안 기다려온 이스라엘 왕이 드디어 탄생하리라는 믿음이 현실이 되는 순간이었다. 그들의 왕을 맞이하는 멋진 행렬과 환호성이었다. 사람들이 생각하는 예수님의 모습은 어떤 걸까? 나는 예수님을 누구라고 생각하는가? 그 당시 이스라엘 사람들에게 '왕'은 다윗 왕 같은 모습이었을 것이다. 이스라엘을 회복시키고 안정된 나라를 만들어 평화롭고 풍요로운 삶을 보장해 주는 왕. 그들의 환호는 그런 왕에 대한 기대였다. 사람은 경험하지 못한 것을 바라기는 힘들다. 예수님이 그렇게 많은 말씀으로 자신의 길을 예고했지만 알아듣는 사람은 하나도 없었다.

그런 사람들의 환호성과 찬양의 함성을 들으며 입성하신 예수님의 마음은 어떠셨을까?

예수님은 우셨다. 그리고 "너도 오늘 평화에 관한 일을 알았더라면 좋을 뻔하였거니와 지금 네 눈에 숨겨졌도다"(눅 19:42)라고 말씀하셨다. 지금도 우리의 모습은 그때와 다를 바가 없다. 이런 우리를 보며 예수님은 그때처럼 우실지도 모르겠다. 아버지의 마음을 이해하지 못하고 아버지의 뜻을 헤아리지 못하는 우리는 우리의 왕국을 꿈꾼다. 하나님께 그 왕국을 이루어 달라고 떼쓴다. 유다는 배신자라기보다는 자신의 믿음에 충실했던 자였다. 유다의 입장에서는 그가 따르고 믿었던 예수님이 그의 믿음을 저버리고 다른 길을 택한 것처럼 보였을 것이다. 자신이 믿었던 예수님은 이스라엘의 위대한 왕, 다윗보다 더 영향력 있는 왕이었다. 그리고 자신은 그의 용사가 될 거라고 믿었다. 만약 예수님이 그런 왕이 된다면 유다는 기꺼이 예수님을 지킬 수 있었을 것이다. 유다가 볼 때는 예수님이 자신의 믿음을 버리고 변질된 것이다.

믿음이란 무엇일까? 그것은 우리의 지식과 경험을 바탕으로 만든 기대, 미래의 소망은 아닐 것이다. 내 안에서 끌어내어 만든 비전도 아니다. 보이지 않고 알 수 없지만 믿어지는 것, 온전히 하나님의 말씀에서 나온 계시이자 소망이다. 그로부터 나온 것, 그분에게 뿌리가 있는 것이다. 지금 우리는 예수님이 다시 오신다는 것을 믿는다. 아무도 그것을 경험하지 못했지만 그분은 이 땅에 다시 오실 것이다. 그 옛날 제자들이 예수님의 십자가를 이해하지 못했듯이 우리는 그분의 다시 오심을 알 수가 없다. 그래서 빗나가고 있는 것이다. 우리가 가진 열정은 그 옛날 예수님을 환호하는 그들의 모습과 너무나 닮았다. 유다의 잘못은 배신이 아니라 예수님을 오해한 것이다. 그 오해는 자신에서 출발한 믿음 때문이었다.

오솔길

일찍 나와 걷는 양을산 산길, 주말이면 아침 일찍 남편과 걷는다. 숲속 오솔길을 따라 걸으면 왠지 나무들 아래 마음이 아늑하고 편안하다. 유달산은 목포를 대표하는 산이라 많이들 가지만 양을산 좋은 맛은 아는 사람만 알고 찾아온다.

저렇게 아늑한 오솔길이 끝없이 이어져 유달산 자락까지 간다. 산봉우리 정상을 찍는 등산이 아닌 숲 속 길을 걷는 것 자체를 즐기는 나 같은 사람에게 딱 좋은 그런 산이다.

하나님의 품이 마치 이런 오솔길 같다. 그분께 나아가 그 품 안에 안기면 그분의 신선한 바람이 나의 마음을 씻어주고 위로하고 새것으로 채워주신다. 숲길을 걷는 맛을 아는 사람은 언제든지 다시 오고 싶어지는 것처럼 하나님의 품도 그렇다.

요즘 요엘이가 배터리 충전할 시간이라며 달려와 안기곤 한다. 0부터 100까지를 세며 얼굴을 맞대고 100%가 될 때까지 그렇게 안겨 있다.

충전시간은 요엘이 제 맘대로이지만 언제고 날아들면 엄마품은 열려있다. 나는 아이의 피난처 되고 쉼터가 된다.

"저 지저귀며 노래하는 새들처럼. 나도 언제든지 하나님의 숲속을 걸으며 주의 날개 그늘에서 즐겁게 부르리이다"

감사

      감사가 무엇일까? 어떻게 감사하는 마음을 가질 수 있을까? 밤마다 아이들과 함께 하루를 돌아보며 감사제목을 나눈다. 예전에 우리 엄마는 믿는 가정에서 같이 감사기도를 드리는 모습이 보기 좋았더라는 말씀을 자주 하셨다. 보통 가족끼리 모이면 서로를 향해 불평이나 원망을 많이 하게 된다. 감사한 것을 떠올리기가 쉽지 않다. 처음에 느꼈던 감사도 그 일이 계속적으로 반복되거나 익숙해지면 감사의 마음이 무뎌지기 쉽다.

    일반적으로 우리는 좋은 일에 감사한다. 시험을 잘 보거나 경기에 이기거나 무엇을 성취하거나 얻었을 때는 감사한 마음이 저절로 나온다. 실패와 아픔에 감사를 붙이기가 쉽지 않다. 그런데 좋은 상황이 아닌데도 감사하는 경우가 있다. 성경은 선택적 감사가 아닌 '범사에 감사하라' 즉 모든 일을 감사함으로 받아들이라고 말한다. 이것은 태도의 문제이다. 감사를 표현할 때 감사하는 감정도 나온다. 이런 감사의 훈련은 여러모로 유익하다. 하루를 돌아보며 '감사한 일'을 찾는 것은 이미 과거가 되어 지나간 일을 다시 떠올리며 그 일을 해석하는 것이다. 지나간 일을 감사의 마음으로 기억하는 것이다. 이런 '감사하는 태도'는 매일의 사소하고 평범한 일들에서 찾아 감사의 이름을 붙임으로 훈련할 수도 있다.

그런데 과연 훈련만으로 진짜 감사하는 태도를 갖게 될까 의문이 들 때가 있다. 모든 일에 감사해야 한다는 당위성이 어떤 경우에는 자기 암시나 세뇌처럼 보이기 때문이다. 신앙인들 중에는 고난이 오고 어려움이 닥쳤을 때 감사해야 한다는 의무감을 가진 분들이 있다. 화나고 슬프고 속상한데도 감사하지 않으면 더 안 좋은 결과가 생길까 봐 두려워한다. 불평이 큰 죄라고 생각하기에 그러기도 한다. 그래서 속은 뒤집어지는데도 감사의 언어로 표현하는 것이 습관처럼 되신 분들도 있다. 이런 태도가 어느 정도는 긍정의 효과가 있다. 하지만 감정을 부정하는 것은 좋지 않다. 서서히 감정이 바뀌고 그것을 소화할 시간 없이 기계적으로 긍정 반응을 하는 것은 오히려 더 안 좋다. 이렇게 자신의 감정과의 괴리감이 지나치면 화병이 생기거나 위선적인 사람이 된다. 그것은 진짜 감사가 아니다. 마음은 분노와 상처로 활활 타오르는데 억지웃음을 짓는다고 생각해보라. 생각만해도 끔찍하다.

그러면 진짜 감사는 무엇일까? 감사하는 마음이 진심이 되려면 어떻게 해야 할까?

감사의 마음은 감사가 인정될 때 나온다. 그건 단순히 감사의 표현을 연습한다고 나오는 것은 아니다. 삶을 바라보는 관점의 변화, 삶의 현상에 대한 해석이 달라질 때 나온다. 그리고 이것은 믿음에서 출발한다. 하나님이 살아 계신다는 믿음, 우리를 사랑하신다는 믿음, 그분이 나의 삶을 인도하신다는 믿음, 내게 주어진 모든 것이 결과적으로는 유익하고 선하리라는 믿음, 이 모든 것이 협력하여 하나님의 뜻이 이루어지리라는 믿음이다. 믿음은 세상을 완전히 다른 눈으로 보게 한다. 삶의 주변에 일어나는 크고 작은 일들이 그분의 통치 안에 있음을 알기에 감사를 고백하게 된다. 하나님을 믿는다는 신앙고백이 '감사'로 표현되는 것이다.

'감사'야말로 신앙의 최고의 경지가 아닌가 싶다.

주님은 내 안에, 나는 주님 안에

생각해보면 알쏭달쏭한 말이다. 어떻게 우주보다 큰 하나님이 내 안에 계시고 또 내가 그분 안에 있는 것이 동시에 가능한 걸까.

"주님을 담을 수 있는 공간이 어떻게 내 안에 있겠습니까? 주님이 창조하신 천지조차도 주님을 담을 수 없는데, 하물며 천지의 한 부분에 지나지 않는 내가 어떻게 주님을 담을 수 있겠습니까?" _어거스틴, 〈고백록〉 제1권 2장

밤에는 자기 전에 아이들과 성경을 읽고 아침에는 밥 먹으면서 어거스틴의 고백록을 한 장씩을 읽고 있다. 아이들은 밤에 이불을 깔고 편한대로 기대거나 누워서 엄마가 읽어주는 성경을 듣는다. 어제는 다윗이 언약궤를 예루살렘으로 가져온 이야기였다. 다윗이 자기는 멋진 궁전에 사는데 하나님의 궤는 장막에 있는 것이 마음에 걸렸는지 그는 성전을 짓고자 한다.

인간이 만든 무엇이 아무리 멋지고 훌륭해도 그곳에 하나님을 모실 수 있을까? 그렇다면 우리의 마음은? 하나님이 어떻게 내 안에 머무실 수 있

을까? '나를 채우소서!'라는 기도로 나의 찻잔을 가득 채운들 그게 크신 하나님을 담을 수 있을까?

처음에는 분명 '주님, 내게 오소서!'로 나를 열어 그분을 맞이했는데 그분이 오시는 순간, 나는 그분을 열고 들어간다. 나의 작은 찻잔에 그분이 부어지는가 했는데 사실은 그분의 바다에 나의 잔이 잠긴다. 안과 밖의 구분이 없어진 뫼비우스의 띠처럼 나는 그 안에 그는 내 안에 있다. 이것을 무엇으로 설명할 수 있을까?

> "주님은 지극히 은밀히 계시면서도 가장 가까이 계시며, 지극히 아름다우시면서도 지극히 강하시고, 늘 동일하신데도 측량할 수 없으시며, 스스로 변하지 않으시면서도 모든 것을 변화시키시고, 새롭게 되지도 않으시고 낡아지지도 않으시면서도 모든 것을 새롭게 하시지만, 교만한 자들을 그들이 알지 못하는 사이에 낡아지게 하시고, 늘 일하면서도 늘 안식하시며, 거두기는 하시지만 부족함은 없으시고, 붙들어 주시고 채워 주시고 보호해 주시며, 창조하시고 성장시키시고 완성하시며, 아무것도 부족함이 없으시지만 구하시는 분입니다." _제1권 4장

우리의 인식의 틀을 넘으시니 안에 계시지만 밖에 계시고 한낱 피조물인 우리 안에 거하시며 우리를 그분의 바다에 잠기게도 하실 수 있는 분. 나의 그릇에 그분을 다 담을 수 없으니 나는 그릇을 깨뜨려 그분 안에 잠겨야 하지 않을까? 그 생명의 바다, 은혜의 바다에 풍덩 잠기도록 말이다.

인생의 겨울

               암투병을 하던 지인으로부터 날아온 카톡. 막상 치료가 끝나니 밀려오는 우울함에 답답함을 말한다. 상황을 떠올려보니 그럴 만도 하다. 암 치료 때문에 한국에 들어오고 그것에만 매달려 있다가 끝나고 나니 밀려드는 공허함과 앞길에 대한 막막함, 지루하고 변화가 안 보이는 일상만 이어진다.

    사람에게 가장 견디기 힘든 일은 무엇일까? 큰일이 생겨서 헤쳐 나가야 할 때, 혹은 하루하루 할 일이 밀려드는 것일까? 바쁘고 드라마틱한 나날들은 사실 그렇게 힘들지 않다.

    인간은 목적과 명분이 있을 때 어느 정도 전투적인 삶을 사는 건 할 만하다. 힘든 일은 변화가 안 보이고 꾸준히 같은 상황에서 머물고 버티는 때이다. 막연한 소망 속에 믿음이라는 지푸라기를 붙들고 속도가 느린 삶을 버텨내는 것이다. 돌아보면 이럴 때마다 우린 재빠르게 돌파구를 찾아내고 박차고 뛰쳐나갔다. 때로는 그게 멋지게 사는 법이고 당연한 일처럼 보였다.

그런데 하나님과 나만 아는 시간이 온다. 위로 쑥쑥 자라고 화려한 꽃들을 피우는 시간이 아닌 바닥으로 깊고 넓게 뿌리를 내리는 시간. 그때 우리는 밑으로 밑으로 심연을 향해 간다. 우리의 인생에 찾아오는 겨울, 그것이 우리를 초라하게 만들지만 안으로 깊이 성장하는 시기이기도 하다. 우리 인생 중에 가장 절실하고 생생한 생명력을 지니는 시간은 겨울이다.

"겉으로는 나무가 죽은 것처럼 보여도 실제로 겨울은 나무를 보호하는 긍정적인 역할을 감당한다. 그렇다. 잎사귀들이 떨어져 일그러진 나무의 실상이 드러나지만 나무는 그때 가장 생생한 생명력을 지니게 된다. 그 어떤 계절보다도 겨울 동안 생명의 원천과 원리가 더 확고하게 뿌리를 내린다. 봄과 여름 그리고 가을까지도 나무는 자신을 치장하고 아름답게 하는 데 모든 에너지를 소비한다. 하지만 그것은 나무의 생명을 소비하고 줄기의 가장 깊은 곳과 뿌리에 있는 생명력을 소모하는 대가를 치른다. 이러한 나무가 생존하며 번성하기 위해서 겨울은 반드시 있어야 할 계절이다."_잔느 귀용, 〈영적 성장 깊이 체험하기〉 중에서

옆에서 보는 다른 사람의 인생이라 그런 걸까? 그게 너무 잘 보인다. 인생의 겨울을 지나고 있다. 지난번에 만났을 때 그분들의 깊어진 눈을 보았다. 화려한 시절은 가고 답답한 날들이 왔는데 눈은 더 선해지고 부드럽다. 주변을 돌아보는 여유가 생기고 다른 인생을 향한 연민이 생긴다. 내가 아파야 아픈 사람이 보인다. 우리의 겨울도 그렇게 자라고 있을까?

겨울 나무 묵상

　　　　　우리가 기댈 것을 다 제거하고 나면
그때야 오롯이 하나님과의 관계를 배우게 되고 내 곁에 있는 사람을 존재
로서 만나는 법을 알게 된다. 발가벗고 만나는 시간이 없다면 그 누구도
제대로 만나지 못한다. 무성하고 울창한 잎에 덮인 나무도 멋지지만 겨울
나무의 헐벗음을 사랑한다. 잔 나뭇가지들의 섬세한 선들과 나뭇결들이
얼마나 예쁜지 모른다. 하나님의 존재 앞에서 한 사람의 존재 속에서 겨울
나무의 모습으로 마주 대하고 만나는 시간은 이 땅에서 사라져 흘러가더
라도 영원 안에 기록될 순간들이 아닐까. 그 영원이라는 곳에 들어가 두루
마리처럼 시간의 흔적들을 펼쳐놓았을 때 다만 몇 개라도 건져 올릴 수 있
는 영원한 기록들이 내게도 있다면 얼마나 좋을까.

　　　　높은 나무는 낮추고 낮은 나무는 높이며 푸른 나무는 마르게 하고 마른
　　　　나무는 무성하게 하는 분이 하나님이시다 _겔 17:24(쉬운 성경)

그분 앞에서는 낮고 마른 나무로 서는 것이 복이다.

진짜 지혜

보통 지혜로운 사람이란 똑똑하고 사리분별이 뛰어난 사람이라는 이미지가 있다. 혼탁한 세상 풍조에 휘둘리지 않으며 참과 거짓을 분별하고 바른 판단을 하는 사람.

그런데 보니까 똑똑해도 사기를 당하고 남에게 이용당한다. 억울하고 힘든 일에 휘말린다. 뛰는 놈 위에 나는 놈 있다고 나의 모든 지식과 지혜를 총동원해도 내가 놓치는 부분, 약점은 언제나 있고 그 부분이 공격당하면 인간이란 어쩔 수 없는 것이다. 자기가 사람 보는 눈이 있다고 자처하는 사람, 호락호락하지 않다고 생각하는 사람은 사실 뭘 모르는 사람이다. 사람은 그런 존재가 아니다. 뭔가 잘 판단하는 사람일수록 허점이 많다.

진짜 지혜로운 사람이 되려면 마음이 깨끗해야 한다. 남들에게 속거나 이용당하는 사람들의 대부분은 그 원인이 보이지 않는 자신의 욕망 때문인 경우가 많다. 그것이 돈이든, 명예이든 성공이든 내게 있는 욕심과 연결될 때 우리는 눈이 어두워지고 분별력을 잃는다. 미끼를 던진 자도, 미끼를 물어버린 자도 서로를 탓할 수도 없이 엮여 버리게 된다.

아침에 읽은 야고보서에 '지혜'에 관한 부분이 와 닿는다.

> "너희 중에 지혜와 총명이 있는 자가 누구냐 그는 선행으로 말미암아 지혜의 온유함으로 그 행함을 보일지니라 그러나 너희 마음 속에 독한 시기와 다툼이 있으면 자랑하지 말라 진리를 거슬러 거짓말하지 말라 이러한 지혜는 위로부터 내려온 것이 아니요 땅 위의 것이요 정욕의 것이요 귀신의 것이니 시기와 다툼이 있는 곳에는 혼란과 모든 악한 일이 있음이라 오직 위로부터 난 지혜는 첫째 성결하고 다음에 화평하고 관용하고 양순하며 긍휼과 선한 열매가 가득하고 편견과 거짓이 없나니" _ 약 3:13-17

지난 시간을 돌아볼 때 참 아찔한 순간들이 있다. 그때 그것을 선택하지 않아서, 선택할 수 없어서 다행인 일들이 있다. 그런 것들이 겉으로는 유익을 주는 것 같아도 사실은 그렇지 않다. 힘든 일을 선택해도 그것이 영적으로 유익한 경우가 있다. 그런 힘듦은 뭐랄까, 생산적이라고 해야 하나. 소모적인 고생이 아니라 우리를 세우고 건설하는 수고이다. 마치 아이를 키우는 육아 같은 것이다. 힘들긴 해도 육아는 아이가 자라고 성장하는 기쁨을 준다. 대부분의 좋은 선택, 장기적으로 유익이 되는 선택은 오히려 욕심을 버렸을 때 찾아온다. 인생의 묘미는 이런 것에 있다. 진짜 지혜는 나에게 있지 않다. 그분께 의지할 때 하늘의 지혜가 우리를 인도한다. 본인도 알지 못하는 놀라운 지략과 모사가 그 인생을 이끌어간다. "깊도다! 하나님의 지혜와 지식의 부요함이여"라는 고백이 터져 나올 수밖에 없다. 진정한 지혜란 하나님을 경외하는 삶에서 나오는 것이다.

따라서 "너희 중에 지혜와 총명이 있는 자가 누구냐?" 묻고 찾는다면 그 사람은 그 지혜를 얻고자 노력하기보다는 오직 하나님 앞에서 가난하고 깨끗한 마음으로 그분을 갈망하는 사람일 것이다.

나의 자랑

이번에는 괜찮겠지 했는데 또 걸렸다. 이런 것을 '징크스'라고 해야 할까? 징크스(jinx)란 어떤 사물이나 현상 또는 사람과 연관지어 불길한 예감을 먼저 가지는 심리현상이라고 한다. 나에게도 징크스가 있다. 언제부터인가 아이들 건강을 자랑하고 나면 며칠 못가 아이가 아프다.

"우리 아이들은 이번 겨울에 감기 한 번 안 걸렸어요!"라고 말한 게 화근이었을까? 아이에게 콜록콜록 기침소리와 함께 콧물이 보이기 시작했다. 겨울을 멀쩡히 보내놓고 이 봄에 은혜, 요엘이가 감기에 걸렸다. 감기에 걸린 아이들을 보니 마음이 무거워진다. 우연일 수도 있지만 내가 자랑해서 아이들이 아픈 것처럼 느껴지니 말이다.

사실 건강하다는 것은 감사한 일이지 자랑할 건 못 된다. 아무리 공들여 키워도 아이가 다치거나 아플 수 있다. 건강뿐 아니라 외모, 능력, 재물 심지어 영성마저도 그렇다. 그것을 자랑하는 것이 얼마나 큰 교만인지는 알겠는데 가끔 입이 가려워 못 참는다. 그리고 나면 꼭 이렇게 아차 싶은 일이 생기는 것이다.

며칠 전 성경에 히스기야 왕 이야기를 흥미 있게 읽었다. 그는 죽을병이 걸렸는데 하나님께 기도했다가 수명을 15년이나 연장받았다. 그뿐 아니라 해시계의 징표를 통해 기적을 경험하고 하나님을 깊이 체험하는 은혜를 누린다. 그런데 그가 바벨론 왕이 보낸 사신에게 실수를 하게 된다. 바벨론 왕이 히스기야의 소식을 듣고 예물을 보내왔는데 히스기야는 바벨론 사신들에게 자기 궁중에 있는 보물들을 다 보여주며 자랑을 했다. 이 일로 그는 이사야 선지자로부터 책망을 받는다. 그리고 하나님의 경고와 징벌을 받게 된다. 처음에는 이 부분을 이해할 수 없었다. 그가 큰 잘못을 한 것 같지가 않았기 때문이다. 그런데 주석 성경을 찾아보고는 알게 되었다. 바벨론 왕은 이스라엘 하나님이 일으킨 기적이 궁금해서 히스기야에게 그의 사신을 보냈던 것이다. 이때 히스기야는 마땅히 그들에게 하나님을 증거했어야 했다. 그런데 그는 왕궁의 보물을 자랑하였던 것이다. 우리의 모습도 이와 비슷하다. 세상이 우리에게 기대하는 것은 세상과 경쟁하자는 것이 아니다. 그들은 우리가 가진 권력과 부를 보고 싶은 게 아니라 우리를 통해 진짜 하나님을 보고 싶은 것이다. 그런데 우리가 스스로 하나님을 축소한다. 우리의 유일한 자랑되시는 그분 대신 다른 것들을 자랑하면서 말이다.

나의 진정한 자랑은 무엇일까? 내 안에 계신 보물, 예수님을 언제쯤 증거할 수 있을까?

"내가 그를 위하여 모든 것을 잃어버리고 배설물로 여김은 그리스도를
얻고 그 안에서 발견되려 함이니"_빌 3:8-9

예수님을 정말 사랑하고 그분이 가장 귀한 보물이 된 사람은 이런 고백
을 하게 된다. 신앙생활이란 그 보물이 진짜 나의 보물이 되고 진짜 나의
자랑이 되는 여정이다.